BEST SELLER

JOE HART Y MICHAEL CROM

¡TOMA EL CONTROL!

Descubre tu fuerza interior, construye relaciones duraderas y vive la vida que te gusta

Traducción de
María Laura Ramos

DEBOLS!LLO

El papel utilizado para la impresión de este libro ha sido fabricado a partir de madera procedente de bosques y plantaciones gestionadas con los más altos estándares ambientales, garantizando una explotación de los recursos sostenible con el medio ambiente y beneficiosa para las personas.

¡Toma el control!
Descubre tu fuerza interior, construye relaciones duraderas y vive la vida que te gusta

Título original: *Take command.*
Find you inner strength, build enduring relationships, and live the life you want

Primera edición en Debolsillo en México: noviembre, 2024

ISBN: 978-607-385-086-5

Impreso en México – *Printed in Mexico*

CONTENIDO

PARTE III: TOMA EL CONTROL DE TU FUTURO

PREFACIO

¿Alguien influyó en ti, profundamente y en tu vida personal, y te ayudó a expresar tu mejor versión? Quizás fue uno de tus padres, un amigo o un compañero de trabajo. Quizás fue un famoso, una celebridad del deporte o un líder. En mi caso y en el del coautor de este libro, Michael Crom, una de las personas más influyentes en nuestra vida fue un hombre al que jamás conocimos: Dale Carnegie, autor de *Cómo ganar amigos e influir sobre las personas*, de *Cómo suprimir las preocupaciones y disfrutar de la vida* y creador del curso Dale Carnegie, famoso en todo el mundo.

Recuerdo a mi padre hablando de Dale cuando yo era adolescente. Un día, me sentó en la sala para, aparentemente, tener una conversación seria. "Joey", me dijo. "La vida se trata de crecer como personas y construir relaciones fuertes. Este libro te puede ayudar como me ayudó a mí".Y me dio una edición de tapa blanda, bastante gastada, de *Cómo ganar amigos*. En cuanto hojeé las páginas ajadas, me di cuenta de que mi papá era un ejemplo viviente de los principios que proponía el libro. Fuese adonde fuese, mi papá saludaba a los demás con una sonrisa y los llamaba por su nombre. Realmente le importaban las personas con las que estaba.

Muchos años después, cuando era un joven abogado, decidí inscribirme en un curso Dale Carnegie. Nunca imaginé hasta qué punto ese programa me cambiaría la vida. Impulsado por lo que había aprendido y por una confianza y un anhelo renovados, abandoné la abogacía por los negocios y, más tarde, fundé una compañía de enseñanza en línea. El área de capacitación de Dale Carnegie fue mi primer cliente. Con mi compañía, dedicamos años al desarrollo de programas en línea para que estudiantes y graduados reforzaran los contenidos de la capacitación. Las ideas de Dale me resultaron invalorables para fundar y luego vender mi primera compañía, así como también para superar el desaliento y crear la segunda. Sus principios me ayudaron a ser un padre, esposo, amigo y líder más atento, cariñoso y contenedor. Una parte importantísima de lo que logré se la debo a Dale y a su sabiduría. Hoy en día, tengo el privilegio y el honor de ser presidente y director ejecutivo del área de capacitación de Dale Carnegie, una firma dedicada al desarrollo personal y profesional, con doscientas sucursales en ochenta y seis países, que ayuda a las personas y a los equipos de trabajo a descubrir sus virtudes y desempeñarse a su más alto nivel.

La historia de Michael es un poco diferente porque él es nieto de Dale. Su infancia fue dichosa, ya que creció en una familia que no solo aplicaba los principios de Dale al trabajo, sino a la forma de relacionarse. El padre de Michael, Ollie, comenzó a trabajar con Dale como instructor cuando era un muchacho y llegó a ser director ejecutivo de la organización.

"Admiraba a mi papá y quería seguir sus pasos, pero, en aquel entonces, yo era en extremo introvertido. Era tímido, reservado y me sentía incómodo cuando había otras personas. De adolescente, nunca me imaginé como instructor o líder, como había sido mi padre. Pero, a los quince, hice el curso Dale Carnegie y todo cambió. De repente conté con herramientas que me permitieron ganar coraje y confianza. Fue como empezar una etapa nueva de mi vida". Michael se unió a Dale Carnegie un año después de terminar la universidad. Trabajó en el área de envíos, como desarrollador de *software*, elaborando contenidos y, finalmente, ocupó puestos de ventas y gerenciamiento en todo Estados Unidos. "Me encantaba ayudar a los clientes para que desarrollaran destrezas y herramientas que cambiaran su vida para mejor, como me había ocurrido a mí con el programa". Michael llegó a convertirse en vicepresidente ejecutivo y jefe del departamento de aprendizaje del área de capacitación de Dale Carnegie. En la actualidad, participa activamente de su iglesia y su comunidad, y forma parte de distintas juntas, incluso la de Dale Carnegie. Aunque su ocupación más importante es ser padre y esposo, ayudar a los demás a tomar conciencia de su potencial es una tarea que da sentido y satisfacción a su vida.

¿Quién fue Dale Carnegie?

Dale nació en una granja en la zona rural de Missouri, donde sus padres luchaban para sobrevivir. Año tras año la familia enfrentaba desgracias: inundaciones que destruían los cultivos, enfermedades que mataban el ganado. Las deudas los ahogaban y se vieron obligados a vender la granja. A pesar de los problemas, la familia de Dale era cariñosa y unida. Sus padres, deseosos de que Dale y su hermano, Clifton, tuvieran una vida menos sacrificada, se mudaron relativamente cerca de una escuela para maestros. Fue allí, al participar en los grupos de debate, donde Dale descubrió su pasión por la oratoria. Se esforzó y se hizo un nombre. Después de graduarse, probó suerte como vendedor; al principio, con los cursos por correspondencia, no le fue bien. Luego intentó con productos derivados de la carne y se convirtió en el mejor vendedor de Estados Unidos. Pero, en vez de aceptar un puesto gerencial, se mudó a New York para concretar su sueño de ser actor. Su carrera dramática no fue muy exitosa, así que pasó por varios trabajos diferentes hasta hallar lo que de veras le interesaba: enseñar.

A partir de su relación con los estudiantes, Dale entendió que los miedos, las dudas y las preocupaciones son lo que impide avanzar. Vio que la oratoria era la llave para sacar a la luz el potencial. En 1912, creó el curso Dale Carnegie, con el fin, en un principio, de ayudar a las personas que temían hablar en público. Pronto descubrió que la oratoria también servía para mejorar la forma en la que nos relacionamos con los demás, y que esto, a su vez, constituía un factor fundamental del éxito.

Dale escribió *Cómo ganar amigos e influir sobre las personas* porque uno de sus estudiantes, un gerente comercial de la editorial Simon & Schuster, lo convenció para que lo hiciera. Para sorpresa y felicidad de Dale, el libro se convirtió casi de inmediato en un éxito de ventas internacional. De hecho, fue uno de los libros de no ficción más vendidos en el siglo XX, con aproximadamente sesenta millones de copias. Más tarde, escribió otro éxito de ventas, *Cómo suprimir las preocupaciones y disfrutar de la vida*. La aceptación de estos libros y de sus programas hizo que la organización Dale Carnegie extendiera sus capacitaciones hacia el resto del mundo. Las enseñanzas de Dale se volvieron increíblemente populares, y, en la actualidad, ciento diez años después, millones de personas en todo el mundo ya hicieron alguno de sus cursos y vivieron vidas más ricas, más completas, gracias a él.

Por qué escribimos *¡Toma el control!*

Michael y yo estamos en deuda con Dale por todo lo que aprendimos de él. Estamos convencidos de que, al implementar sus enseñanzas, las personas pueden crecer en lo personal, fortalecer sus relaciones y construir la vida que quieren vivir. A Michael y a mí nos apasiona ayudar para que otros puedan acceder a esta sabiduría. Sabemos que, si ponemos en práctica estos principios, nuestras vidas, nuestras familias, nuestro trabajo y nuestras comunidades mejorarán.

Si es la primera vez que escuchas hablar de Dale Carnegie, quizás creas que su filosofía, y todo lo que él representa, se relaciona exclusivamente con los negocios. Aunque muchas personas se acercan a nuestras oficinas enviadas por sus compañías, pronto se dan cuenta de que no se trata solo de trabajo: cada principio puede aplicarse también a los demás aspectos de la vida.

También sabemos que son pocos los jóvenes que escucharon hablar de Dale. Si bien su sabiduría es atemporal, sus historias de comienzos del siglo XX pueden no ser atractivas para ellos. Los principios de Dale resultan tan pertinentes ahora como lo fueron hace un siglo, pero el mundo en que vivimos hoy es muy diferente. Las generaciones más jóvenes de la era moderna enfrentan desafíos extraordinarios. Vivir en un mundo tan tecnológicamente conectado, pero a la vez tan socialmente desconectado, no es sencillo, y algunos de los conceptos básicos de cómo vivir bien se han perdido. Creemos que, más que nunca, las generaciones actuales necesitan la filosofía de vida de Dale.

Con estas ideas, y para que las nuevas generaciones pudieran acceder más fácilmente a esta sabiduría, Michael y yo nos sentamos a escribir *¡Toma el control!* Vivir una vida con propósito y basada en principios tuvo una influencia poderosa y positiva en nosotros, y esperamos que a ti te ocurra lo mismo. Entrevistamos a personas inspiradoras de todo el mundo y nos entusiasma compartir contigo lo que nos dijeron. Michael entrevistó personalmente a alrededor de cien personas de menos de treinta años que han alcanzado logros impresionantes a tan temprana edad. Nos esforzamos por incluir historias diversas, de personas con diferentes edades, pasados, experiencias y trayectorias de vida. Estas personas pueden motivarnos para que tomemos el control de nuestra vida y de nuestro futuro.

Organizamos el libro en tres partes. Son como tres círculos concéntricos, en el que la Parte I es el círculo interno, la Parte II el del medio y la Parte III, el externo.

- **PARTE I: TOMA EL CONTROL DE TUS PENSAMIENTOS Y EMOCIONES.** Nos concentraremos en construir la fortaleza interior mediante el entendimiento de nuestros pensamientos y nuestras emociones y mediante el desarrollo de hábitos y prácticas que nos ayuden a generar una mentalidad fuerte y optimista. Analizaremos maneras de controlar el estrés, desarrollar coraje y confianza, lidiar con los cambios y dejar atrás los arrepentimientos.
- **PARTE II: TOMA EL CONTROL DE TUS RELACIONES.** En esta parte, exploraremos las conexiones con las personas que nos importan o con las que interactuamos diariamente: cómo establecer y reparar la confianza, relacionarnos con personas difíciles, mantener relaciones fuertes y analizar las situaciones desde el punto de vista del otro.
- **PARTE III: TOMA EL CONTROL DE TU FUTURO.** En esta sección, hablaremos de definir nuestros valores, perseguir propósitos y fijar un nor-

te para nuestra vida. Algunos de los líderes jóvenes más increíbles e inspiradores del mundo contarán cómo fueron detrás de sus sueños y lograron dejar una huella en ese camino.

Este libro es una invitación para que tomes el control de tus pensamientos, emociones, relaciones y futuro. Si solo lo lees y dices "¡Qué interesante!" o "Me gustó mucho" y no haces nada más, entonces habremos fracasado. El título no propone *Aprenda* o *Estudie*. El título, *¡Toma el control!*, alienta a la acción. Poner en práctica las ideas de este libro no es tan solo un objetivo intelectual. Para que funcionen, primero debes comprender y luego actuar, experimentar y estar dispuesto a aprender de los errores que cometas. Nuestra meta es equiparte con estrategias poderosas y estimularte a vivir una vida con propósito.

Piensa que cada principio es una herramienta. Usamos las herramientas para fines específicos: el martillo para clavar un clavo, la sierra para cortar madera, el destornillador para ajustar un tornillo. Puedes mezclar y combinar los conceptos de la forma que más te convenga. Cuanto más pongas en práctica cada principio, mejor entenderás cómo funcionan y mejor los aplicarás.

Dale decía que el conocimiento no es poder. El conocimiento aplicado es poder. Quizás sepas lo que es correcto hacer; pero, si no lo haces, no recibirás los beneficios de ese accionar. La satisfacción, por lo general, se halla fuera de la zona de confort, no amarrada y segura dentro de ella.

Cuando, en su lecho de muerte, las personas confiesan qué cambiarían de sus vidas si pudieran, dicen "Hubiera corrido más riesgos" o "Me faltó un propósito; la vida me pasó de largo". Si deseas aprovechar al máximo este libro, léelo, vuélvelo a leer y aplica sus principios una y otra vez. Las estrategias que describimos exigen práctica y atención constantes. Estamos convencidos de que, si te concentras en los pensamientos correctos, trabajas con tus emociones, aumentas tu coraje y resiliencia, construyes relaciones fuertes y significativas y tienes el coraje de ir tras tus pasiones, estarás bien posicionado para tomar el control de tu vida y tu futuro.

Al igual que Dale, Michael y yo creemos en la idea de "grandeza inherente". Es decir, no importa quién eres, cómo te ganas la vida, tu capacidad intelectual, tu nivel socioeconómico ni ningún otro factor, hay grandeza en tu interior. Y, si haces algo para que esa grandeza se desarrolle, es imposible saber hasta dónde puedes llegar o en qué puedes convertirte. Más importante aún, no habrá límite para la huella que puedas dejar en la vida de los demás. La idea de la grandeza inherente es como la punta de un iceberg: lo que se ve es solo el diez por ciento del total. Hay muchísimo para descubrir debajo de la superficie. Lo mismo vale para las personas cuando aprendemos a creer en nosotros mismos, tratamos a los demás con dignidad y respeto y nos marcamos un objetivo para nuestra vida. Ponerse al mando implica tomar conciencia y desarrollar nuestra grandeza inherente para vivir la vida al máximo. Eso es lo que deseamos para ti en el comienzo de este viaje.

PARTE I

Toma el control de tus pensamientos y emociones

El primer paso para tomar el control de nuestra vida es enfrentar el mayor obstáculo: nosotros mismos. Con demasiada frecuencia, *nosotros* somos el problema. Dudamos de nuestras capacidades; nos preocupamos innecesariamente; no corremos riesgos porque tenemos miedo; nos consideramos víctimas y no personas que pueden influir en sus propios destinos. Esos pensamientos y esas emociones se originan y existen en nuestras mentes, así como también el potencial para transformarlos. Pero ¿cómo se hace? ¿Cómo construir una mentalidad que nos empodere? ¿Cómo aprender a manejar las emociones para que nos sean útiles en vez de jugarnos en contra?

En esta sección, comenzaremos con nuestros pensamientos y nuestras emociones. Y cómo controlarlos con mayor eficacia. Quizás parezca sencillo, pero puede ser el desafío más importante de nuestra vida. Sin las herramientas o el enfoque correspondientes, deambularemos de una emoción negativa a otra, o de un pensamiento negativo a otro.

A pesar de que la ciencia moderna colabora para que podamos comprender los patrones de pensamiento y las conductas emocionales, las respuestas siguen resultando confusas. Teóricos de la evolución, psicólogos de renombre y filósofos disienten sobre cuál aparece primero —los pensamientos o las emociones— y sobre cómo se influyen entre sí. Y, honestamente, cuando estamos en el medio de una discusión con un amigo, y los pensamientos y las emociones están exacerbados, ¿de veras importa en qué teoría creemos? No. Lo que importa es que aprendamos a trabajar con nuestros pensamientos y nuestras emociones y que tomemos decisiones que nos conduzcan a la vida que queremos vivir.

Comenzaremos la Parte I concentrándonos en los pensamientos, en cómo influyen y en cómo elegir los correctos. Luego, analizaremos rutinas que nos ayuden a formar una mentalidad fuerte. A continuación, nos volcaremos a las emociones y aprenderemos a procesarlas para que no nos perdamos en el medio de los sentimientos. Esos tres primeros capítulos constituyen el núcleo de la Parte I. En el caso de que rescates solo una cosa de esta parte, esperamos que sea un entendimiento más claro de lo que ocurre en tu cabeza y en tu corazón… y que lo cuestiones.

Luego, hablaremos de cómo generar confianza en uno mismo, algo que afecta la manera en la que nos mostramos frente al mundo y que influye en cómo nos vemos a nosotros mismos y juzgamos nuestras virtudes. El siguiente punto trata de cómo aceptar los cambios. Cambiar es la única constante en la vida, y a la mayoría de nosotros nos cuesta aceptarlo. Finalmente, exploraremos cómo lidiar con el arrepentimiento y el estrés, y cómo aumentar el coraje y la resiliencia.

Nuestra vida interior —pensamientos, emociones, mentalidad y reacciones— está, en gran medida, bajo nuestro control. Podemos elegir un pensamiento, y no otro. Podemos cambiar la manera de pensar. Podemos trabajar con las emociones. Podemos desarrollar una mentalidad que juegue a nuestro favor. Podemos generar fortaleza y confianza, y aprender a superar lo inesperado e indeseable con gracia y sabiduría. Tu vida interior es tuya; ¡toma el control!

1

Elige tus pensamientos

Ahora estoy firmemente convencido de que el mayor problema que usted y yo debemos enfrentar —de hecho, casi el único problema que debemos enfrentar— es elegir los pensamientos correctos. Si logramos hacerlo, estaremos en camino de resolver nuestros problemas.

—Dale Carnegie

Marzo de 2020. El COVID-19 se expandía por todo el mundo y causaba enfermedad, muerte y aislamiento. Hacía cinco años que era director ejecutivo de Dale Carnegie y veía, impotente, cómo nuestras oficinas alrededor del mundo cerraban una tras otra. Todas las noches me despertaba a las tres de la madrugada y no volvía a conciliar el sueño. Las preocupaciones y los pensamientos oscuros se apoderaban de mi mente. Temía que la empresa fundada hacía ciento siete años cerrara durante mi administración; sufría por el estrés que estaban viviendo los miles de integrantes de nuestros equipos en todo el mundo; me preocupaba por mi madre, que tenía ochenta y seis años y vivía sola a cientos de kilómetros de distancia; sentía terror cuando pensaba en los amigos, los parientes y las personas que podían morir. Pasaron días sin que lograra dormir más de cuatro horas. Fue uno de los momentos más tristes de mi vida.

Pero, una noche, me desperté con una idea. Tomé el volumen de *Cómo suprimir las preocupaciones y disfrutar de la vida* y empecé a hojearlo, buscando inspiración. Ese libro me había ayudado a manejar situaciones estresantes en innumerables ocasiones en el pasado. ¿Cómo no se me había ocurrido releerlo antes? Busqué la página con la cita que abre este capítulo. En ese momento, sentí que Dale estaba en mi cuarto y que me hablaba directamente a mí. Era justo lo que necesitaba escuchar.

Los pensamientos me habían acorralado durante semanas. A partir de ese instante logré detenerme y pensar seriamente en ellos. Me di cuenta de lo pesimistas y desagradables que eran. ¿Por qué permitía que me preocuparan hechos que quizás jamás ocurrirían? ¿Por qué mi mente elegía los peores resultados posibles? ¿Por qué me dejaba ahogar en esa negatividad tóxica? Aunque sabía que no debía hacerlo, había permitido que el miedo me tomara de rehén; y eso me estaba arruinando el sueño, la salud y la vida.

Entendí que las emociones se habían entremezclado con los pensamientos: imaginaba que podían suceder cosas horribles, me enfermaba de la preocupación y así comenzaba la espiral descendente. Aunque creía firmemente en los principios de Dale acerca del estrés y la preocupación, los había olvidado en el medio de la crisis. No dejaba de pensar en circunstancias probables y terribles y permitía que mis pensamientos y emociones tomaran la batuta.

Entonces, me dije "¿Sabes qué, Joe? Tu problema no es el COVID-19. Son tus pensamientos. Elige los correctos, y el problema se resolverá". Así se me ocurrió una idea. "¿Y si doy vuelta la situación? En vez de pensar en la pandemia y en lo que no puedo controlar, ¿por qué no me concentro en lo que sí puedo controlar?" El momento eureka me sorprendió: "Si cada acción tiene una reacción contraria de igual magnitud, a cada crisis enorme debería corresponderle una oportunidad enorme. ¿Cuál será?".

Antes de la pandemia, habíamos comenzado a migrar nuestro programa de capacitación casi exclusivamente presencial a la modalidad en línea, lo que no era una tarea fácil con miles de empleados en doscientas sucursales en más de ochenta países. ¿Y si acelerábamos la transición? ¿Se podían duplicar o triplicar los esfuerzos para que la iniciativa saliera adelante? ¿Podría contener mejor a los empleados, clientes y líderes de Dale Carnegie en todo el mundo, quienes también estaban ansiosos por lo que estaba ocurriendo? ¿Cómo podía apuntalarlos? Mi estado de ánimo comenzó a cambiar. Me entusiasmaba ponerme al mando, generar acciones, conducir a la compañía en medio de la crisis y hallar la manera de crecer durante la pandemia. Recordé el consejo que un sabio amigo me había compartido. Al principio de mi carrera, dudé si unirme o no a un emprendimiento por miedo a que fracasara. Mi amigo me había dicho: "Ten en cuenta, Joe, que las fuertes tormentas forjan hombres de mar diestros, no los mares calmos. Los momentos difíciles son los que nos hacen crecer y mejorar". Entonces, pensé: "Estos son momentos extraordinariamente difíciles. Si todo sale bien, me convertiré en un líder más fuerte. ¿Cuántos tuvieron la oportunidad de estar al frente de una empresa de ciento siete años en una crisis como esta? Ahora estoy en los zapatos de Dale. Es mi deber para con él y para con mis compañeros liderarla con seguridad, no con cobardía. ¿Cómo habría actuado Dale?". Durante los meses siguientes, admiré y agradecí la actuación valiente y unificada de todo el equipo para transformar todo nuestro modelo de negocios de presencial a virtual. También pensé en lo que podía hacer para apoyar a familiares y amigos. Sí, es probable que, en las videollamadas que teníamos por las noches, le repitiera demasiadas veces a mi madre que se cuidara, pero ella lo agradecía. Me comunicaba con colegas y amigos alrededor del mundo para saber cómo estaban, y para escucharlos y recordarles lo importantes que eran para mí. Pasaba más tiempo con mi esposa e hijos, lo que no era muy difícil ya que estábamos encerrados en la misma casa todo el día. Pero le dedicaba mayor atención a ese tiempo juntos. Comencé a hacer más ejercicio y a alimentarme mejor; eliminé los azúcares refinados de la dieta e incluí vitaminas e hice todo a mi alcance para fortalecer mi sistema inmunológico en caso de contraer COVID-19.

Esa noche fue uno de los puntos de inflexión más marcados de mi vida, y le estaré por siempre agradecido. La cita de Dale me recordó la importancia fundamental de mis pensamientos. Tenía que prestar atención y ejercer un papel activo frente a ellos. Debía elegir pensamientos que me empoderaran y me motivaran a la acción, en vez de pensamientos destructivos que me arrastraran a la oscuridad y a la desesperación y me condujeran hacia la pasividad. Entendí que, si elegía los pensamientos correctos, estaría en la carretera que me llevaría a la solución de mis problemas. Y que, si no lo lograba, quedaría estancado en un pésimo lugar, mental y emocionalmente Me di cuenta de que todo en la vida —las relaciones con los demás, la carrera, los objetivos, la salud, los logros— depende de ese primer paso, que es tomar el control de los pensamientos. La buena noticia y el objetivo de este capítulo es demostrarte que, si lo logras, gozarás de una paz, una confianza y una fuerza interior increíbles en cualquier circunstancia. Ahora hablemos de cómo hacerlo.

Presta atención a tus pensamientos

¿Con qué frecuencia piensas en lo que piensas? Es decir, ¿con qué frecuencia piensas en serio en los pensamientos que hay en tu mente? La mayoría de nosotros va de una cosa a la otra, de conversación en conversación, de clase en clase, de reunión en reunión, reaccionando ante lo que nos ocurre. Leemos un correo electrónico que nos pone de mal humor; vemos un posteo en las redes sociales que nos enoja; descubrimos algo en línea que nos hace reír; alguien nos trata mal y enseguida nos disponemos a pelear. Cuando esto sucede, ¿cuántas veces nos detenemos y decimos: "Un momento, ¿estoy pensando esto como corresponde? ¿Cómo lo estoy percibiendo?"

Nuestra mente funciona en piloto automático demasiado a menudo. Oímos las palabras "No puedo hacerlo" en la cabeza y aceptamos ese pensamiento como un hecho. No nos detenemos a examinarlo ni a cuestionarlo; simplemente lo aceptamos y seguimos. O, por ejemplo, quizás estamos convencidos de que una persona es de una determinada manera. Nos sentimos amenazados por esa persona o percibimos que nos juzga o que no le caemos bien porque eso es lo que nos indican nuestros pensamientos, y no nos detenemos ni un minuto a reflexionar si nuestra visión es correcta.

Hace poco, una amiga de muchos años, Emma, vino a visitar a mi familia. Me contó que tenía problemas con una colega que recientemente se había unido a su sector laboral y quien, según Emma, tenía una actitud arrogante.

—¿Qué pasó, Emma? ¿Por qué piensas eso? —le pregunté.

—Yo me encargo del trabajo creativo para las campañas en redes sociales; eso incluye el diseño de imágenes y la redacción de mensajes para los posteos. Hace años que hago eso, y lo hago bien. Pero ahora ella comenzó a hacerme sugerencias para mejorar. ¿Quién se cree que es? ¡Sé cómo hacer mi trabajo!

—¿Ella literalmente criticó tu trabajo o dijo que era malo? —le pregunté.

—No. No es eso. Empezó a hacerme preguntas. "¿Alguna vez pensaste en cambiar el color de amarillo a celeste?" "¿No te parece agrandar un poco la imagen?" "¿No probaste con otra tipografía?" Ese tipo de preguntas —respondió Emma.

—¿Tuvo una mala actitud contigo o su tono fue crítico? ¿Hizo algún gesto de fastidio?

—No, nada de eso —admitió Emma—. Pero me di cuenta de que no le gustaba mi diseño y que pensaba que ella podía hacerlo mejor.

—Emma —le dije—, ¿no es posible que solo tratara de ayudarte? Tal vez su intención era contribuir para que tus posteos en las redes sociales fueran aún mejores de lo que son. ¿Cuál es la idea que tienes de Julie que te estás contando a ti misma?

—La idea es que ella cree que yo no sé lo que hago.

—Bien. Puede ser que tengas razón, pero ¿cómo sabes qué es lo que ella está pensando? Recuerdo varias veces que intenté ayudar a alguien en el trabajo sugiriéndole maneras de mejorar. Mi propósito no era subestimarlos. ¿Por qué no suponer que la intención de tu compañera es positiva? Por lo que me contaste, me parece que trataba de ayudarte.

Emma me miró y dijo:

—No me importa. —Se levantó y se fue, tan molesta y convencida de que había sido maltratada como cuando comenzó a conversar conmigo.

Tiempo después, tras hablar del tema con mi esposa, Katie, Emma recapacitó.

—Estuve pensando en lo que me dijiste y es probable que yo estuviera equivocada. Julie no parece mala persona. Es más, su actitud es bastante amigable. Quizás fue la manera en que lo dijo lo que me molestó, o yo estaba en un mal momento. A decir verdad, no era uno de mis mejores días. Ya estaba de mal humor cuando empezamos a conversar. En cuanto el pensamiento que me estaba criticando se instaló en mi mente, me puse tensa y a la defensiva. Quizás debería darle el beneficio de la duda.

Los pensamientos forman el sentido de lo que ocurre en nuestra vida. Y, ya sea para bien o para mal, ese sentido afecta la manera en la que pensamos, sentimos, actuamos o reaccionamos. Todos conocemos a personas que, les pase lo que les pase, se sienten desgraciadas. Quizás tienen una relación saludable con su enamorado o enamorada, pero se preocupan irracionalmente de que los pueda abandonar. Quizás los ascienden, pero se quejan de la responsabilidad adicional que acarrea el trabajo. También conocemos a quienes se mantienen imperturbables y animosos frente a una situación horrible. No importa lo que les depare la vida: su mirada es positiva. ¿Por qué ocurre eso? ¿Cuál es la diferencia entre los dos grupos de personas? La diferencia está en cómo pensamos.

Si tendemos a tener pensamientos negativos, es probable que nos sintamos amenazados o desesperanzados. Si tendemos a tener pensamientos optimistas, es probable que veamos oportunidades que otros no ven y que confiemos más en el futuro. Lo que sea que pensemos va a ejercer su influencia. El filósofo romano Marco Aurelio dijo que "la vida es lo que nuestros pensamientos hacen de ella"[1]. Para la mayoría de nosotros, el inconveniente es que no prestamos atención a nuestros pensamientos ni a la vida que ellos crean. Sabemos que los pensamientos existen, pero ¿somos conscientes de hasta qué punto nos limitan cuando elegimos concentrarnos en preocupaciones sombrías, atemorizantes o irracionales? ¿Somos conscientes de hasta qué punto los pensamientos nos impulsan a sentirnos enojados, frustrados o resentidos? Debemos controlar nuestros pensamientos, o ellos controlarán nuestra vida. Esa es la realidad. Pero ¿cómo lograrlo?

El primer paso es prestar atención al modo en que pensamos. Te propongo un desafío: la próxima vez que adviertas claramente una emoción o un patrón de pensamiento en ti, escríbelo en un papel y hazte las siguientes preguntas:

- ¿Qué pensamientos tengo y cómo se manifiestan? Algunas personas oyen una voz interior, mientras que otras experimentan imágenes e impresiones. Presta atención a cómo los pensamientos se expresan en ese momento.
- ¿Qué sentimientos me provocan esos pensamientos?
- ¿Estoy suponiendo? ¿Adjudico palabras a la boca de otros o saco la situación de contexto?
- ¿Este pensamiento me ayuda? De no ser así, ¿cómo puedo reemplazarlo?

Ralph Waldo Emerson dijo que "un hombre es lo que piensa todo el día". ¿Qué otra cosa podríamos ser? Las ideas que incorporamos son como el alimento que comemos: debemos digerirlas. Las películas que miramos, los libros que leemos y los *feed* en las redes sociales influyen en nuestros pensamientos.

Cómo y con quién pasamos el tiempo también influye en nuestros pensamientos y en nuestra vida. Durante un tiempo breve estudié para ser comediante de *stand-up*. Mientras esperaba mi turno, observaba y escuchaba las rutinas de mis compañeros. Algunos chistes eran tan desagradables que me producían asco: sus ideas me afectaban. Tardaba un par de días en quitarme esa basura de la cabeza. A veces, es necesario revisar con quiénes nos reunimos y qué hacemos, si notamos que eso ejerce una influencia negativa en nuestros pensamientos.

Observar nuestros pensamientos con honestidad —ya sea que esto suceda en un momento de epifanía o a lo largo del tiempo— nos ayuda a entender cómo dan forma a nuestra vida. Esa claridad nos permite elegir pensamientos diferentes, adoptar una actitud distinta frente a los problemas. Elegir los pensamientos correctos puede ser arduo y, para algunos de nosotros, el mayor de los desafíos. Al principio, puede resultar trabajoso, pero los hábitos de pensamiento son el puntapié inicial para tomar el control de nuestra vida. Cuando logremos, repetidamente, evitar la negatividad y elegir pensamientos que nos resulten útiles, estaremos en camino de alcanzar una mente saludable que nos ayude a triunfar.

Por qué nos estancamos en los pensamientos negativos

Lamentablemente estamos programados para tener pensamientos negativos. Los primeros humanos tenían un solo objetivo: sobrevivir. Si siempre estaban atentos al peligro, podían escapar de otros seres, carnívoros y con hambre. La lucha por el alimento era diaria, y no podían confiar en nadie que no perteneciera a sus tribus nómades. Prestar atención al peligro les permitía vivir más tiempo y transmitir sus genes. En otras palabras, la tendencia a tener pensamientos negativos es la forma que encuentra el cerebro para mantenernos a salvo. Eso se llama "sesgo negativo"[2].

Tener "sesgo negativo" significa recordar más hechos tristes o traumáticos que positivos. Los insultos quedan grabados en nuestra memoria, pero nos cuesta retener los cumplidos. Por naturaleza, suponemos lo peor en cada situación. Cuando el jefe pide vernos, lo primero que pensamos es "¿Habré hecho algo mal?". Una vez tuve el impulso de llamar a un amigo que hacía años que no veía simplemente para saludarlo, y lo primero que me preguntó fue "¿Está todo bien?". Pensó que lo llamaba para darle una mala noticia. Este sesgo natural hacia lo negativo también afecta nuestra toma de decisiones[3].

Con frecuencia, estos pensamientos comienzan con un "no puedo", "no debería" o "no podría", seguido por un "porque" y un comentario adverso. Lee los ejemplos de pensamientos limitantes que se ofrecen a continuación. Al hacerlo, pregúntate si te sientes identificado con alguno de ellos.

- "Si no hago todo perfecto, soy un fracasado". Este es un ejemplo de pensamiento extremo: es todo o nada, éxito o fracaso, ganancia o pérdida, sin tener en cuenta las áreas grises intermedias.
- "No puedo invitar a salir a esa persona. Me dirá que no y se reirá de mí". Esto se llama "enfocarse en un desastre inminente". Si creemos que el desastre acecha en cada rincón, una crítica al pasar o un simple suceso inesperado puede arruinarnos la semana.
- "Metí la pata en la presentación; seguro me despiden". Cuando exageramos lo negativo y nos concentramos más en nuestros errores que en lo que hicimos bien, magnificamos la realidad de la situación. Otro ejemplo podría ser juzgarnos duramente por haber sacado una buena nota, y no la mejor nota de la clase; o castigarnos por haber dicho algo incorrecto cuando conversábamos con alguien que nos importa.
- "Debería haber hecho más de lo que hice". Cuando hacemos hincapié en el "debería" y nos comparamos con el ideal, siempre vamos a quedar en desventaja. Nos subestimamos por haber "fallado", aunque tengamos razones legítimas para no haber podido completar la lista de obligaciones… aunque esa lista fuera, desde un principio, poco realista.
- "Soy un estúpido; la culpa es toda mía". Cuando nos encerramos en un proceso de pensamiento irracional, nos sentimos infelices. La declaración no tiene nada de objetiva ni de cierta, pero, como estamos irritados o emocionalmente devastados, creemos en la veracidad de esos pensamientos negativos.
- "No es mi culpa; soy una víctima". A diferencia de los pensamientos limitantes anteriores, en los que nos culpábamos por todo, en

este caso no nos culpamos por nada. Otro es responsable si algo sale mal. Esta convicción, aun cuando sea cierta, nos desempodera y nos hace sentir impotentes. Y ese no es el lugar donde queremos estar.

Ahora bien, ni Michael ni yo estamos diciendo que no existan la tragedia y la injusticia. Claro que existen. Ocurren cosas horribles. Y tampoco nadie está diciendo que debamos usar anteojeras y negar los problemas que se nos presenten. No. Lo que decimos es que, incluso en las peores situaciones, podemos decidir qué pensar, y esas acciones determinarán nuestra acción o inacción. Si nos quedamos estancados en cada tragedia que nos toque vivir, nunca avanzaremos; y si no avanzamos, quizás nos perdamos de muchas cosas maravillosas que suceden en la vida.

Aquí es donde interviene el poder de elegir. Sí, podemos estar programados para pensar de una determinada manera, pero eso no significa que no tengamos ningún control sobre nuestros pensamientos. Cuando aprendemos a prestarles atención, entendemos cómo cada uno de ellos nos afecta, determinamos si es beneficioso o no en esa situación determinada y nos volcamos hacia los pensamientos más alentadores.

Hace no mucho tiempo, una importante organización sin fines de lucro le pidió a Michael que diera la charla principal en un evento. Estaba contento cuando aceptó. Pero, a medida que la fecha se acercaba, comenzó a lamentarse: "¿Por qué dije que sí? Esto no va a salir bien. Nunca hablé sobre ese tema frente a un grupo de estas características. ¿Por qué me eligieron a mí? Había oradores mejores". Cuando Michael advirtió estos patrones de pensamiento, se detuvo y pensó "Un momento. Di cientos de charlas, y la mayoría salieron muy bien. La organización me eligió por un motivo. ¿Qué debo hacer para demostrarles a ellos, y a mí mismo, que tomaron la decisión correcta?". Michael se entregó de lleno a la presentación. Investigó acerca del grupo y se propuso estar el doble de preparado de lo que estaría habitualmente. Cuando el anfitrión lo presentó, Michael miró al público, sonrió y comenzó a hablar con energía genuina. En un momento, oyó que su voz interior le decía

“¡Está saliendo fantástico! ¡Debería hacer esto más seguido!”. Mientras pensaba esto, sintió una energía renovada y una conexión inmensa con el público. Ahí descubrió que quería dar más charlas en el futuro. Los organizadores le dijeron que había sido la charla más motivadora que habían escuchado. Michael admite que ese día nada habría salido bien si no hubiera anulado los pensamientos desalentadores y los hubiera reemplazado por otros que lo empoderaran.

Elija los pensamientos correctos

Elegir pensamientos constructivos puede ser difícil, en especial cuando enfrentamos circunstancias que parecen no tener solución. Pero superar los pensamientos deprimentes puede resultar tan sencillo como modificar nuestra manera de pensar… y podemos comenzar a hacerlo ahora. Para elegir mejores pensamientos, ten en cuenta estas tres estrategias (te sugerimos trabajar de a una por vez):

- Convierte los pensamientos negativos en un sistema de alarma temprano.
- Reformula el enfoque de tus pensamientos.
- Pon en práctica las afirmaciones.

Convierte los pensamientos negativos en un sistema de alarma temprano

A veces, los pensamientos negativos pueden ser útiles, como lo es la luz titilante en el tablero del auto que nos indica que nos estamos quedando sin combustible. No nos hace felices ver que esa luz se enciende, pero, a la vez, lo agradecemos porque nos avisa que, de no hacer algo, el problema será incluso peor. Podemos dar a las emociones y los pensamientos negativos el mismo uso: en cuanto los detectemos, podemos detenernos y preguntarnos "¿Qué me está diciendo este pensamiento o esta sensación? ¿Qué debo hacer para evitar que esta situación escale?".

En su función de director ejecutivo y cofundador de Pillar Technologies, Alex Schwarzkopf se exigió tremendamente para lograr un buen desempeño. La compañía desarrollaba tecnología aplicada a la gestión de riesgos para obras en construcción. La tarea era enorme. Después de meses de trabajar más de sesenta horas semanales, responder correos electrónicos a cualquier hora de la noche y solucionar problemas con su equipo, el caos comenzó a apoderarse de él, y entendió que algo debía cambiar.

Alex empezó a prestar más atención a lo que sentía y pensaba. Se dio cuenta de que a menudo tenía pensamientos negativos recurrentes: uno se enfocaba en su autoestima ("Soy malísimo; esto me supera") y el otro reforzaba su autocrítica despiadada ("Soy el peor; no puedo hacer nada bien"). Se comparaba con otros que, aparentemente, tenían más éxito, dinero y amigos, aunque la vida de Alex fuera, de hecho, muy buena.

Analizó estos pensamientos recurrentes y concluyó: "Estoy literalmente fabricando esta situación. Esas historias, esos pensamientos, me ponen ansioso. Y sé que no son ciertos". Como muchos de nosotros, Alex había caído en la costumbre de creer que esos pensamientos negativos eran ciertos, cuando, en realidad, se trataba de narrativas que inventaba sobre él mismo y sobre los demás. Ahí es cuando los pensamientos negativos se vuelven más peligrosos: cuando los cargamos de demasiado contenido. No solo influyen en nuestras decisiones, sino también en nuestro estado de ánimo. Para romper el círculo, debemos dejar de vivir esas historias negativas y comenzar a actuar desde un lugar de empoderamiento.

En el caso de Alex, los pensamientos contraproducentes hicieron que se sintiera deprimido. Tuvo dos episodios de estrés laboral antes de entender que necesitaba ayuda. "No quería sentirme así y sabía que debía hacer algo", confesó. Hizo un retiro para recomponer su cuerpo y su mente y, cuando regresó, probó durante un año y medio con distintas terapias con el objetivo de descubrir la raíz de los patrones de sus pensamientos negativos. Gracias a ese trabajo, adquirió herramientas que lo ayudaron a reconocer los patrones perjudiciales.

Ahora, en cuanto comienza a sentir ansiedad, Alex actúa como si se tratara de alarmas, sirenas y luces titilantes. Una mañana, Alex se despertó preocupado y deprimido. Antes, eso le hubiera arruinado el día. Pero, como aprendió a entender la ansiedad como un sistema de alarma temprano, reunió a su equipo. En vez de quedarse cavilando en soledad, Alex compartió con ellos el problema que lo tenía preocupado y les pidió ayuda para solucionarlo. En minutos, el equipo lo ayudó a desarrollar una solución, y su ansiedad disminuyó de inmediato. Cuanto más ponía en práctica la detección del sesgo negativo y actuaba en consecuencia, más confiado se sentía de poder desbaratar ese patrón de pensamiento. Así como estancarse en pensamientos negativos puede conducir a una espiral descendente, enfocarse en pensamientos positivos puede dar pie a un círculo inspirador, que promueva la confianza en uno mismo.

La próxima vez que percibas un pensamiento negativo, considéralo una señal de alarma. Primero, detente y hazte el siguiente planteo: "¿Qué me dice este pensamiento?". Luego, pregúntate "¿Qué debo hacer ahora?" y decide qué medidas debes tomar para que la señal de alarma desaparezca.

Reformula el enfoque de tus pensamientos

Otra manera de elegir los pensamientos correctos es reformularlos: tomar el pensamiento negativo y ver de qué manera podría resultarnos útil.

Artis Stevens era una estrella del fútbol americano en la secundaria y soñaba con jugar para la Universidad de Georgia. Entrenó durante años, y su compromiso con el objetivo era total. Tenía muchas posibilidades de que lo eligieran pero, desgraciadamente, sufrió un accidente devastador en una de sus piernas. Los médicos le informaron que, por la gravedad de la herida, nunca volvería a jugar al fútbol al mismo nivel.

Cuando Ardis escuchó ese diagnóstico dijo: "Vi cómo mi sueño se convertía en humo".

Artis cayó en una depresión. Sus amigos, su familia y toda la comunidad lo ayudaron a entender que, a la larga, triunfar en el deporte no era tan importante como triunfar en los estudios. Lo impulsaron a ver la situación de otra manera. "El punto de inflexión fue modificar mis pensamientos y mi definición de 'éxito'. Para mí, tener éxito era ganar jugando al fútbol. Pero cuando dejó de significar eso, me di cuenta de que todo lo que había hecho servía para algo, que podía usar en lo académico las mismas destrezas que había desarrollado para alcanzar logros deportivos. Entendí que todo ese esfuerzo me servía como práctica para el próximo desafío". Cuando Artis ingresó a la Universidad de Georgia por su capacidad académica y no deportiva, confirmó que había elegido el enfoque correcto. "Siempre supe que debía esforzarme mucho para llegar adonde fuese, y la idea de cumplir mis sueños no había cambiado; solo se trataba de cumplirlos de una manera diferente".

Cuando Artis redefinió lo que pensaba del éxito, aparecieron oportunidades completamente nuevas. Se destacó en la universidad, se graduó y progresó en su carrera. Hoy, Artis es presidente y director ejecutivo de Big Brothers Big Sisters of America, y aporta ese mismo enfoque a la organización. Interpelar y reformular las definiciones de éxito y de fracaso son pasos esenciales para tomar el control y vivir la vida que uno realmente quiere.

Todos experimentaremos en nuestra vida momentos en los que debamos reformular lo que pensamos sobre una situación determinada. No siempre se tratará de éxitos y de fracasos; quizás debamos reformular nuestras opiniones sobre una oportunidad o una relación. Reformular los pensamientos es una destreza que debemos practicar en el transcurso de toda nuestra vida. Pero ¿cuáles son las maneras de reformular los pensamientos? Aquí te damos algunas ideas:

- Primero, ten en claro qué estás pensando. En el caso de Artis, él creía que el éxito en la vida dependía del éxito en el fútbol. No puedes reformular tus pensamientos si no sabes cuáles son.

- Segundo, pon en duda el pensamiento. Pregúntate de qué otra manera podrías verlo y considera esa nueva alternativa. El pensamiento de Artis era "Mi éxito depende del fútbol", pero él se dijo: "Mi éxito *no* depende del fútbol" y agregó la palabra "porque" al final. "Mi éxito no depende del fútbol porque…" y luego pensó razones para completar la frase; por ejemplo: "Mi éxito no depende del fútbol porque mi vida es más que el deporte. Tengo muchos otros talentos. Soy inteligente, trabajador y tenaz. Ayudo a mi familia y a mis amigos".
- Tercero, haz algo que reafirme lo que acabas de enunciar. No es necesario que sea algo notorio; una sola cosa lleva a la otra y así se crea el impulso. Siguiendo con el ejemplo de Artis, quizás le preguntó a un amigo o a un pariente qué talentos veía en él; quizás averiguó en la página web de la Universidad de Georgia cuáles eran los requisitos para ingresar; quizás escribió la frase en un papel para tenerla siempre a la vista. Otra vez, no importa qué medida tomes; lo importante es que te empuje en una dirección nueva y productiva.

Reformular los pensamientos es como desarrollar un músculo: cuanto más se ejercita, más fuerte se vuelve. Pon en práctica esta técnica la próxima vez que detectes un pensamiento negativo o limitante, y observa el cambio cuando lo reformules.

Pon en práctica las afirmaciones

Muchos conocen el término "afirmaciones". Hace rato que se oye y hay una razón para ello: las afirmaciones funcionan. Dicho sencillamente, una afirmación es una palaba o una frase que repetimos una y otra vez para reforzar una idea que queremos alcanzar[4]. Eso condiciona la mente, al igual que levantar pesas da forma a un músculo. Las afirmaciones son una manera de fortalecer los pensamientos que queremos tener y de cuestionar los que nos impiden avanzar. En nuestra opinión, todos deberían ponerlas en práctica.

Antes de elegir las afirmaciones, hay algunos puntos clave que debes tener en cuenta. Primero, ten fe en la afirmación. Si no crees en lo que dice, no dará resultado. Segundo, las afirmaciones deben redactarse en presente, como si lo que deseas estuviera ocurriendo. Tercero, evita las afirmaciones "negativas". Por ejemplo, en vez de decir "Voy a dejar de sentirme ansioso", repite "Soy una persona calma y tranquila". Finalmente, pon en práctica las afirmaciones a diario; así las aprovecharás al máximo. Hacemos ejercicio regularmente y comemos bien en cada comida; del mismo modo, debemos practicar las afirmaciones todos los días.

Estos son algunos ejemplos de afirmaciones:

- "Soy fuerte y puedo lograr lo que quiero en la vida".
- "Progreso y mejoro todos los días".
- "Tengo poder".
- "Tengo dentro de mí lo que necesito para triunfar".

La afirmación puede resumirse en una sola palabra. Durante muchos años, Michael elegía una palabra y se concentraba en ella todo el año; palabras como *entusiasmo, acción, dicha, disciplina*. También podemos crear afirmaciones para nuestros seres queridos.

Cuando los hijos de Camille Chang Gilmore tenían cuatro y cinco años, les diagnosticaron trastorno del espectro autista. Al enterarse, Camille se sintió tan devastada que se encerró en su dormitorio, se dejó caer de rodillas y lloró pensando "¿Por qué a mí?". Se permitió un momento para lamentarse, pero luego reconoció sus pensamientos negativos y se recordó que no se trataba de ella, sino de sus hijos. Había que poner manos a la obra.

Camille hizo a un lado sus pensamientos y tomó medidas para ayudar a sus hijos. Les buscó el mejor tratamiento médico que pudieran recibir y se aseguró de que tuvieran buenos tutores. Pero, tal vez, la medida más importante que tomó fue compartir una afirmación con ellos. Todos los días les repetía "Ustedes están…", y ellos completaban

“¡Destinados a la grandeza!”. Durante su infancia, estos niños gritaron esa frase con todas sus fuerzas.

En la actualidad, los hijos de Camille tienen alrededor de veinte años y estudian en la universidad. Con el estímulo de su madre, el apoyo de los tutores y los ajustes correctos, desarrollaron una seguridad y una confianza en sí mismos que les permitieron progresar. Camille se empeñó en no dejar que los pensamientos negativos se apoderaran de ella e instruyó a sus hijos para que fueran positivos.

Si tu sueño es estimular a otros, repite “Inspiro a los demás para que vivan la mejor vida posible”. Usa palabras activas; deberías identificarte con esas palabras.

¿Tienes afirmaciones escritas? De no ser así, Michael y yo te proponemos que dejes de leer ahora mismo, elijas una afirmación que te dé mucha confianza, la escribas y la repitas al menos cinco veces al día: una a la mañana, otra a la noche y otras tres veces más. Hace años que intento hacerlo cotidianamente. Las afirmaciones son un elemento clave para tomar el control, aumentar la confianza y ser más resiliente.

¡TOMA EL CONTROL!

Prestar atención a nuestros pensamientos y aprender a trabajar con ellos es una práctica que se extiende toda la vida. Debemos tomar el compromiso diario de ser conscientes de nuestros pensamientos para elegirlos de manera tal que nos ayuden a construir la vida que queremos. Si lo logramos, como decía Dale, "estaremos en camino de resolver nuestros problemas".

PRINCIPIO

Elige pensamientos que te empoderen.

PASOS PARA LA ACCIÓN

- **PRESTA ATENCIÓN A LOS PENSAMIENTOS.** Empieza ahora mismo; tómate un tiempo para percatarte de tus pensamientos. ¿Qué es lo que detectas como primera impresión? ¿Son pensamientos dañinos o alentadores? ¿Tiendes a ver lo peor en cada situación? ¿O lo mejor? ¿Qué patrones adviertes?
- **DETECTA LOS PENSAMIENTOS LIMITANTES.** Repasa la lista que ofrecimos antes y detecta tus pensamientos negativos. ¿Tiendes a dramatizar? ¿Exageras lo negativo? ¿Cómo te sientes cuando caes en esos patrones de pensamiento? ¿Qué ocurriría en tu vida si cambiaras esos pensamientos por otros que te sean útiles?
- **PRACTICA CÓMO ELEGIR LOS PENSAMIENTOS CORRECTOS.** Este es un desafío diario, no una solución que se implementa una sola vez. De-

bes practicar todos los días para desarrollar el músculo. Cuanto más ejercites, más fuerte se volverá.

- **CONVIERTE LOS PENSAMIENTOS NEGATIVOS EN UN SISTEMA DE ALARMA TEMPRANO.** Cuando detectes un pensamiento negativo, piensa en lo que eso podría indicar en ti. ¿Hay algo que te esté preocupando?
- **REFORMULA LOS PENSAMIENTOS.** Enfoca la situación desde una perspectiva diferente. Pregúntate si no puedes verla de otra manera.
- **PON EN PRÁCTICA LAS AFIRMACIONES.** Crea frases alentadoras que fortalezcan los pensamientos que deseas tener.

2

Condiciona tu mente para el éxito

Si no está en el proceso de convertirse en la persona que quiere ser, automáticamente se encaminará a convertirse en la persona que no quiere ser.

—Dale Carnegie

Cuando tenía treinta años, me crucé con una cita del legendario beisbolista Mickey Mantle, que me impulsó a la acción: "Si hubiera sabido que iba a vivir tanto tiempo, me habría cuidado mejor". En ese momento, me vi, décadas más tarde, como un anciano enfermo que se lamentaba por las elecciones que había hecho de joven en relación con la dieta y el ejercicio. Nunca fui un gran deportista, pero no podía poner eso como excusa. Empecé a correr para estar en forma. Fue uno de los esfuerzos más grandes que hice en mi vida.

Al principio, era una tragedia. Con esfuerzo, lograba correr unos pocos kilómetros y tenía que detenerme seguido, porque me dolían las piernas y me faltaba el aire. Me sentía muy mal. Los pensamientos extremos me acechaban: una voz nítida y firme en mi mente repetía "¡ABANDONA! Nunca lo vas a lograr". Es probable que le hubiera hecho caso a ese pensamiento negativo de no ser por mi buen amigo, Eric Eder, que me alentó a superar esos tiempos difíciles. A propósito: a veces necesitamos buenos amigos que nos recuerden nuestro objetivo.

Recuerdo la emoción que sentí la primera vez que corrí diez kilómetros; luego, fueron doce y, después, veinte. Lo que parecía imposible comenzó a convertirse en realidad. Entonces, Eric sugirió que corriéramos el maratón de Toronto Scotiabank. A pesar de que eso hubiera sido impensable en un principio, supuse que, si resistía veinte kilómetros, podría resistir veintidós más (no fue una idea muy brillante, vista en perspectiva).

Era consciente de que, para correr un maratón, necesitaba más que persistencia y la voluntad para dejar a un lado la incomodidad y los pensamientos negativos. Necesitaba un plan y una rutina. Contraté un entrenador que insistía en que prepararse para un maratón era distinto de salir a correr. Tuve que condicionarme en aspectos muy específicos. Fueron tres meses de entrenamiento estricto (corría seis días a la semana, lo que incluía trabajos intensos de velocidad en pista, carreras a ritmo rápido y sostenido, carreras semanales de distancias largas y carreras a ritmo relajado) y de alimentación, hidratación y descanso adecuados. El entrenador me confesó: "No voy a ilusionarte. Esto requiere constancia —cada mes, cada semana, cada día, cada hora—, pero si respetas el plan, no tendrás problemas". Eso hice. Seguí el plan de mi entrenador al pie de la letra y corrí mi primer maratón en menos de tres horas y media. Apenas podía caminar, pero no me importó. Estaba exultante.

Así como correr un maratón exige un entrenamiento constante durante un tiempo prolongado, también es necesario condicionar las mentes para el éxito. Se necesita un plan, y debe respetarse. Si bien es cierto que reformular los pensamientos o poner en práctica las afirmaciones es fantástico, el objetivo es que eso se convierta en un hábito y que se haga de manera automática; que ocurra lo que ocurra, uno sea capaz de reaccionar instintivamente con seguridad, coraje y resiliencia. En otras palabras, lo que se busca es desarrollar mentalidades que resulten útiles, algo que analizaremos más adelante en este capítulo. Una manera efectiva de hacer esto es diseñar rutinas que ayuden a estar en el mejor nivel todos los días.

Aplica rutinas para condicionar tu mente al éxito

Una rutina, según nuestra definición, es una serie de prácticas orientadas hacia el crecimiento y el desarrollo de una mentalidad saludable. Las rutinas no son una buena opción; son un deber. Contar con cierta estructura en nuestra vida cotidiana reduce la cantidad de decisiones que debemos tomar, lo que, a su vez, disminuye el estrés, aumenta la concentración y brinda una sensación general de paz y estabilidad. Los humanos aplicamos rutinas hace siglos: Benjamin Franklin, Maya Angelou, T. S. Eliot, Mozart, Jane Austen y Pablo Picasso, todos tenían rutinas. Franklin se levantaba a las cuatro o cinco de la mañana, se daba un baño y desayunaba. Se preparaba para el día preguntándose "¿Qué buena acción puedo hacer hoy?" y comenzaba a trabajar a las ocho. Al mediodía, interrumpía para almorzar y leía mientras comía (el almuerzo duraba dos horas). Luego, continuaba trabajando hasta las seis de la tarde. A partir de esa hora, descansaba y se relajaba y, a veces, se daba un "baño de aire frío" —se sentaba desnudo junto a una ventana abierta—, hasta las nueve o diez de la noche, cuando se acostaba a dormir. Antes de quedarse dormido, repasaba la pregunta que se había hecho a la mañana y la contestaba: "¿Qué buena acción hice hoy?"[1].

Un ejemplo más contemporáneo es el de Haruki Murakami, el escritor con éxitos de venta en todo el mundo. Se despierta a las cuatro de la mañana y escribe cinco o seis horas. Luego corre o nada (o las dos cosas), lee y escucha música. Se va a dormir a las nueve de la noche. Dijo Murakami: "Mantengo esta rutina todos los días, sin modificarla. Lo importante en sí es la repetición; es una forma de hipnosis. Me hipnotizo para alcanzar un estado mental más profundo"[2]. Las rutinas variarán de acuerdo con las generaciones y los continentes, pero la motivación central es la misma: prepararnos para el éxito en mente, cuerpo y espíritu.

Las rutinas mejoran la salud mental porque ayudan a controlar la ansiedad y el estrés. Eso se logra, en parte, al concentrarnos en cosas que podemos controlar. Las rutinas aportan estructura y predictibilidad para el día o la semana, en especial durante épocas de mucho estrés. También brindan una sensación de logro cuando las completamos. Los psicólogos especializados en deporte señalan que los rituales previos a los partidos conducen a un mejor desempeño y disminuyen la ansiedad[3].

Si no nos tomamos el tiempo para diseñar una rutina que nos ayude a condicionar la mente, nuestros días y nuestros pensamientos quedarán a merced de los hechos y las circunstancias. Como en una casa, las rutinas son la estructura sobre la que se apoya el día.

Una vida sin rutinas

Si hoy te presentan a Michael, es probable que digas que es la persona más amable que hayas conocido. Pero, según él, cuando tenía unos veinte años, intentaba constantemente probarse a sí mismo y perdía la calma cuando lo presionaban. Trabajaba mucho —quizás demasiado— y aún no entendía el valor del descanso (de eso hablaremos en el capítulo 7, "Lidia con el estrés"). Su objetivo era hacerse un nombre. Eso estaba bien, pero lo forzaba a vivir una vida sin equilibrio. Su grupo de amigos no era la mejor influencia, y carecía de rutinas: corría de reunión en reunión; el trabajo era estresante y se extendía durante horas. No destinaba momentos para reflexionar o trabajar sobre sus emociones y, menos aún, para pensar en la vida que quería forjarse. "La falta de rutina hacía que no tuviera espacio para liberar la mente. No tenía tiempo para preparar el día ni para hacer un repaso de lo hecho", recuerda Michael. Como resultado, muchas veces se sentía acorralado contra una pared y reaccionaba negativamente a lo emocional.

En un momento, Michael pasó a conducir un equipo regional de Dale Carnegie y tuvo a su cargo a uno de los mejores vendedores del mundo. "Fred" era el número dos en ventas individuales en la compañía. Con esos antecedentes, Michael se convenció de que Fred era indispensable, y Fred se lo creyó. Comenzó a dar órdenes a Michael e incluso se tomó dos semanas de vacaciones en el Caribe sin prácticamente avisarle. "Si no hubiera sido que este hombre producía el ochenta por ciento de lo que facturaba la compañía, y si yo no hubiera sido un jovencito de veinticinco años, nervioso e inseguro, lo habría despedido", dijo Michael. Pero, en ese entonces, estaba ocupado tratando de probarse a sí mismo, le faltaba confianza y reaccionaba ante la vida lo mejor que podía. Un día, la situación llegó a un punto límite: Fred entró furioso a la oficina y le gritó a Michael, acusándolo de perder una venta enorme. Michael estuvo a punto de pegarle; le pidió que se retirara y que no regresara hasta que modificara su actitud.

Esa experiencia fue una epifanía para Michael. "Tenía veinticinco años y no estaba equipado, mental ni emocionalmente, para enfrentar a ese hombre. Entendí que debía hacer algo para mejorar o tendría los mismos problemas con todos los Fred que aparecieran. Sabía que no podría desarrollarme en mi carrera si no ganaba confianza y no lidiaba mejor con las personas". Michael pensó qué era lo que necesitaba: un espacio para pensar y planificar el día y para tomar decisiones sobre cómo trabajar con la gente que lo rodeaba. Comenzó una práctica que consistía en reservar un tiempo todos los días para reflexionar qué era lo que funcionaba bien y qué necesitaba modificar y para pensar cómo podía mejorar como líder. También adoptó la práctica de enunciar sus objetivos (volveremos sobre esto en la Parte III). En esa enunciación, describía en detalle la clase de persona que quería ser: aspiraba hacer uso de sus dones y talentos para marcar una diferencia significativa en la vida de las personas; también afirmaba que deseaba controlar sus pensamientos y emociones para llegar a ser un líder positivo en su organización. "Llevaba esta enunciación a todas partes y la leía todos los días. Se convirtió en una parte esencial de mi nueva rutina cotidiana, que incluía afirmaciones positivas y un tiempo para reflexionar y planificar antes de comenzar el trabajo. Esta rutina fue de una ayuda enorme y continuó siendo así durante décadas. Me convertí en la persona que yo mismo había descripto al enunciar mis objetivos; y aprendí a lidiar mucho mejor con situaciones y personas difíciles".

Arme una rutina

Desde hacía tiempo Jéssika Santiago sabía que debía inclinarse más hacia lo saludable, pero la vida siempre se metía en su camino. Quería hacer más ejercicio, pero nunca tenía energías porque priorizaba el trabajo por sobre todas las cosas. Quería comer más sano, pero le faltaba tiempo para cocinar. Estaba estresada y se daba cuenta de que algo funcionaba mal en su cuerpo, pero era incapaz de cambiar. Hasta que su salud comenzó a resentirse de verdad.

El médico fue claro con Jéssika: "Tiene una infección para la que no existe medicación. La única manera de superarla es llevando una vida más sana, más equilibrada". Para colmo de males, le diagnosticaron prediabetes como consecuencia de sus hábitos de alimentación. Esa fue una señal de alarma de que algo tenía que cambiar.

Jéssika sabía que no podía hacerlo sola y le pidió ayuda a una amiga. Lo primero que hicieron fue diseñar un plan para mejorar la dieta de Jéssika. "Pensamos en lo que disfrutaba comer y decidimos no hacer cambios radicales ni eliminar lo que me gustaba, pero incluimos un alimento saludable por vez", contó Jéssika. Armaron una rutina para la mañana porque le resultaba más sencillo ingerir una comida saludable apenas se levantaba. Programó la alarma a la misma hora todos los días para crear un ritmo de sueño natural. Después de algunas semanas, cuando se había acostumbrado a esa rutina, incorporó el ejercicio: salía a caminar después del desayuno.

Los beneficios de la rutina matinal comenzaron a notarse en menos de dos semanas. "Cuando me despertaba, ya no tenía que pensar a qué hora comenzaría el día y, como no estaba tan cansada, tampoco sentía la necesidad de postergar la alarma una y otra vez". Tener una rutina implicaba que todo estuviera decidido, y eso aliviaba su mente. Con esa rutina, no malgastaba tiempo ni energía tratando de "adivinar" cómo sería su mañana, porque ya lo sabía. Esa rutina la ayudó a descubrir el valor de una vida saludable. "Esas decisiones pequeñas que ya no debía tomar marcaron una diferencia enorme. No me había dado cuenta del tiempo, la energía y el espacio mental que esas decisiones ocupaban".

Una vez incorporada la rutina, Jéssika se sintió completamente diferente. Fue como flexibilizar y fortalecer un músculo nuevo; le permitió desarrollar la confianza. "No era solo lo que hacía: comía bien y salía a caminar. Lo más importante era la confianza que sentía. Hacía tres o cuatro años que venía repitiéndome que debía hacer ejercicio, pero nunca lo lograba", relató Jéssika. "La rutina me ayudó a mejorar mi mentalidad; comencé a creer que era capaz de hacer cosas difíciles. Frente a otros problemas en la vida, ahora podía pensar 'Puedo hacerlo. Si voy de a poco, soy capaz de crecer y cambiar'".

Una de las enseñanzas fundamentales del curso Dale Carnegie es la importancia de vivir una vida con propósito. Analizaremos esta idea en profundidad en la Parte III, pero lo que queremos resaltar ahora es que armar y mantener rutinas saludables son requisitos esenciales si nuestra intención es vivir una vida con propósito. La diferencia entre tener una rutina y no tenerla es como la de navegar un barco con timón o sin él. Cuidarnos a nosotros mismos, y eso incluye la mente y el cuerpo, aumenta la energía, mantiene la actitud positiva y nos ayuda a lidiar con el estrés. A la larga, hacernos un tiempo para reflexionar y planificar el día contribuye en que nos convirtamos en la persona que queremos ser.

Desarrolla una mentalidad de crecimiento

Michael y Jéssika aplicaron rutinas no solo para mejorar sus vidas, sino para desarrollar una mentalidad nueva, una mentalidad que los ayudara a ser más seguros, resilientes y más eficaces en sus relaciones con los demás. A partir de ese cambio, cada vez que enfrentaron situaciones difíciles, sus reacciones no solo fueron positivas: fueron automáticas. La psicóloga e investigadora de la Universidad de Stanford, Carol Dweck, escribió sobre esto en su libro revelador, *Mindset: la actitud del éxito*. Seamos conscientes de esto o no, todos tenemos una determinada manera de ver el mundo. Según Dweck, las personas con una mentalidad "fija" creen que las capacidades, la inteligencia y la personalidad están grabadas en piedra y no pueden modificarse. Es la visión que dice que uno nace con ciertas destrezas, talentos o cualidades, o no. Por otro lado, los que creen que la vida y las capacidades son flexibles y pueden moldearse con esfuerzo y aprendizaje tienen una mentalidad "de crecimiento"[4].

En términos generales, no tenemos una sola mentalidad. Podemos tener una mentalidad de crecimiento en el trabajo, pero creer que nunca seremos buenos para interactuar con las personas. En ese caso, tendríamos una mentalidad de crecimiento para el trabajo y una mentalidad fija para las relaciones sociales.

Cualquiera sea tu mentalidad, ten en cuenta que tiene un efecto profundo en tu vida. Las investigaciones demuestran que las personas con mentalidad de crecimiento tienen mayor motivación y éxito. También son menos propensos a tener niveles altos de ansiedad, depresión y estrés laboral[5].

Desarrollar un enfoque con mentalidad de crecimiento es crucial para que podamos tomar el control de nuestra vida, y una de las razones por las que es muy importante tener una rutina adecuada. Tener una rutina que nos brinde tiempo y espacio para pensar y reflexionar sobre nuestros pensamientos, emociones y experiencias nos ayuda a elegir el curso de acción. Cuando diseñes tu rutina, presta atención a los pensamientos que te condicionen a si puedes o no hacer algo. Cultivar una mentalidad de crecimiento es posible, y lo primero es estar atento a la manera en la que los pensamientos nos afectan.

Pon en práctica una rutina que conduzca a una mentalidad de crecimiento

El objetivo de diseñar una rutina es convertirte en la persona que quieres ser: una mujer saludable, un padre paciente, un docente compasivo, un escritor prolífico o alguien puntual; lo que sea importante para ti. La rutina debe ajustarse a tus necesidades y ritmo de vida; así que dedica un tiempo a pensar qué rutina te encaminará hacia el éxito.

Mi rutina se fue perfeccionando con los años. En general, me acuesto a las once de la noche y me levanto a las seis de la mañana. Suelo estar más alerta, enérgico y creativo por las mañanas; por eso, los primeros cuarenta y cinco a sesenta minutos son la piedra basal de mi día. Evito revisar el teléfono celular, algo que me causaba distracciones enormes en el pasado. Llegué a la conclusión de que ese es mi momento de mayor concentración; los correos electrónicos, los mensajes de texto y demás comunicaciones pueden esperar. Me preparo una taza de té verde caliente (aunque, algunas mañanas, una infusión con mayor dosis de cafeína puede ser necesaria) y me dirijo a otra habitación, donde tengo un escritorio.

Medito, reflexiono, oro, planifico y escribo un diario. Pienso en el día anterior y me pregunto "¿Qué ocurrió ayer que me haga sentir agradecido? ¿Qué salió bien? ¿En qué fui eficaz?". Luego veo qué puedo mejorar: "¿Qué no resultó tan bien como hubiese querido? ¿Dije o hice algo que deba corregir hoy? De ser así, ¿en qué momento lo voy a hacer?". Por ejemplo, si, al rever mis interacciones, siento que fui desconsiderado o perdí la paciencia con alguien, me propongo hablar con esa persona y enmendar mi actitud. Luego reviso mis objetivos y mis anhelos personales y pienso en el día que tengo por delante: "¿Qué es lo más importante que debo hacer hoy? ¿En qué momento lo haré? ¿Cómo me preparo para que me vaya bien?". Al final de esos cuarenta y cinco o sesenta minutos, escribo en el diario cualquier reflexión importante que haya tenido. Esta rutina me brinda el tiempo y el espacio para pensar en mis acciones y en mis pensamientos y para planificar cuando estoy en mi mejor momento. No ocurrió naturalmente; al principio, me costaba levantarme y no lograba concentrarme. Pero, con el tiempo, se convirtió en algo automático.

Una rutina diaria no es solo una manera de comenzar o finalizar el día: es la puerta hacia una forma de pensamiento diferente. Una vez completada mi rutina matinal, me siento renovado, concentrado y listo para elegir hacia dónde quiero que el día se dirija.

Respetar una rutina es un hábito que se debe desarrollar. Para progresar, no solo se deben evitar los malos hábitos, sino elegir de manera consciente aquellos que influyan positivamente en nuestra claridad y fortaleza mentales. El escritor e investigador James Clear, autor de *Hábitos atómicos*, ha dedicado más de una década a estudiar las formas de crear hábitos positivos. Clear aconseja pensar lo siguiente si deseamos desarrollar hábitos nuevos:

1. **COMIENZA CON UN HÁBITO MUY PEQUEÑO.** Tenemos más posibilidades de fracasar si intentamos lo difícil primero. Por ejemplo, el objetivo no debería ser "Solo voy a tener pensamientos positivos". Ese es un objetivo muy ambicioso y empezar por ahí nos llevará inevitablemente al desaliento. Comienza con un hábito sencillo; por ejemplo, "Repetiré una afirmación positiva por día".
2. **EXTIENDE TU HÁBITO DE A POCO.** Las mejoras mínimas y sostenidas suman rápido. Haz que tu hábito nuevo progrese un poco más todos los días. Por ejemplo, una vez que adquiriste el hábito de repetir una afirmación, practica mirándote al espejo cuando lo hagas. La semana siguiente, además, reflexiona treinta segundos acerca de la afirmación. Desarrollar un hábito de manera progresiva hace que el objetivo resulte posible de alcanzar y asimilar.
3. **SEGMENTA LOS HÁBITOS EN PARTES.** Suponte que quieres desarrollar el hábito de meditar para poder pensar con más claridad y elegir pensamientos mejores. Si divides el hábito en dos partes, diez minutos a la mañana y diez a la noche, el compromiso con respecto al tiempo no te resultará tan pesado.
4. **SI ABANDONAS EL HÁBITO,** retómalo lo antes posible. Cualquiera puede desviarse del camino, incluso los que mejores resultados logran. Los estudios demuestran que abandonar los hábitos cotidianos una vez no implica que el progreso a largo plazo fracase. El problema surge cuando se tiene una mentalidad "a todo o nada" con respecto a los hábitos. Si rompes con el hábito un día y piensas que todo tu esfuerzo no sirvió para nada, estarás agravando el problema. Acepta

que puedes descarrilar alguna que otra vez. No hay problema. Ser mayormente constante es más importante que ser perfecto; retoma el hábito al día siguiente[6].

Con el tiempo, mi rutina, al igual que mi vida, cambiaron; pero el hecho de que la repita a diario no cambió. Hoy pienso en cómo era mi día hace años o décadas, y veo el cambio que se produjo al aplicar una rutina orientada hacia el desarrollo de una mentalidad saludable. El tiempo que le dediqué a esto me da una perspectiva valiosa. Me ayudó a convertirme en una persona con mayor fortaleza mental, más segura y reflexiva y, espero, más amable.

La rutina que funciona para mí puede no funcionar para ti. Todos tenemos necesidades diferentes. Marie Kondo, autora de *La magia del orden*, se levanta a las seis y media de la mañana, abre las ventanas para dejar que entre aire fresco y enciende incienso para purificar el hogar. Le gusta desayunar con una bebida caliente y algo simple junto a su esposo e hija. Oran juntos, dan las gracias e imaginan su día ideal. A Marie le gusta ordenar la casa antes de ir a trabajar y antes de irse a dormir. Aunque algunas rutinas demuestren una dedicación y una disciplina enormes, no todos pueden darse el lujo de contar con tiempo. Quizás tengas exactamente veinte minutos al día, de cinco a cinco y veinte de la tarde, para dedicarte. Aprovecha ese momento para reflexionar sobre el día que pasó o para prepararte para el siguiente. Puedes escribir un diario o meditar, hacer ejercicio o elongar, o simplemente quedarte sentado sin pensar en nada.

Piensa en tu rutina actual. ¿Decides conscientemente las actividades que haces en el día, o solo ocurren? ¿La rutina la determinas tú o las necesidades de los demás? Todos tenemos familia y obligaciones, pero queremos proponerte que encuentres la manera de rescatar un tiempo para ti cada mañana (o cada noche, si te resulta mejor) y lo dediques a prácticas que te ayuden a desarrollar una mentalidad constructiva.

Desarrollar una mentalidad que te permita alcanzar lo que deseas en la vida exige tiempo y esfuerzo. Deberás decidir qué te resulta mejor con el transcurso del tiempo, pero te invitamos a interpelarte —todos los días— con estas preguntas:

- ¿Qué funciona bien en tu vida? ¿De qué estás agradecido? Estas preguntas ayudan a concentrarse primero en las cosas que te hacen dichoso, que te dan felicidad.
- ¿Qué no funciona bien? ¿Qué aspectos de tu vida te gustaría cambiar? Es más, podrías establecer una clasificación para determinar por dónde comenzar. Esa lista debe detallar los puntos que deban mejorarse. Por ejemplo, en vez de decir "La relación con mi mamá no está en su mejor momento", deberías plantearlo como "La relación podría mejorar si pasara más tiempo con ella".
- ¿Qué necesitas creer para mejorar el aspecto que más te importa? Digamos que estás preocupado por la relación con tu madre. Quizás lo que subyace detrás de esa preocupación es la idea de que no lograrás recomponer la relación. Para hacer algún tipo de progreso en un área como esa, es necesario que creas que puedes llegar a tener una conexión cercana con tu madre.
- ¿Qué necesitas hacer para tener esta mentalidad nueva siempre presente? Aquí es cuando puedes poner en práctica las afirmaciones o decidir acciones específicas —como establecer una reunión semanal con tu madre— para intentar resolver el problema.

Puedes incorporar a tu rutina otras prácticas constructivas que te ayuden a mejorar tu mentalidad, como hacer ejercicios de conciencia plena o de respiración, meditar, orar, escribir un diario o visualizar. El ejercicio físico también suma a la rutina. Lo importante es que te resulte a ti. Sea cual fuere la práctica que elijas, debe ayudarte a convertirte en la persona que deseas ser. Quizás tu deseo es ser más empático, proactivo, ético, responsable, generoso, honesto, calmo, seguro o tener más tiempo disponible. Elige prácticas que te conduzcan a ese objetivo.

Una aclaración sobre las rutinas: sé realista

Recuerda: diseñamos rutinas para que estén a nuestro servicio; nosotros no estamos al servicio de ellas. Es muy probable que no todo te salga perfecto, que descarriles alguna vez, pero eso no implica que debas sentirte mal o culpable. A veces, hacemos el esfuerzo por diseñar o mantener una rutina cuando estamos de vacaciones o viajando; o cuando debemos atender a una criatura enferma en el medio de la noche; o cuando nosotros estamos enfermos; o cuando salimos con amigos o trabajamos hasta tarde; o cuando atravesamos distintas situaciones que pueden desbaratar la rutina planificada. Así es la vida.

Lo que no debes hacer es azotarte por haberte alejado de la buena senda por una razón legítima. No seas tan crítico contigo y retoma la rutina lo antes que puedas. Sigue intentándolo hasta que lo logres y no abandones.

Por otro lado, si postergas la rutina porque te da pereza o con excusas poco creíbles, olvídate de todo lo que acabamos de decir. Es hora de dar un paso adelante, tomar el control y ponerla en práctica.

¡TOMA EL CONTROL!

No se trata solamente de la rutina, sino de cómo la rutina nos prepara para lograr nuestros objetivos y ser la persona que queremos ser. Cuando decidimos conscientemente cómo comenzar, terminar o vivir el día y desarrollamos prácticas que generan una manera de pensar poderosa, condicionamos nuestras mentes para el éxito. Hacer eso es la clave para vivir la vida que queremos.

PRINCIPIO

Pon en práctica hábitos contenedores que te ayuden a desarrollar la mentalidad.

PASOS PARA LA ACCIÓN

- **DESARROLLA UNA RUTINA.** Piensa cómo comenzar el día. ¿Qué prácticas te dieron resultado? ¿Meditas, escribes un diario, planificas, oras, lees, haces ejercicio? ¿Cómo puedes mejorar esos hábitos beneficiosos? Si llegas a la conclusión de que no tienes ningún hábito beneficioso, piensa qué puedes incorporar a tus mañanas para que te ayude a mantenerte en buen estado durante todo el día.
- **ELABORA UN PLAN PARA AGREGAR PRÁCTICAS CONTENEDORAS A TU DÍA.**
  - Comienza con un hábito pequeño.
  - Amplíalo de a poco.
  - Segmenta los hábitos en partes.

- Si abandonas el hábito, retómalo lo antes posible y no te castigues por haber flaqueado.

- **APLICA ESTA RUTINA PARA DESARROLLAR UNA MENTALIDAD DE CRECIMIENTO.** Toma un lápiz y un papel o abre la aplicación de notas que más te gusta, y pregúntate:
  - ¿Qué funciona bien en tu vida? ¿De qué estás agradecido?
  - ¿Qué no funciona bien? ¿Qué aspectos de tu vida te gustaría cambiar?
  - ¿Qué necesitas creer para mejorar el aspecto que más te importa?
  - ¿Qué necesitas hacer para tener esta mentalidad nueva siempre presente?
- **PRESTA ATENCIÓN A TU MENTALIDAD.** Al practicar la rutina, presta atención a la forma en que influye en tu mentalidad. ¿Cómo te sientes después de ponerla en práctica? ¿Cómo te sientes cuando la postergas para el día siguiente? ¿Qué necesitas ajustar de la rutina para conseguir la mentalidad que buscas?

3

Trabaja con tus emociones

Cuando lidie con personas, recuerde que no se trata de criaturas lógicas, sino de criaturas emotivas.

—Dale Carnegie

El negocio de limpieza en seco de Deborah Ann Mack fue evolucionando durante casi una década. Comenzó con un servicio de recolección y entrega a domicilio (literalmente iba de casa en casa) en 2004. Deborah pasó de no tener ningún cliente a más de novecientos en pocos años. Dado el crecimiento, contrató a varios empleados e incluso construyó una planta de limpieza en seco orgánica con una lavandería en la parte de adelante.

Al comienzo, Deborah había encontrado un lugar para alquilar y refaccionar, pero el dueño la estafó y desapareció con el dinero que ella le había dado para las reparaciones. Deborah se quedó con un local destruido y una pila interminable de ropa para limpiar. En vez de esperar a que el dueño le devolviera el dinero, consiguió más y alquiló otro lugar para empezar de cero, pero no tenía un centavo para contratar a alguien que le instalara o manejara las máquinas de limpieza en seco. Deborah abrió los manuales, llamó a su hermano y a algunos amigos, y puso manos a la obra.

Para ese entonces, Deborah estaba frustrada, enojada y ansiosa. Había invertido mucho dinero en esa lavandería y sentía que no podía renunciar. Tenía que hacerla funcionar; no había opción.

Con la ayuda del fabricante de las máquinas, de sus amigos y de su hermano, terminó de armar el lugar. Las cosas finalmente empezaban a salir bien… hasta que una mañana, Deborah llegó a la lavandería a las cinco y media, como todos los días, abrió la puerta y se encontró con un pequeño océano. Se había roto un caño. Deborah se quedó paralizada.

Tomó un balde de color naranja, lo dio vuelta y se sentó en el medio de la habitación inundada. Se sentía derrotada. Pensó "¿Qué más puede salir mal? La lavandería se inundó. Estoy tratando de que este negocio funcione, pero es un problema detrás del otro: primero, la estafa; luego, la refacción; ahora, el caño". Deborah estaba desesperada.

Quería llorar. Lo intentó. No logró que le cayera una sola lágrima. Entonces, se largó a reír: le parecía gracioso estar en el peor desastre de su vida y no poder derramar una lágrima. Sentada sobre el balde, se rio hasta que le dolió el estómago y le faltó el aire. Llamó por teléfono a su esposo y, todavía riéndose, le dijo:

—No lo vas a creer, amor. ¡Se rompió un caño y la lavandería se inundó!

—¿Y por qué te ríes? —le preguntó el marido.

—¡Porque es muy gracioso!

En pocos minutos, las emociones de Deborah pasaron de la conmoción, la incredulidad, la desesperación, la impotencia y la frustración a la sorpresa, la alegría y la liberación. Había trabajado tanto durante tantos años que, cuando se vio ante la posibilidad de abandonar, solo pudo reírse de lo ridícula que era la situación. Dejó salir todas las emociones a la misma vez, prácticamente en un solo aliento. Deborah podría haber dejado que las emociones se apoderaran de ella. Podría haber aceptado los sentimientos de fracaso y frustración y darse por vencida. Pero ella sabía que las emociones van y vienen y sabía cómo manipularlas para que jugaran en su favor. Se puso de pie y continuó trabajando, con el coraje renovado.

Cuando la lavandería y la planta estuvieron terminadas, Deborah contrató empleados para atender a los clientes, para manejar las planchas de limpieza en seco y para la recolección y entrega a domicilio. Nunca miró hacia atrás porque sabía que el fracaso no era una opción. Después de varios años, vendió la lavandería y decidió regresar a la universidad para estudiar diseño de indumentaria. Hoy es la fundadora y diseñadora de una marca de ropa de lujo, que lleva su nombre.

Quizás a ti no se te inunde la lavandería, pero todos debemos luchar contra emociones incómodas a veces: estamos inseguros o acomplejados por nuestra imagen corporal; nos enfurecen o irritan los conflictos familiares; un problema con un amigo nos hace sentir solos y que no valemos nada; una enfermedad crónica nos asusta y nos devasta. La vida puede ser dura. Pero si no aprendemos a manejar las emociones, como aprendimos a hacerlo con los pensamientos en los capítulos 1 ("Elige tus pensamientos") y 2 ("Condiciona tu mente para el éxito"), nunca lograremos tomar el control de nuestra vida.

Piensa en un momento en tu vida en el que una emoción negativa te haya superado, en el que te hayas sentido impotente. Quizás te hayas sentido enojado, celoso, resentido, irritado, temeroso o ansioso. Quizás estés atravesando una situación así en este mismo instante. ¿Qué significaría para ti liberarte de esa emoción? Imagina que aprendes a lidiar con tus emociones para que, aunque las experimentes, sientas que tienes el control. Piensa que los pensamientos son nubes pasajeras y las emociones, tormentas con rayos y truenos. El cielo no siempre está cubierto: las nubes y las tormentas van y vienen. De eso vamos a hablar en este capítulo.

¿Por qué tenemos emociones?

La mayoría de los investigadores coinciden en que las emociones evolucionaron para ayudarnos a sobrevivir, reproducirnos, hallar alimento y mantenernos a salvo[1]. Influyen en la manera en la que interactuamos con el mundo. Las emociones que habitualmente catalogamos como "negativas" —como la tristeza o el enojo— nos advierten de problemas o peligros y nos ayudan a reaccionar frente a ellos o a evitarlos. La tristeza tal vez nos demuestre que necesitamos la compañía y el afecto de las personas que nos rodean, mientras que el enojo puede ser una señal de que alguien cruzó un límite y debemos marcárselo. Esas emociones tienen el efecto de estrechar el foco para que podamos lidiar con ese problema en particular. Las emociones que catalogamos como "positivas" —como el disfrute o la empatía— nos ayudan a ampliar la percepción y nos revelan oportunidades y posibilidades. Nos ayudan a mejorar la atención y la memoria, a pensar en ideas nuevas y a aprender[2].

Recuerda: al igual que los pensamientos, las emociones pueden ser negativas o positivas, y difíciles de entender. Hay una razón para eso y es que todos estos procesos están controlados por distintas partes del cerebro (por ejemplo, la amígdala cerebral selecciona y envía las emociones a la corteza prefrontal, donde se las utiliza apropiadamente)[3].

Los investigadores identificaron al menos cinco categorías de emociones, que se identifican con el disfrute, la tristeza, el enojo, el miedo y el rechazo[4]. Podemos pensar en esas emociones como "agradables" o "desagradables", pero todas tienen un propósito:

1. el **DISFRUTE** describe los buenos sentimientos que surgen de experiencias nuevas o que nos resulten familiares.
2. el **ENOJO** es el fuego que nos impulsa cuando algo se interpone en el camino o cuando creemos que nos tratan injustamente.
3. el **MIEDO** nos permite anticipar amenazas a nuestra seguridad.
4. el **RECHAZO** nos hace saber qué cosas no nos gustan.
5. la **TRISTEZA** es una reacción que deriva de la pérdida. Sentirnos tristes hace que desaceleremos el ritmo y les mostremos a los demás que necesitamos apoyo.

Las reacciones emocionales constan de tres partes: cómo percibimos la emoción, cómo la experimentamos en nuestro cuerpo y cómo reaccionamos a ella[5]. En este capítulo, aprenderemos a trabajar con las emociones, a elegir la manera de actuar cuando sentimos algo. Para lograrlo, aplicaremos un proceso sencillo, de cuatro pasos, que permita identificar y comprender las emociones. Pregúntate:

1. ¿Cómo me siento?
2. ¿Qué me dice ese sentimiento?
3. ¿Me resulta útil ese sentimiento?
4. ¿Cómo puedo enfrentar esa emoción y avanzar?

Paso uno: ¿Cómo me siento?

A la mayoría nos cuesta identificar o entender nuestras emociones porque no contamos con las herramientas para hacerlo. En su libro *Atlas of the Heart* (en español, "Atlas del corazón"), la autora e investigadora de trabajo social, Brené Brown, describe la forma en que la mayoría de las personas se relacionan con sus sentimientos: "¿Por qué la vastedad de la experiencia y la emoción humanas solo se describe como furiosa, triste o feliz? ¿Qué pasa con la vergüenza, la desilusión, el asombro, la duda, el rechazo, la humillación, la desesperación, la satisfacción, el aburrimiento, la ansiedad, el estrés, el amor, el agobio, la sorpresa y todas las demás emociones y experiencias que definen lo que significa ser humano? El lenguaje demuestra que darle nombre a una experiencia no le otorga más poder, sino que nos da a nosotros el poder de comprender qué es y qué significa"[6].

Aprender a describir nuestras emociones nos ayuda a desarrollar una mayor resiliencia y autoconocimiento. Después de todo, ¿cómo buscar una solución si no podemos nombrar lo que ocurre?

La próxima vez que sientas algo con intensidad, tómate un momento para registrar la experiencia. ¿Se trata de una emoción o de varias? ¿Puedes nombrar esas emociones y el efecto que tienen en ti? Hazlo sin juzgarlas ni intentar modificarlas.

Si las emociones te agobian y no quieres registrarlas por escrito, simplemente obsérvalas. En el curso sobre presentaciones con alto impacto que impartimos en Dale Carnegie, todos los participantes dan una charla frente a los demás. Nosotros grabamos esa charla y, cuando termina, el participante se dirige a otra habitación y mira la grabación. ¿Alguna vez te viste hablando en una grabación? Como a la mayoría, quizás te dio vergüenza. Pero la clave es hacer lo que indica el instructor: mirar la grabación como si no conocieras a la persona que habla y preguntarte "¿Qué está haciendo esta persona bien?", "¿Qué no está haciendo?", "¿Qué siente cuando habla?", "¿Qué dice su expresión facial o su lenguaje corporal?". Si nos alejamos de nosotros mismos por un momento, podremos ver los indicios que damos y comenzar a nombrar nuestra experiencia interna. También ayuda a decir cosas como "Noto que me siento triste", en vez de "Estoy triste". No eres tus emociones y no tienes por qué identificarte con ellas.

La psicoterapia también ayuda a comprender las emociones. Por suerte, en la actualidad, la terapia es mejor aceptada que hace veinte años. Tendemos a pensar que la terapia es el último recurso para aquellas personas que lidian con un trauma severo. Pero la terapia nos sirve a todos, en cualquier etapa de la vida, más allá de que la "necesitemos" o no. El trabajo con un profesional capacitado para aconsejar puede brindarnos un tiempo y un espacio para sacar a la luz emociones difíciles.

Paso dos: ¿Qué me dice ese sentimiento?

Incluso las emociones fuertes nos enseñan algo; por eso es importante que nos esforcemos para entenderlas en vez de simplemente esperar a que pasen. Edith Eger, sobreviviente del Holocausto y psicóloga especializada en trastorno de estrés postraumático, escribió "Suprimir los sentimientos solo hace que sea más difícil desprenderse de ellos. La expresión es lo opuesto a la depresión"[7]. Primero, debes reconocer el sentimiento y, recién entonces, podrás lidiar con él como corresponde. Quizás nos sentimos tristes porque no estamos viviendo al máximo de nuestro potencial. Quizás nos sentimos enojados porque no estuvimos a la altura de nuestros valores. Cualquiera sea el motivo, recuerda que tus sentimientos son neutrales y temporarios; es decir, sentir algo no es bueno ni malo, y esos sentimientos no durarán para siempre.

En nuestros cursos, a menudo escuchamos que los participantes desean "corregir" sus sentimientos. Si están tristes, creen que deben dejar de sentirse tristes. Lo mismo ocurre con el enojo, los celos, el miedo, la frustración, la culpa, etcétera. La idea es que las emociones positivas pueden permanecer, pero las dolorosas deben expulsarse. Muchos hemos atravesado situaciones extremas en las que era más fácil suprimir las emociones que enfrentarlas. Pero los sentimientos casi siempre guardan un mensaje para nosotros. Como dijimos antes en este capítulo, las emociones fuertes, como el miedo o la soledad, pueden indicar la necesidad de cambio. Quizás necesitemos identificar lo que hace que sintamos temor o pasar más tiempo con aquellos que se preocupan por nosotros. Cuando realmente nos enfrentamos a la emoción y, con paciencia, nos preguntamos una y otra vez "¿Por qué?" hasta llegar al fondo del sentimiento, podemos entender el mensaje que ese sentimiento trae para nosotros.

La meta de este ejercicio no es "corregir" las emociones, sino trabajar con ellas. Ponle nombre al sentimiento y, luego, escribe lo que crees que ese sentimiento está intentando decirte. ¿Cuál es la causa del sentimiento? ¿Qué es lo que esas emociones te provocan ganas de hacer (o de no hacer)?

En mi caso, escribir un diario ha sido invaluable para definir y comprender mis emociones y ponerlas en perspectiva. A veces, la primera definición de una emoción es superficial (por ejemplo, "Estoy preocupado"), pero, cuando la escribo y empiezo a indagar, descubro que hay más. Escribir un diario me ayuda a llegar a la gran pregunta: por qué siento lo que siento. Y eso exige una introspección honesta. Necesito entablar un diálogo interior, hacerme preguntas, pensar las respuestas y, a veces, escribirlas. Puedo empezar así:

—Estoy preocupado.

—¿Por qué?

—Tengo que dar una charla importante y siento que no estoy preparado. Tengo miedo de hacer un mal papel.

—¿Por qué? Ya la escribiste, ¿no? Todavía tienes una semana para prepararte y practicar.

—Sí, pero no conozco bien al público. Me preocupa que la charla los aburra.

—Bien. ¿Qué podrías hacer ahora mismo para sentirte mejor?

—Bueno, podría llamar a algunas personas que sé que asistirán y preguntarles qué es lo que esperan de la charla y qué debería incluir para que les resulte interesante.

—¡Perfecto! ¿Qué más?

—Podría averiguar sobre la organización; visitar su página web y ver si encuentro alguna noticia actual que me permita ajustar la charla a ellos.

—Y si haces eso, ¿qué pasaría con tu preocupación? ¿Cómo te sentirías?

—Me sentiría mejor porque estaría más preparado. La charla resultaría más convincente y más valiosa para la audiencia.

—Muy bien. Entonces, hazlo.

Cuando escribo, me abro completamente. No me guardo nada. Documento mi conversación interior para ayudarme a definir y comprender mis emociones y controlarlas.

Lo que me encanta de escribir un diario es que puedo volver a leer lo que sentía y pensaba semanas, meses o años atrás, y ver en perspectiva cuánto crecí y cambié. Leer *a posteriori* me ayuda a ver con más claridad. Sin el diario, ¿qué me queda? ¿La memoria? ¿Podría recordar todo eso? No. Escribir me ayuda a documentar mi vida y a valorar mis experiencias.

Paso tres: ¿Me resulta útil ese sentimiento?

Cuando te preguntes si un sentimiento te resulta útil, sé flexible. La doctora Susan David, psicóloga sudafricana y autora de *Agilidad emocional*, afirma que la tendencia a tener reacciones rígidas con las emociones propias —como catalogarlas de "buenas" o "malas" o convencernos de que no debemos sentirnos de determinada manera— no ayuda[8]. Quedarnos anclados a una emoción nos estanca, aunque se trate de una emoción positiva. Si solamente nos permitimos ser positivos y optimistas, no podremos escuchar nuestro miedo, tristeza o fastidio y, en consecuencia, no lograremos salir de relaciones tóxicas o de ambientes de trabajo insalubres.

Queremos ser felices todo el tiempo, pero la felicidad constante no es factible ni saludable. Por otro lado, los que alguna vez experimentamos ansiedad o depresión sabemos que, a veces, salir de ese estado cuesta porque nos olvidamos cómo sentir otras emociones. Está bien tener sentimientos diferentes... y está bien dejarlos ir. "Las investigaciones demuestran que la aceptación absoluta de todas nuestras emociones, incluso de las difíciles y conflictivas, es la piedra angular de la resiliencia, el entusiasmo y la felicidad auténtica y verdadera", dice la doctora David.

Cuando te preguntes si un sentimiento te es útil, piensa en lo que está ocurriendo en tu vida. Si sientes resentimiento y rechazo porque tu jefe te asignó una tarea que no deseas hacer, admite que aferrarte a esos sentimientos no te es útil. En cambio, si estás triste por la pérdida de un ser querido, quizás no te guste sentirte así, pero acepta que el sentimiento tardará en abandonarte.

Pregúntate: ¿Este sentimiento me servirá para convertirme en la persona que quiero ser?

Paso cuatro: ¿Cómo puedo enfrentar esa emoción y avanzar?

La mayoría de nosotros encontramos la manera de procesar rápidamente nuestras experiencias emocionales cotidianas. Sin embargo, cuando se trata de emociones más complejas, nos cuesta avanzar y necesitamos hallar maneras de olvidarlas. Cuando nos preguntamos "¿Cómo puedo enfrentar esa emoción y avanzar?", estamos buscando respuestas que nos ayuden a dar un paso más. Concentrarnos en lo que debe ocurrir no implica necesariamente hacer a un lado la emoción, en especial, cuando son emociones persistentes o difíciles. El objetivo es evitar estancarnos en un espacio emocional que no nos contiene. Piensa en tu viaje emocional como si fuera un paseo de varios días en auto. Puedes atravesar distintos estados emocionales, detenerte en algunos y pasar de largo en otros, o llegar a un sitio que no te resulte familiar; pero siempre eres tú el que conduce. Las emociones son inherentemente temporarias. No es necesario que volvamos siempre a las zonas emocionales que visitamos. Al igual que con los pensamientos, podemos reformular las emociones.

Digamos que te estás preparando para dar una presentación y estás nervioso porque debes hablar frente a un grupo de personas. Antes de comenzar la charla, sientes que el corazón te late fuerte. Podrías describir ese sentimiento como nervios o pánico escénico; y podrías no estar equivocado. Pero piensa lo siguiente: también podrías interpretarlo como una señal de que tu cuerpo está dispuesto al desafío. Si nos convencemos de que esa energía nerviosa es, en realidad, determinación, avanzaremos confiados.

Cuando estemos listos para dejar atrás una emoción, probemos la pausa de noventa segundos. La científica encargada de estudiar el cerebro en Harvard, la doctora Jill Bolte Taylor, escribe "Cuando una persona reacciona a algo que ocurre en su entorno, se produce en el cuerpo un proceso químico que dura noventa segundos; cualquier reacción emocional remanente es decisión de la persona. Es decir, en noventa segundos, usted puede observar el desarrollo del proceso, sentirlo y verlo desaparecer"[9]. Cambiar de entorno, conversar con un amigo, salir a caminar, escribir un diario, dedicar un momento a un pasatiempo o hacer ejercicio también puede ayudarnos a dejar atrás una emoción que estamos listos para abandonar.

¡TOMA EL CONTROL!

La mitad de la batalla de lidiar con las emociones es decidirse a hacerlo. En un mundo que nos alienta a suprimir las emociones o a no prestarles atención en vez de vivirlas a pleno, simplemente reconocerlas puede considerarse un logro. Cuando advirtamos que estamos haciendo a un lado nuestras emociones, cambiemos y elijamos trabajar con ellas; así desarrollaremos una fuerza interior que nos permita enfrentar cualquier situación.

PRINCIPIO

Hazte amigo de tus emociones.

PASOS PARA LA ACCIÓN

- **TRABAJA CON TUS EMOCIONES.** Piensa en una emoción negativa que te esté agobiando o limitando en estos momentos. ¿Qué importancia tendría para ti liberarte de esa emoción? ¿Cómo influiría eso en tu vida?
- **APLICA EL PROCESO.** La próxima vez que sientas algo con intensidad, como enojo, tristeza, frustración o envidia, tómate un momento para analizarlo. Sométete a estas cuatro preguntas:
  - ¿Cómo me siento?
  - ¿Qué me dice ese sentimiento?
  - ¿Me resulta útil?
  - ¿Cómo puedo enfrentar esa emoción y avanzar?

- **PRESTA ATENCIÓN AL SURGIMIENTO DE TUS EMOCIONES.** Si sientes una emoción fuerte en medio de una conversación o de una experiencia incómoda, prueba con la pausa de noventa segundos.
- **CAMBIA TU ESTADO DE ÁNIMO.** Cambia de entorno, conversa con un amigo, sal a caminar, dedica un momento a un pasatiempo o haz ejercicio en vez de quedarte estancado en la emoción.

4

Desarrolla tu confianza

Casi todos los que estudian para ser pilotos tienen un desempeño mejor después de su primer vuelo solos. Es cierto, no aprenden nada nuevo durante los diez minutos que están solos en el aire, pero adquieren algo de importancia vital: confianza. ¿Cómo lo logran? Llevando a cabo lo que temían hacer hasta no tener varios éxitos registrados.

—Dale Carnegie

Era marzo de 2014. Estaba de pie detrás del telón del Mark Ridley's Comedy Castle en Royal Oak, Michigan. En menos de un minuto, el presentador diría mi nombre, se correría el telón, yo avanzaría por el escenario y comenzaría mi primer espectáculo de *stand-up*. El único problema era que estaba paralizado. El corazón me latía fuerte, sentía el estómago revuelto por la ansiedad y, cuando miraba la salida de emergencia, solo pensaba en salir corriendo. "Estás a tiempo de escapar", pensé. Si bien había dado muchas charlas en los años previos, enfrentarse a doscientas personas que habían estado bebiendo y esperaban que los hiciera reír era muy diferente. Lo único que se me venía a la mente era el fracaso: que me respondieran con un silencio total y no reaccionaran a mis chistes, que no me prestaran atención y conversaran entre ellos, que algún borracho me arrojara una lata de cerveza. Eso sí que es presión.

Mi padre me había impulsado a anotarme en clases de *stand-up*. Él lo había hecho en los setenta y me dijo que era muy gracioso. Creía que podía ayudarme con el trabajo en ventas."A todos les gusta alguien que los haga reír. ¡Sé más simpático y venderás más!"Y, aunque no deseaba dejar mi trabajo para ser comediante, hacía tiempo que me sentía demasiado cómodo con mi vida. Quería un desafío que me alejara de esa zona de confort; eso, en mi opinión, sería saludable para mí en lo emocional. Podía probar con el *stand-up* o con salto en paracaídas. En ese momento, deseé haber elegido la segunda opción.

Luego escuché la voz resonante del presentador:"Un aplauso para el siguiente comediante, ¡Joe Hart!". El telón se corrió, avancé, tomé el micrófono y comencé mi rutina de seis minutos, que, en su mayor parte, hablaba de mi familia."Tengo seis hijos. Cuatro mujeres, de quince, catorce, doce y diez años, y mellizos de ocho… y ocho". Sí, era un comienzo espantosamente trillado, pero, para mi beneplácito, algunos lanzaron una risita. A medida que fui sintiéndome más cómodo, los chistes fueron mejores y las risas, más fuertes. En términos generales, salió bastante bien. Nada de lo que me aterraba sucedió. Todo lo contrario. Me divertí. Muchísimo. La adrenalina y la confianza que experimenté fueron extraordinarias.

Después de esa noche, cuantas más veces me subía al escenario, más seguro me sentía, aunque no siempre me fuera bien. A veces, el fracaso era rotundo. Podía contar un mismo chiste de la misma manera en dos espectáculos seguidos en una sola noche: en uno, el público se reía y, en el otro, el silencio era humillante. En dos oportunidades, hubo quienes conversaron a viva voz durante el espectáculo y, una vez, me echaron del escenario por exceder la cantidad de minutos. Pero ni las peores situaciones resultaron tan malas como las había imaginado. Con el tiempo, mejoré mi habilidad para leer lo que le pasaba al público y para interactuar con ellos; para alejarme un poco del libreto, ser más natural y estar más atento a lo que ocurre en el momento; para provocar la risa durante más tiempo (un comediante me enseñó el concepto de RPM —risa por minuto—, un parámetro de medición que no sabía que existía). Aprendí que los públicos reacios mejoraban más mis destrezas que los complacientes, y que a una "mala" noche le seguían varias "buenas". Eso hizo que mi zona de confort se expandiera y que esa confianza se extendiera a todos los demás aspectos de mi vida.

Para tomar el control de nuestra vida, primero debemos tomar el control de nosotros mismos. Y, para lograrlo, necesitamos confianza. La confianza verdadera, auténtica, sincera —no la arrogancia— es el combustible que nos impulsa a atravesar la adversidad. Nos ayuda a interactuar con los demás de manera saludable, a aceptar riesgos y aprovechar oportunidades. La confianza en uno mismo es uno de los requisitos esenciales para vivir una vida plena. Lo opuesto —vivir temeroso, dubitativo, inseguro y preocupado— puede destruirnos.

¿Cómo desarrollamos esa seguridad en nosotros mismos? ¿Qué hacemos para ir desde donde estamos hacia donde queremos ir? Hay dos aspectos que se destacan: la percepción de la eficacia y la autoestima.

Percepción de la eficacia

La confianza en que somos capaces de hacer algo está relacionada con la habilidad para alcanzar un objetivo que nos hayamos propuesto. Las personas con percepción de la eficacia ven las dificultades como desafíos y no como amenazas, porque están convencidas de que son capaces de vencerlas y de hacer el trabajo, cualquiera sea. Aunque no logren su objetivo, saben que crecerán y evolucionarán.

Si dudamos de nosotros mismos, evitaremos las tareas que nos parezcan difíciles y nos quedaremos pensando solamente en nuestros fracasos y resultados negativos. Una impresión saludable de nuestra eficacia nos permite ver los problemas como tareas para aprender, comprometernos más con nuestros intereses y recuperarnos rápidamente de las desilusiones. ¿Cómo aprendemos a confiar en nuestra eficacia? Podemos empezar corriendo riesgos, festejando pequeñas victorias e imitando las acciones de las personas inspiradoras que nos rodean.

Corre riesgos

Podemos empezar a desarrollar la confianza en nuestra eficacia corriendo riesgos. Yo corrí un riesgo cuando me subí a ese escenario; pero, con la primera risita, empecé a creer que podía lograrlo. La cuestión es que eso que no quieres hacer —eso que te asusta— es lo mismo que te ayudará a desarrollar confianza. Cuando logras algo que pensabas que no podías hacer, el músculo se fortalece.

Lo difícil es determinar qué constituye un riesgo. Para mí, entrenar para un maratón o hacer *stand-up* eran riesgos auténticos. Otros, quizás, no piensen lo mismo. Todos tenemos ideas diferentes de qué constituye un riesgo y qué no, de acuerdo con nuestras crianzas, capacidades, experiencias o contextura física. Una criatura pequeña puede sentir que deslizarse por un tobogán muy alto en el sector de juegos es un riesgo enorme, mientras que una criatura un poco mayor lo hace, incluso cabeza abajo, sin dudar. Algunas personas le temen a la espontaneidad; otras, a la rigidez. Un montañista experimentado quizás crea que escalar un acantilado no es demasiado riesgoso, mientras que yo me quedaría en tierra, mirando hacia arriba y pensando quién me mandó a estar ahí. Más allá de nuestra opinión sobre qué es un riesgo y qué no, desarrollar la confianza en nosotros y en nuestra eficacia a veces implica actuar sin estar seguros de los resultados.

Hay ocasiones en las que desarrollar la confianza en uno mismo nos obliga a ir en contra de las creencias familiares. Tara Westover se crio en las montañas, en la zona rural de Idaho. Sus padres eran reacios y paranoicos y se negaban rotundamente a que el gobierno interfiriera en su vida, lo que afectó la forma en la que Tara fue educada. Ni ella ni sus hermanos iban a la escuela, tampoco tenían certificados de nacimiento ni recibían asistencia médica. Cualquier intento de oponerse a los deseos de sus padres derivaba en maltratos verbales y físicos; cualquier intento de hacer algo que violara sus reglas era considerado un riesgo inmenso con consecuencias gravísimas. "Mi vida me la narraban otros. Sus voces eran poderosas, empáticas, categóricas. Nunca se me había ocurrido que mi voz pudiera ser tan fuerte como la de ellos", escribió Tara en su muy famosa autobiografía *Una educación*.

El padre de Tara creía que el objetivo principal de una mujer era casarse y tener hijos. La obligaba a vestirse con ropas holgadas que no revelaran su figura y a trabajar en su depósito de chatarra en vez de estudiar. Con unos libros de texto viejos que halló en el sótano, se las ingenió para, en secreto, aprender a leer y hacer ejercicios de álgebra. Con el tiempo, aprendió lo suficiente para dar el ingreso a la universidad. Tara sabía que, si lograba ingresar, podría irse de su casa para siempre. Era difícil y atemorizante. "La destreza que estaba adquiriendo era crucial: tener la paciencia para leer lo que todavía no podía comprender", dijo Tara.

Esforzándose y contrariando a su familia, consiguió una beca en la Universidad de Brigham Young y huyó de su hogar. Luego recibió otra beca para estudiar en Cambridge, de donde se graduó como doctora en Historia. Con cada riesgo, la confianza de Tara en sus capacidades creció. Aunque su familia no creyera en ella, aprendió a confiar en lo que podía hacer y se animó a ir dando pasos para cambiar su situación.[1]

Cuando el escritor Keith Ferrazzi vino a mi *podcast*, hablamos de la relación entre el miedo y la percepción de la eficacia. Ahí dijo: "Los temores y las inseguridades se superan con la práctica. Hay, de hecho, una expresión en psicología, 'presagio de la prominencia de la mortalidad', que es una manera rebuscada de decir 'No puedo hacer esto y me voy a morir'. No, nadie se va a morir. La única manera de entender que no nos moriremos es haciéndolo y dándonos cuenta de que no es tan terrible. La única manera de entender esto es intentándolo. Todo es cuestión de práctica".

Crea y festeja pequeñas victorias

Una vez que nos acostumbremos a correr riesgos, es necesario que creemos algunas pequeñas victorias. Frente a un desafío de gran magnitud que cuestione la confianza en ti mismo, piensa en cómo se come un elefante: de a un mordisco por vez; y con cada mordisco, aumentará la sensación de que puedes comértelo todo. Si adquirir una destreza nueva te resulta difícil, ¿por qué no fragmentas el proceso en etapas? Supongamos que quieres aprender un idioma. Se necesita muchísimo tiempo —a veces años— para hablarlo y escribirlo de manera fluida, y eso hace que el objetivo sea intimidante. Pero si decides que el primer paso será aprender doscientas de las palabras más usadas, parecerá mucho más factible de lograr. Eso puede hacerse en semanas. Fragmentar un objetivo complejo o atemorizante en etapas puede hacer que el proceso resulte asequible.

Luego, debemos reconocer y celebrar los éxitos que alcancemos. Recuerda las veces que aprendiste a hacer algo dificultoso o que lograste lo que creías imposible. ¿Cómo te sentiste? Con demasiada frecuencia, pasamos por alto el momento y nos enfocamos en el siguiente objetivo. Es necesario dedicar un tiempo para celebrar las pequeñas victorias. Para algunos, el festejo puede ser ir a cenar con amigos. Para otros, tomarse un día libre para hacer algo que les fascina.

También piensa en cómo lograste esa pequeña victoria. ¿Cómo hiciste para llegar hasta ahí? No te concentres en la actividad en sí, sino en la manera en la que enfrentaste la situación, la manera en la que te fuiste guiando durante el proceso. Tener una visión retrospectiva clara de cómo lograste esa victoria te ayudará a repetirla en el futuro.

Presta atención a tus ejemplos

Toma como ejemplo a personas con una gran confianza en ellas mismas. Cuando vemos que otros actúan con seguridad, la sensación de que podemos hacer lo mismo aumenta. Para que el impacto sea mayor, toma como modelo a alguien que se te parezca. Cuanto más similar sea su experiencia a la tuya, mayor será la probabilidad de que aumentes la confianza en ti mismo. También es útil contar con el apoyo de aquellos que admiramos, en especial de los que nos conocen y aprecian. Pregúntales por qué creen que eres capaz de lograr un objetivo determinado.

Por último, no olvides usar refuerzos positivos. ¿Te acuerdas de las afirmaciones que mencionamos en el capítulo 1, "Elige tus pensamientos"? Elaborar una afirmación que sostenga que eres absolutamente capaz de hacer algo difícil que te hayas propuesto es un ejercicio muy eficaz.

Autoestima

Otra forma de desarrollar la confianza es centrándose en la autoestima. La percepción de la eficacia y la autoestima pueden parecer lo mismo, pero las diferencias son marcadas. Mientras que la percepción de la eficacia implica creer en nuestra capacidad de actuar y de lograr algo, la autoestima es la sensación de que somos buenos en algo y de que merecemos que nos quieran. La percepción de la eficacia está relacionada con lo que podemos hacer; la autoestima con lo que somos. A veces, la autoestima se confunde con la confianza en uno mismo o con el amor propio, pero estos dos términos dependen de cuestiones ajenas a nuestro control, como los éxitos y los fracasos. La autoestima proviene de nuestro interior. Algunos diccionarios la definen como "el sentimiento de que uno es una buena persona y merece ser tratada con respeto".

La baja autoestima puede deberse a cómo nos trataron durante la crianza, a sucesos dolorosos o desalentadores de la vida o, incluso a rasgos de personalidad (perfeccionismo, ansiedad social, el deseo de complacer, etcétera). Cualquiera sea la causa, la baja autoestima es la convicción de que no somos lo buenos que deberíamos ser. La confianza en nosotros mismos y la percepción de la eficacia pueden modificarse a medida que vamos experimentando diferentes desafíos y funciones en la vida; pero la autoestima —eso esperamos— debería mantenerse constante y estable porque todos somos, en esencia, merecedores de respeto y amabilidad.

Aunque el deseo sea que nuestra sensación de autoestima se mantenga estable, resulta difícil de cumplir en un mundo anegado de mensajes negativos. Dada la influencia dominante de las redes sociales, es muy frecuente que leamos un posteo crítico o antipático y enseguida nos lo tomemos a pecho, y le otorguemos la potestad de definirnos como personas. Hay mucha gente mala ahí afuera. La internet facilita que nos digamos cosas espantosas, pero no debemos permitir que eso afecte nuestra autoestima.

Cuando Anmol Rodriguez tenía dos años, ella y su madre fueron atacadas por su padre, quien estaba enojado porque su esposa no le había dado un hijo varón[2]. En un arranque de ira, las roció con ácido. La madre murió por las quemaduras, y las cicatrices en el cuerpo y en el rostro de Anmol no se borraron jamás. El padre fue arrestado, y el resto de la familia abandonó a Anmol, quien pasó su infancia y adolescencia en un orfanato en Mumbai, donde tenía amigos y se sentía querida y protegida.

Su infancia fue básicamente feliz. Pero, cuando fue a la universidad, comenzaron los cuchicheos y las miradas esquivas. Después de graduarse, consiguió un empleo como desarrolladora de *software*, pero la despidieron a los dos meses. ¿Por qué? Nunca se lo dijeron. Se enteró tiempo después, por sus compañeros, que su rostro les causaba incomodidad a algunos.

Esa podría haber sido una invitación para esconderse del mundo. Pero en el caso de Anmol, esa conducta malvada provocó un cambio fundamental en su interior. No quería ser víctima de las opiniones de los demás. Su autoestima innata era inquebrantable, y quería tener control de lo que le ocurriera. En 2016 decidió compartir su historia en las redes sociales.

Al principio, sus amigos le advirtieron que no lo hiciera. Pensaban que se burlarían de ella y la acosarían. "Era la primera sobreviviente de un ataque con ácido que mostraba su foto en las redes sociales", comentó. Sin embargo, en vez de inundar su cuenta con comentarios agresivos, las personas comenzaron a compartir sus publicaciones, y la cantidad de reacciones positivas fue abrumadora.

Por lo general, Anmol sube contenido sin editar porque quiere que las personas vean la versión sin filtros ni retoques de ella misma. "No es que nadie me critica. Hay quienes me atacan y escriben comentarios negativos. Pero siempre tengo en mente de que se trata de un espacio virtual y no me tomo nada demasiado en serio". Ahora, Anmol es *influencer* y, además, creó la fundación Sahas, que ayuda a los sobrevivientes de ataques con ácido. Participó en desfiles de moda en todo el mundo, ofreció charlas en TEDx y actuó en un cortometraje, por el que ganó el premio a la "Mejor actuación femenina" en el Festival Casttree en 2018. Los comentarios, las críticas y los juicios de valor no lograron hacer mella en su autoestima innata. Nada cambia la visión que tiene de sí misma.

Los indicios de autoestima son internos y sutiles. Los investigadores sostienen que una autoestima sólida surge de la compasión por nosotros mismos[3]. No se apoya en los logros ni en las condiciones; por ejemplo, un ascenso en el trabajo o el cumplimiento de obligaciones. La autoestima está íntimamente ligada a la estabilidad emocional (¡por eso es tan importante que trabajemos con nuestras ideas y emociones!). No varía porque fracasemos o cometamos un error. Ni tiene que ver con que, en una comparación con otros, resultemos los mejores.

Para aprender a desarrollar la autoestima:

- **SÉ AMABLE CONTIGO.** Háblate como le hablarías a tu mejor amigo. Retoma las afirmaciones y la rutina saludable para continuar cuidando tu mente y tu cuerpo.
- **BUSCA LA APROBACIÓN EN TU INTERIOR.** Evita buscar en otros la validación que te haga sentir bien con quién eres como persona. Desarrollar la percepción de la eficacia por medio de triunfos externos está muy bien, pero la autoestima solo puede provenir del interior.

- **PON DISTANCIA ENTRE LA PERSONA QUE ERES Y LO QUE HACES.** Muchos basan la autoestima en el trabajo, la identidad o la reputación social. La autoestima sólida no se apoya en logros externos, sino en nuestro mérito innato.
- **NO TE COMPARES CON LOS DEMÁS.** La "trampa de la comparación" es una de las más tóxicas, en especial en las redes. Las comparaciones inducen a una espiral de pensamientos negativos que distraen del objetivo principal. Compararse con otros, ya sea en las redes o en otro ámbito, nunca es sano. ¡Evita a toda costa la trampa de la comparación!

Confianza en uno mismo

Si combinamos la autoestima con la percepción de la eficacia, podemos desarrollar confianza: el sentimiento o la convicción de que podemos confiar en nosotros mismos. Es una convicción similar a la que sentimos por un amigo, un familiar o un compañero de trabajo; sabemos que tienen una autoestima innata, y vemos lo bueno que hay en ellos, hagan lo que hagan. Esa misma seguridad en nosotros mismos nos respalda, ocurra lo que ocurra.

Cuando la enviaron a trabajar a Shanghái, China, la experta en *marketing* Portia Mount sufrió síndrome agudo del impostor, que la hacía sentir que no servía para nada; dudaba de su capacidad y se sentía una estafadora por estar ahí. No estaba segura ni en su percepción de la eficacia ni en su autoestima. Había necesitado mucha confianza para llegar a donde estaba, pero el nuevo puesto hacía que esa confianza tambaleara. Era una de las dos estadounidenses en toda la empresa y sentía que no estaba preparada para desenvolverse en ese ámbito. Por lo general, sus clientes estaban satisfechos, pero ella estaba convencida de que su trabajo no era bueno y que no sería capaz de estar a la altura del ritmo corporativo en Shanghái. "Estaba sobrepasada por el choque cultural y, a la vez, me preocupaba fracasar en ese empleo, que tanto esfuerzo me había costado conseguir. Me defino como 'una adicta a la autoexigencia' en recuperación. Cuando miro hacia atrás, me doy cuenta de que me había sometido innecesariamente a una presión desmedida por triunfar". Una noche, tarde, sonó el teléfono de Portia; era el director ejecutivo de la empresa. "No entendía por qué me llamaba a las diez de la noche. El director ejecutivo me dijo 'Hola, Portia. Soy Chris. ¿Cómo estás? Me contaron que estás haciendo un buen trabajo y quería que supieras que, si necesitas ayuda, puedes contar conmigo'". Portia agregó: "Me acuerdo que pensé '¿Por qué cuernos me llama? ¿Mandó a que me espiaran para poder despedirme?'. Eso es lo que pasa cuando dudamos de nosotros mismos: ponemos en tela de juicio nuestra competencia y nuestros antecedentes, aunque, objetivamente, estemos ciento por ciento preparados para la tarea". Después de esa llamada, Portia se tomó un tiempo para reflexionar sobre lo que el director ejecutivo le había dicho y entendió que de veras contaba con su apoyo. Él no solo quería que a ella le fuera bien, sino que creía en su capacidad para hacerlo. "Tenía que acallar el miedo en mi cerebro, aceptar que había cosas que no sabía, pedir ayuda y dejar atrás la idea de la perfección".

Portia no superó sus dudas de la noche a la mañana, pero, después de varias noches y varias mañanas, se acostumbró a vivir en China y a pedir ayuda. Sus amigos en New York la alentaron, y entabló relaciones contenedoras con sus colegas nuevos en Shanghái. La confianza en sus capacidades empezó a crecer. Tuvo buenas experiencias con los clientes y comenzó a ser más amable con ella misma. "Me permití un descanso. Estaba viviendo al otro lado del mundo, en una ciudad completamente nueva para mí y no entendía el idioma. Nadie esperaba que tuviera todas las respuestas en este nuevo ambiente laboral". Se había estado repitiendo que era un fraude. "En cuanto abra la boca, se van a dar cuenta de que soy un fraude", se decía Portia. Tuvo que reescribir la manera en la que se dirigía a ella misma. "La verdad es que ninguna empresa invierte tanto dinero para enviar al exterior a una empleada que no es competente. Eso no ocurre". Se propuso exagerar sus cualidades ante sí misma. Ahora, cuando la confianza flaquea, revisa sus logros para recordarse lo que hizo. "Me siento, leo mi perfil en LinkedIn y me digo: 'Mira las tres últimas devoluciones que recibiste. ¿Qué ves? Te describen como verdaderamente eres; dicen que mereces estar aquí y que eres competente'".

Portia aplicaba la técnica del diálogo interno positivo para desarrollar la confianza en sí misma. Sigue este consejo si quieres que tu situación cambie: no te digas nada que no le dirías a alguien que quieres y respetas. Piensa en alguien que conoces. Alguien a quien nunca le dirías algo desagradable. Imagina que esa persona cometió un error. ¿Qué le dirías? Seguramente no le recriminarías "Eres un idiota" o "Eres un perdedor". Pero, cuando se trata de hablarnos a nosotros mismos, no vemos el problema de hacerlo en esos términos. Háblate como lo harías con la persona que tienes en mente. A esa persona le dirías: "Sé que cometiste un error; le puede ocurrir a cualquiera. Pensemos cómo solucionarlo". Si mantenemos el diálogo interno negativo a raya, podremos crear un entorno que nos permita probar cosas nuevas, arriesgarnos y equivocarnos.

Cuando tengas dudas sobre ti, concéntrate en tus fortalezas. Por ejemplo, si te asignan una tarea y te preocupa no tener los conocimientos para llevarla a cabo, piensa en los que sí tienes. Si enfrentas lo que, según tu parecer, es un desafío importante, ten en cuenta las razones por las que podrías superarlo. Si no estás satisfecho con tu vida, recuerda aquello por lo que te sientes agradecido. Al pensar en soluciones para los problemas, enfatizamos los pensamientos positivos en vez de estancarnos en los negativos.

Si eres consciente de que careces de determinados conocimientos o de experiencia, puedes tomar medidas inmediatas para solucionarlo. Michael sufrió el síndrome del impostor cuando era un joven gerente en una sucursal (ya hablamos de esta experiencia tumultuosa en el capítulo 2, "Condiciona tu mente para el éxito"). Como tenía veinticinco años, pensaba que no merecía ocupar ese cargo y le preocupaba quedar como un incompetente frente a sus compañeros. "Era joven y creía que no sabía demasiado. Tenía dos opciones: seguir sintiendo que no servía para nada o hacer algo. Me dije que, si mi problema era la falta de conocimiento, podía resolverlo aprendiendo. Les pregunté a los vendedores si podía unirme a las llamadas que hacían a los clientes. Dijeron que sí. Cada tanto me sumaba a las clases que impartían los instructores para escuchar. Aproveché ambas situaciones —las llamadas de ventas y los programas de capacitación— para hacer muchas preguntas a los vendedores y a los instructores sobre cómo actuaban y sus razones para hacerlo. Todos respondieron fantásticamente, y yo logré comprimir años de aprendizaje en seis meses. Cuanto más aprendía, más aumentaba mi confianza y, muy pronto, me sentí seguro de lo que hacía. Y así, sin que me diera cuenta, el síndrome del impostor desapareció".

La confianza deriva de creer en nosotros y en las capacidades que nos distinguen. Por esa razón, las comparaciones destruyen la confianza. No podemos ser otra cosa que nosotros mismos; elijamos ser nuestra mejor versión posible.

Cuando Victor Rojas era comentarista de los Texas Rangers, soñaba con ser como el relator estrella de aquel entonces, Eric Nadel. Eric era un relator legendario, que formaba parte del Salón de la Fama, y Victor se esforzaba por imitarlo. Una vez, cuando promediaba la temporada de béisbol, la esposa le dijo a Victor "En todo tu trabajo con los Rangers, siempre quisiste parecerte a Eric Nadel. Tienes que ser tú mismo". Esas palabras le hicieron tomar conciencia de que no podía ser la mejor imitación de Eric Nadel: tenía que ser el mejor Victor Rojas.

Victor dejó atrás el que pensaba que debía ser y se acercó al que era; así se convirtió en el relator de Los Angeles Angels durante una década. Victor aceptó la singularidad de su voz; esa libertad le permitió avanzar y le dio más triunfos de los que creía posibles. Se convirtió en un personaje legendario por derecho propio.

¡TOMA EL CONTROL!

La confianza en uno mismo no es inalterable. Todos atravesamos períodos en los que flaquea, incluso después de años de experiencia. En esos momentos, en especial después de haber vivido un fracaso o una situación difícil, debemos volver a hallar el centro y reconstruir nuestra percepción de la eficacia y nuestra autoestima. Es una constante en la que el pico máximo es el sentimiento de confianza en uno mismo, el sentimiento de estar preparado para enfrentar lo que surja en el camino.

Desarrollar la confianza en uno mismo insume tiempo, energía y práctica, pero puede lograrse si adoptamos una mentalidad de crecimiento. La fe —o la falta de fe— en uno mismo depende de lo que creamos sobre nuestras capacidades, sobre quiénes somos y sobre los logros y fracasos anteriores. Después del trabajo con nuestros pensamientos y nuestras emociones, el desarrollo de la confianza es uno de los pasos fundamentales para tomar el control de nuestra vida.

PRINCIPIO

Reconoce y aprecia tu grandeza inherente.

PASOS PARA LA ACCIÓN

- **DESARROLLA LA PERCEPCIÓN DE LA EFICACIA.**
  - Corre riesgos. ¿Qué desafíos pequeños estás dispuesto a afrontar para sentirte seguro fuera de tu zona de confort?

- Crea pequeñas victorias. Al principio, haz cosas que estén a tu alcance; así obtendrás la sensación de logro.
- Celebra tus triunfos. Tómate un momento al final de cada día para celebrar lo que pudiste hacer.

• **PRACTICA LA AUTOESTIMA.**
- Sé amable contigo.
- Busca la aprobación en tu interior.
- Pon distancia entre la persona que eres y lo que haces; tu valor no depende de tu título ni de tu trabajo.
- No te compares con los demás.
- Háblate como si te dirigieras a un ser querido.

• **DESARROLLA LA CONFIANZA EN TI.**
- Date ánimo.
- Toma como ejemplo a aquellos que creen firmemente en ellos mismos.
- Aplica refuerzos positivos.
- Busca el apoyo y las devoluciones positivas de los que te conocen y estiman.

5

Acepta el cambio

A un hombre no lo lastima tanto lo que sucede como su opinión de lo que sucede.

—Dale Carnegie

Luke Maguire Armstrong sintió, tanto como escuchó, la vibración de las notas del gong en el aire. Eran las tres de la madrugada, y el gong indicaba que era la hora de la meditación matutina. Siguió a los monjes silenciosos, que iban desde sus habitaciones hasta el templo, vestidos con sus túnicas. Por, según él, millonésima vez, recordó que el objetivo de su viaje por Asia no había sido llegar a un monasterio budista Theravada en Tailandia, cuyo nombre podría traducirse como "Templo sin preocupaciones".

El plan había sido viajar de Bangkok a Nepal para publicitar su último libro, pero los síntomas repentinos de un fuerte dolor de cuello lo hicieron cambiar de opinión. A pesar de las múltiples visitas a médicos y quiroprácticos, nada lograba aliviar el dolor. Una serie de casualidades lo condujeron al monasterio, y Luke pensó que una semana de meditación y "sin preocupaciones" lo ayudarían a sentirse mejor. Pero ese fue solo el comienzo de la experiencia.

La tranquilidad y la reflexión en el monasterio hicieron que Luke mirara en su interior. Un día, cuando meditaba, se dio cuenta de que no solo enfrentaba el dolor físico, que lo más complejo era lidiar con las emociones que ese dolor repentino le generaba. "Puse al descubierto la profundidad de mis sentimientos —la ansiedad, el miedo, la desilusión y la traición que experimentaba en el cuerpo—; sentimientos que no sabía que tenía".

Luke se había esforzado por triunfar como escritor. Había publicado un libro y tenía un blog, en simultáneo con el sinfín de tareas que exige vivir solamente de la escritura. Pero había llegado un punto en el que no podía estar más de unos minutos frente a la computadora sin sentir un dolor intenso. Era como si el dolor se hubiera adueñado de su vida, destruyendo de a poco todo eso por lo que había luchado. "Comprendí que los sentimientos con los que me enfrentaba me estaban diciendo que no había podido aceptar los cambios en mi vida y que sentía eso como un fracaso".

Luke había tocado fondo, pero al menos comenzaba a ser consciente de qué era lo que lo había llevado hasta ese lugar.

Según Victor Frankl, sobreviviente del Holocausto y escritor, "Cuando ya no podemos cambiar una situación, el desafío es cambiar nosotros mismos"[1]. Luke no podía influir en lo que le estaba ocurriendo; por lo tanto, lo que debía cambiar era su mirada. Primero, se rindió ante la realidad. Él se había aferrado a la idea de que su viaje transcurriera de determinada manera, y tener que modificarlo le provocaba más dolor que el del cuello. "Cuando dejas de preocuparte por cómo quieres que sea tu vida, vuelves a acercarte a la realidad y comienzas desde donde estás", decía. Luke se impuso la rutina de practicar yoga y meditación todos los días; eso le permitió desarrollar una mentalidad positiva acerca de los cambios en su vida. Adoptó el concepto budista de "silencio noble": no hablaba ni se reunía con nadie —personalmente o en línea— entre las diez de la noche y las ocho de la mañana. Redujo la cantidad de tareas que se proponía y se concentró en dedicarles unas pocas. Destinó más tiempo a los retiros y a la reflexión. Estos hábitos nuevos lo ayudaron a que su mente se mantuviera abierta frente a las modificaciones en su plan de vida, y a confiar en que siempre daría lo mejor de sí, más allá de lo que la vida le pusiera adelante.

Su aceptación del cambio dio resultado. En los últimos cuatro años Luke fundó un centro de retiros para la práctica del arte y del yoga —el centro Karuna Atitlan, en Guatemala—, escribió cuatro libros, ayudó a muchos otros escritores en la publicación de sus obras, lanzó seis álbumes musicales y recolectó cien mil dólares para ayudar a ochenta y cinco estudiantes guatemaltecos. Por su capacidad de adaptación, rediseñó completamente su futuro, lo que resultó en un servicio enorme para él mismo y para los demás.

En los últimos cuatro capítulos aprendimos a prestar atención a nuestros pensamientos, a trabajar con nuestras emociones, a prepararnos para el éxito y a desarrollar confianza. Ese proceso nos fortalece; sin embargo, cuando se produce un cambio, sentimos que perdemos el rumbo. Un cambio puede desbaratar los planes y desalentar a cualquiera.

El objetivo de este capítulo es que aceptes el cambio y descubras las oportunidades que ese cambio te ofrece.

Angela Duckworth, académica y autora del éxito de ventas *Grit: el poder de la pasión y la perseverancia*, dijo: "Cuando vivimos repetidamente sucesos negativos que no podemos controlar, aprendemos que estamos indefensos frente a la adversidad. Una actitud resiliente implicaría intentar hallar esa franja pequeña que sí podemos controlar —abandonar la ilusión de que se puede ejercer control sobre todo—; una persona resiliente siempre elige pensar 'Esto no funcionó. Esto tampoco. Aquello tampoco. Pero todavía no intenté esto otro'"[2].

Que un cambio sea inesperado no disminuye la frustración ni la resistencia. Es normal sentir pánico o volverse muy susceptible cuando se experimenta un cambio repentino. En términos generales, la reacción emocional tiene correlación con las expectativas. De acuerdo con la doctora Susan David, sobre la que ya hablamos en el capítulo 3, "Trabaja con tus emociones", la versatilidad es una destreza que nos permite "transitar las vueltas de la vida aceptándonos a nosotros mismos, con un objetivo claro y la mente abierta"[3].

La próxima vez que enfrentes un cambio:

1. Toma conciencia de tus sentimientos de resistencia.
2. Coopera con lo inevitable (acepta lo que no puedes cambiar).
3. Haz lo que puedas.

Surfear las olas del caos y aceptar el cambio no equivale a cruzarse de brazos y aceptar mansamente las experiencias negativas. No. La doctora David escribió: "La aceptación es un prerrequisito para el cambio. Es darle permiso al mundo para que sea como es; solo podremos hacer las paces con el universo cuando dejemos de intentar controlarlo. Y, cuando la guerra haya llegado a su fin, el cambio podrá comenzar".

Toma conciencia de tus sentimientos de resistencia

Faith Smith-Place estudiaba en una universidad religiosa y quedar embarazada antes de graduarse no estaba en sus planes. Pero eso fue lo que pasó. En otoño de 2019, estaba innegablemente embarazada. Faith sentía que los factores en contra eran demasiados: no se había graduado, vivía en la universidad, no se había casado con el padre de su bebé y no contaba con seguro médico. Así no era como se había imaginado su último año de estudios… ni su vida.

Era un problema difícil de solucionar. Para colmo, las consecuencias serían a largo plazo: si no lograba recibirse, ¿cómo influiría esto en su carrera?, y, si el embarazo afectaba sus posibilidades de obtener un trabajo, ¿cómo podría hacerse cargo de su hijo o hija? "Yo tenía un plan para mi vida. Cuando quedé embarazada, sentí que me lo habían robado. Fue como si me hubieran quitado la alfombra sobre la que estaba parada", contó Faith.

Faith estaba abrumada, furiosa y preocupada por su futuro. Al principio, se resistía a esta nueva realidad. Pero en medio del estrés y de las náuseas matutinas, se dio cuenta de que podía elegir: podía concentrarse en aquello que, aparentemente, "no era correcto" o podía concentrarse en lo que iba bien en su vida. Faith también percibió otro sentimiento:

la sensación de dulzura. Dulzura cuando su mejor amigo, el padre de su bebé, le aseguraba que no la abandonaría, que no había nadie con quien le gustaría más formar una familia. Dulzura cuando le contó a su padre la noticia, y él la abrazó sin decirle nada; y cuando su madre dijo: "Lo que tenemos no es mucho, pero también es tuyo". Dulzura cuando sintió, por primera vez, que el bebé se movía. Faith reconoció: "Entendí que era imposible cambiar la situación, pero sí podía elegir ver lo que tenía de positivo".

También comprendió que debía cambiar el enfoque para lograr lo que planeaba, antes del nacimiento del bebé. Poco tiempo antes de los exámenes finales, la universidad cerró por la pandemia de COVID-19. Lo que para muchos estudiantes se convirtió en un obstáculo enorme, para ella fue una salvación. Durante las últimas dos semanas del embarazo, estuvo aislada completando tareas, rindiendo exámenes en línea y armando sus presentaciones finales. Después de uno de los últimos encuentros virtuales, entró en trabajo de parto. Diez días después de llegar a casa con su bebé, se graduó.

"Hoy tengo el trabajo de mis sueños, que puedo hacer desde la comodidad de mi casa. Paso los días con mi hijo y mi esposo, las dos personas que más quiero en el mundo. Son muchas las cosas que no podemos controlar, pero concentrarnos en las que nos hacen felices nos ayuda a atravesar casi cualquier situación. A veces, lo doloroso se transforma en algo hermoso. Démosle la oportunidad".

Faith podría haberse resistido a lo que le ocurría en la vida. Podría haberse aferrado a la idea de "lo que debo ser", pero eligió no hacerlo. Como respuesta a los cambios drásticos en su vida, cambió la mirada y el enfoque con respecto a la situación.

A menudo, es nuestra resistencia a cambiar lo que provoca la "guerra" interior. Luke pasó semanas luchando contra la realidad de su situación hasta que la aceptó y siguió adelante. Faith reconoció su resistencia y, luego, decidió aceptar los cambios en su vida; e hizo lo que pudo para que la transición tuviera la menor cantidad posible de sobresaltos. Ambos experimentaron cambios enormes, pero su actitud les ahorró problemas. Una vez que dejamos de oponernos a lo que nos pasa, podemos elaborar un plan y tomar el control de lo que ocurra a partir de ese momento.

Coopera con lo inevitable

Cuando estaba escribiendo este libro, viajé a California para dar una charla magistral en un congreso estatal importante. Era mi primera charla presencial desde el comienzo de la pandemia y quería asegurarme de que todo saliera bien. El día anterior, me acerqué al sitio donde se organizaba el encuentro para repasar la logística con los organizadores. Probé el micrófono corbatero (me gusta gesticular cuando hablo, y, con un micrófono de mano, resulta difícil). Con felicidad, vi que había un monitor de tres metros por tres metros que colgaba del techo, lo que evitaría que tuviera que girar para leer mis diapositivas en las pantallas enormes que había detrás de mí, o en la pequeña que siempre hay al frente del escenario. Todo parecía perfecto, y los organizadores me aseguraron que la charla saldría de maravillas.

A la mañana siguiente, había llegado mi hora de hablar. Esperaba en bambalinas, detrás de un cortinado que recorría todo el escenario, desde el techo hasta el suelo, y me separaba de la audiencia. Cuando el presentador me anunció, subí rápidamente los escalones que conducían al escenario… y me caí. Aterricé sobre mis manos y mis rodillas. No me dolió, y la audiencia no lo advirtió porque aún estaba detrás del cortinado, pero yo no estaba seguro de que no hubieran escuchado el ruido cuando golpeé contra el escenario. Volví a ponerme de pie, me sacudí la ropa y me apresuré a entrar en escena —sonriente, por supuesto—, dispuesto a mantener la calma. "Que nunca te vean transpirar", me dije. Comencé: "Como líderes, ustedes nunca fueron tan importantes para sus organizaciones". Enseguida noté que el micrófono corbatero no funcionaba. Esperé un momento y repetí más enfáticamente que la primera vez: "Como líderes, ¡ustedes nunca fueron tan importantes para sus organizaciones!". La audiencia me miraba a mí y también entre ellos. "¡No lo oímos!", gritó alguien. Después de un minuto incómodo, conmigo de pie en el escenario y los encargados del sonido afanándose para que el micrófono funcionara mientras la audiencia esperaba pacientemente, el organizador se hizo presente en el escenario y me ofreció un micrófono de mano voluminoso, ese que yo tanto detestaba, ese que se suponía que no iba a usar porque me darían el corbatero que yo quería. Recordé el proceso que había atravesado para ser instructor de Dale Carnegie y la importancia de ser flexible, y comencé la charla como si no hubiera ocurrido nada. Cuando levanté la vista, descubrí que el monitor que colgaba del techo —y que yo había visto doce horas antes— no estaba. "Tiene que ser una broma", pensé. El ensayo del día anterior había sido en vano.

Ahí estaba, frente a una audiencia enorme, mi primera charla en vivo en dos años, enojado, desilusionado y contrariado. "Algún día, esto será una historia increíble", pensé. "A romperla".

Uno de mis principios preferidos de Dale Carnegie es "Coopera con lo inevitable". Debemos aprender a aceptar lo que no podemos cambiar y, luego, modificar el modo de encarar la situación. Yo acepté lo inevitable y elegí seguir adelante y dar lo mejor de mí. Al final, la charla salió bien. Cuando bajé del escenario, el ingeniero de sonido se deshizo en disculpas. Lo miré y le respondí "¿Sabes qué? Si lo peor que me va a ocurrir hoy es que el micrófono no funcione, puedo decir que es un día bastante bueno".

Esta historia es un ejemplo simple de que las cosas no siempre suceden como deseamos y demuestra la necesidad de ser flexibles. La mejor manera de afrontar esta clase de problemas es aceptarlos y avanzar.

Haz lo que puedas

No todos los cambios son drásticos. No todos los cambios se nos imponen. Y la vida no se conforma únicamente de momentos de inflexión que definen lo que somos. A veces, debemos lidiar con momentos más mundanos que también exigen una voluntad de cambio, aunque vayan en contra de las tradiciones.

John y Betty Mobbs administran una granja en Hauser, Idaho, y aplican métodos de agricultura regenerativa: no usan herbicidas, pesticidas ni fertilizantes, los animales nacen en la granja y dejan que la Naturaleza sola abone la tierra. Los abuelos y los padres de John comenzaron con la granja en 1972, y le enseñaron todo lo que sabían. Sin embargo, con el tiempo, la agricultura convencional se posicionó como la práctica habitual en Estados Unidos, y John y Betty fueron testigos de lo que ocurría cuando los campos se trataban con productos químicos.

En 2018, John y Betty asistieron a un congreso de agricultura regenerativa y ahí se enteraron de que los productos sintéticos (fertilizantes, productos químicos y herbicidas) arrasaban con los microbios y los insectos que garantizaban el buen estado de la tierra. John entendió que los métodos agrícolas de principios del siglo XX seguían siendo los mejores para el planeta: sus abuelos no usaban abonos químicos, sino excremento de pollos. Por otro lado, en la conferencia, se hizo hincapié en modificar la temporada de parición para que estuviera en sintonía con la Naturaleza. John siempre había comenzado en febrero porque eso era lo que le había enseñado su familia. Cuando se lo comentó a otro granjero regenerativo, la respuesta fue: "Pero es invierno; la temperatura llega a bajo cero. Y luego viene el barro. ¿Por qué no imitar a la Naturaleza y empezar la parición cuando el pasto comienza a crecer?".

John analizó la información y pensó "Un minuto. Mi padre y mi abuelo siempre trabajaron la granja de la misma manera. ¿Quiero continuar o romper esa tradición?"'. Nunca había pensado que podía haber una manera mejor de hacer lo mismo. Respetaba la sabiduría de su padre y de su abuelo; de ahí su reticencia al cambio.

John y Betty continuaron aprendiendo sobre agricultura ecológica y llegaron a la conclusión de que les estaban haciendo un daño a los animales y a la tierra. En vez de optar por una actitud drástica, decidieron conservar los valores tradicionales de la agricultura ecológica y las prácticas regenerativas y, a su vez, admitieron que ciertos métodos (como comenzar la época de parición en febrero) no tenían sentido.

Aceptaron el desafío de modificar su modo de hacer agricultura. Según Betty, "Nuestro principal valor es el cuidado de la tierra, los animales y los clientes. Tratamos a los demás como queremos que nos traten". John y Betty aceptaron el cambio y convirtieron su parte del mundo en un lugar más feliz y más saludable.

Aceptar el cambio es comprender que, a veces, debemos optar entre seguir haciendo lo que nos resulta cómodo o cambiar y aceptar un nuevo modo de vida, que sea mejor para nosotros y para los que nos rodean. El cambio no siempre viene a nosotros. En ocasiones, hay que salir a buscarlo.

Pero, cuidado, los cambios también pueden convertirse en un hábito poco saludable. Yuri Kruman pensó que era bueno para adaptarse a los cambios. A los nueve años, emigró desde Rusia a Estados Unidos y aprendió un idioma y un modo de vida nuevos. Se casó con una ingeniera francesa y abandonó la neurociencia para estudiar abogacía. Confiaba que podía controlar esos cambios, que, en apariencia, definían positivamente su vida. Pero, ya de adulto, los cambios constantes fueron un obstáculo para avanzar. Se graduó como abogado en 2009, en medio de la crisis financiera y con una deuda de doscientos cincuenta mil dólares por la financiación de sus estudios. Como no había mucha oferta de empleos, aceptó uno en finanzas. No era lo que había esperado para él. Odiaba las finanzas; iba de trabajo en trabajo en empresas de servicios de salud, de recursos humanos, en consultorías, administradoras de productos, y nunca se sentía satisfecho.

Cuando a su hija de dos meses le diagnosticaron cáncer, la vida de Yuri se detuvo de golpe. "¿Qué estoy haciendo? Me estoy aniquilando. Mi matrimonio no funciona bien. Mi hija tiene cáncer. Debo dejar de buscar el cambio por el cambio en sí y sacarle provecho. Debo eliminar lo que no sirve y concentrarme en lo que importa", se dijo.

Yuri creía que era "bueno" para el cambio, pero entendió que, en verdad, usaba el cambio constante para dar impulso a su vida y evitar detenerse a pensar qué era lo que él quería y su familia necesitaba. Yuri no había hecho estas elecciones conscientemente: el cambio se había convertido en su modo de reaccionar a la insatisfacción. Tomó la decisión de hacerse cargo de la situación y elegir lo que quería para su vida, en vez de usar el cambio como muleta.

En ese momento, vivía en New York. Decidió priorizar la salud y la seguridad de su familia y se mudó a Israel, porque creía que estarían más tranquilos ahí y que sería más fácil afrontar los costos. "Sabíamos que habría cambios. Entonces pensamos '¿Por qué no nos adelantamos en vez de sentarnos a esperar que ocurra?'", dijo Yuri. Dejó de ir de empleo en empleo y comenzó a trabajar en lo que le gustaba y sabía hacer: contar historias y empoderar a las personas. Su libro *Be Your Own Commander in Chief* (en español, "Sea su propio comandante en jefe") comparte su descubrimiento de cómo vivir una vida plena en un mundo caótico.

Hoy, Yuri es director ejecutivo de HR, Talent & Systems, un director de personal galardonado y un excelso instructor de liderazgo. Sacó provecho de sus experiencias —y de la sabiduría que obtuvo de ellas— y diseñó una plataforma para dictar capacitaciones corporativas y programas de desarrollo para las empresas incluidas en la lista de Fortune 500 y *startups* en tecnología, y para ayudar a los *millenials* y a los pertenecientes a la Generación Z a hallar su rumbo en la vida.

"El objetivo en la vida no debería ser ganar premios, sino descubrir la verdad. Yo estoy aprendiendo que buscar la verdad no implica solamente aceptar los cambios, sino impulsarlos de manera consciente. Piensa en quién eres y para qué eres bueno e impulsa el cambio en tu vida hacia ese foco". Yuri también aprendió que, si verdaderamente aceptamos el cambio, también debemos aceptar el fracaso. "Pero el fracaso es simplemente repetición", advirtió. A veces, percibimos el cambio como un fracaso: un despido, una relación que se termina, una oportunidad desaprovechada. Pero, como Yuri dijo, "Recojan las sorpresas, las desilusiones y los imprevistos, y úsenlos para guiar su vida hacia donde quieran ir". Acepta esos cambios. Dirige esos cambios hacia algo nuevo. Y busca la verdad y el crecimiento en el proceso.

¡TOMA EL CONTROL!

En el corazón de estas historias está la experiencia de vencer la resistencia, aceptar el cambio y experimentar la dicha y el sentido de la vida a pesar de las adversidades. Todos lidiamos con el cambio, pero eso no tiene por qué ser doloroso. De hecho, si enfrentamos los cambios estando alertas y conscientes, hallaremos una oportunidad inesperada de crecimiento. Incluso podría decirse que los momentos más importantes de nuestra vida son los más arduos y que una forma de triunfar es descubrir en ellos un significado que nos ayude a seguir avanzando. Para lograrlo, debemos tener la mente siempre abierta y estar dispuestos a recibir lo que está por venir.

PRINCIPIO

Encuentra la oportunidad en el cambio.

PASOS PARA LA ACCIÓN

Piensa en una situación que estés atravesando y que exija un cambio, externo o interno. Haz el siguiente ejercicio:

- **TOMA CONCIENCIA DE TUS SENTIMIENTOS DE RESISTENCIA.** Tu resistencia al cambio dificulta la situación. ¿Cómo te resistes a ese cambio necesario? ¿Cómo se manifiesta esa resistencia, en tu mentalidad, pensamientos, sentimientos o acciones?

- **COOPERA CON LO INEVITABLE (ACEPTA LO QUE NO PUEDES CAMBIAR).** Piensa qué es inevitable en esa situación. ¿Qué es lo que irremediablemente ocurrirá, más allá de lo mucho que desees lo contrario? ¿Cuáles son los factores sobre los cuales no puedes hacer nada? ¿Qué es lo que debes aceptar para poder seguir adelante?
- **ELIGE TUS ACCIONES Y HAZ LO QUE PUEDAS.** Una vez que aceptes lo inevitable, piensa en lo que puede hacerse. No basta con aceptar lo que está por venir; también hay acciones que puedes llevar a cabo para aprovechar la situación al máximo. Escribe esas acciones, formula un plan y ponlo en práctica sin demoras.

6

Avanza y deja atrás el arrepentimiento

Hoy es un día demasiado valioso para permitir que lo corroan preocupaciones ácidas y arrepentimientos furiosos. Alza el mentón y deja que tus pensamientos brillen, como arroyos de montaña que fluyen, impetuosos, bajo el sol de la primavera. Que el día no se te escape. No volverá a repetirse.

—Dale Carnegie

Ally Love tuvo una madre negra y un padre blanco en una época en que las parejas birraciales no eran siempre aceptadas en la cultura estadounidense.

De pequeña, Ally sabía que los días festivos se dividían en dos partes: a la mañana, festejaban con los padres de su papá y, a la tarde, con los de su mamá. Esto le pareció natural hasta los diez años. Una Navidad, la familia se dirigía a la casa de sus abuelos paternos; la mamá conducía. Al llegar, Ally, su hermana y su papá bajaron del auto y se despidieron de la mamá, algo que habían repetido todos los años, en cada festividad.

Pero, ese día, Ally se sintió incómoda. "Me dolió. Por un lado, mi mamá se alejaba de su familia y, por otro, los abuelos nos esperaban en la puerta, sonrientes y con los brazos abiertos". Ally nunca se había cuestionado por qué pasaban los días festivos separados. "De repente, sentí que era absurdo. Mis padres estaban casados, vivían juntos, pero pasaban esos días separados, como si fuéramos una familia desunida. No entendía por qué sucedía esto ni qué quería decir".

La mamá iba a visitar a su familia. Ally sabía que vería a sus abuelos maternos más tarde ese mismo día, pero le dolía que su mamá no estuviera con ella durante la mañana. "No estaba enojada con ella por no entrar. No estaba enojada con mis abuelos por no invitarla a pasar. Simplemente me dolía y me ofendía —era muy pequeña para poder comprender lo que ocurría— que mi mamá y mis abuelos no fueran capaces de pasar un día festivo juntos".

Lo que Ally todavía no sabía era que su abuelo paterno no había aceptado la decisión de su padre de contraer matrimonio con una mujer negra... y nunca la había invitado a su casa.

El abuelo murió cuando Ally estaba en la universidad, y ese fue el primer gran arrepentimiento de su vida. "No me arrepiento de muchas cosas, pero esto había afectado mi hogar. Me hubiera gustado tomarme el tiempo para conversar con él y cuestionar su postura, para preguntarle por qué creía lo que creía, para tratar de entender. Me arrepiento de no haber sido lo suficientemente curiosa para hacer las preguntas que me incomodaban. Confiaba en mis padres y en mis abuelos, y mi hermana y yo nos sentimos muy queridas por ellos, pero nunca tuve la oportunidad de preguntarle a mi abuelo por qué trataba así a mi mamá". Ally se arrepiente de no haber podido enseñarle algo a su abuelo, de no comprender su perspectiva ni compartir con él su experiencia de lo que significaba ser una mujer birracial en Estados Unidos.

Ally no puede volver el tiempo atrás, pero su arrepentimiento modificó su postura con respecto a las relaciones con los familiares que aún viven y la impulsó a ser valiente y tener conversaciones ríspidas con ellos. Pudo contar cuál era su perspectiva sin miedos ni tapujos y, a la vez, intentar comprender el punto de vista de sus parientes, aun cuando no coincidiera con ellos. "Finalmente, las familias se unieron. Mi abuela todavía vive y es parte de mi vida. Como familia, estamos más integrados a esta época y hemos crecido juntos", dijo Ally. "Estoy orgullosa de mi papá y de todos mis familiares por su desarrollo, valentía y disposición a escuchar, mejorar y cambiar para unirnos en una sola familia".

Todos cometemos errores; y, a veces, el arrepentimiento —o los sentimientos de vergüenza o angustia que trae aparejados— nos impide avanzar. A pesar de que el arrepentimiento, la vergüenza y la culpa son emociones distintas, todas influyen en la manera en la que lidiamos y superamos los momentos en los que, inevitablemente, tropezamos.

Podemos arrepentirnos por haber cometido un error leve en el trabajo, o por no haber actuado, o por haber tomado la decisión incorrecta en alguna situación, y no estar conformes con el resultado. Puede ser algo muy menor, como arrepentirse por haber comido demasiado. O más grave, como herir a una persona que uno ama diciéndole algo desconsiderado o mezquino. El arrepentimiento tiene grados y matices variados, pero lo central es que uno hizo, o no hizo, algo, y eso tuvo un impacto no deseado. Los arrepentimientos del pasado pueden resultar opresivos; pueden convertirse en barreras entre tú y la vida que quieres vivir, devorar la confianza que te tienes y mantener elevados tus niveles de estrés. Cuando resuelves tus arrepentimientos del pasado, es mucho más sencillo que tomes el control de tus pensamientos y emociones.

El escritor Dan Pink llevó a cabo una encuesta mundial sobre el tema del arrepentimiento y recogió entradas de diecisiete mil participantes en ciento cinco países. Después de ese estudio —que compartió en su libro *El poder del arrepentimiento*—, concluyó que el arrepentimiento es la emoción más malinterpretada y más transformadora. Los hallazgos revelaron que, debajo de las razones superficiales del arrepentimiento —arrepentimiento por no invitar a alguien a salir o por no decidirse a lanzar un emprendimiento propio—, están lo que Pink llama "arrepentimientos estructurales". Estos arrepentimientos estructurales se dividen en cuatro categorías:

- **ARREPENTIMIENTOS FUNDAMENTALES:** se relacionan con la construcción de las bases para la vida. Por ejemplo, arrepentirse de no haber seguido estudiando o de no haber ahorrado para cuando uno deje de trabajar.

- **ARREPENTIMIENTOS DE AUDACIA:** son los arrepentimientos por lo que no se hizo, como no atreverse a emprender un proyecto propio o no invitar a salir a alguien que nos gusta mucho.
- **ARREPENTIMIENTOS MORALES:** son los que se sienten cuando se desaprovecha la oportunidad de hacer lo correcto o, cuando se actúa, pero no se hace lo que corresponde.
- **ARREPENTIMIENTOS DE CONEXIÓN:** se originan por relaciones que se rompen o por no haber puesto energía suficiente en una relación, que termina fracasando.

De acuerdo con Pink, "Estas cuatro categorías de arrepentimiento operan como un negativo fotográfico de la buena vida. Si sabemos de qué se arrepienten más las personas, entenderemos qué es lo que más valoran. Por lo tanto, la emoción negativa del arrepentimiento nos da un indicio de qué es lo que vale la pena en la vida"[1].

El arrepentimiento puede ser más beneficioso de lo que creemos. Aunque pueden resultar incómodas, y aunque la mayoría preferiríamos prescindir de esas emociones, el arrepentimiento y los sentimientos que trae aparejados nos indican que hay algo que hicimos y que nos gustaría enmendar o corregir… o no volver a hacer. Esas emociones nos dicen que debemos reparar lo que hicimos, pedir disculpas o tomar medidas que nos lleven en la dirección que queremos ir. El arrepentimiento y la culpa pueden actuar como indicadores de los comportamientos que evitarán que volvamos a sentirnos así.

Presta atención a los arrepentimientos estructurales descriptos anteriormente. ¿Qué notas? Si lo piensas, queda claro que los arrepentimientos por acciones que no hicimos superan los arrepentimientos por acciones que sí hicimos. Somos más propensos a arrepentirnos por lo que no hicimos que por lo que sí.

Debemos aprender a manejar el arrepentimiento, al igual que lo hacemos con otras emociones. Así como no debemos reprimir ni desoír ninguna emoción, tampoco debemos negar nuestros arrepentimientos. La filosofía de "suprimir los arrepentimientos" es tan útil y realista como la de "suprimir las emociones". La cuestión no es si está bien sentir arrepentimiento o no, sino cómo actuar cuando surge.

Cuando pensar en alguna situación en particular te provoque la sensación de culpa o arrepentimiento, haz el siguiente ejercicio: repasa la situación para comprenderla bien y, teniendo en cuenta el esquema a continuación, analiza:

Diagrama del arrepentimiento

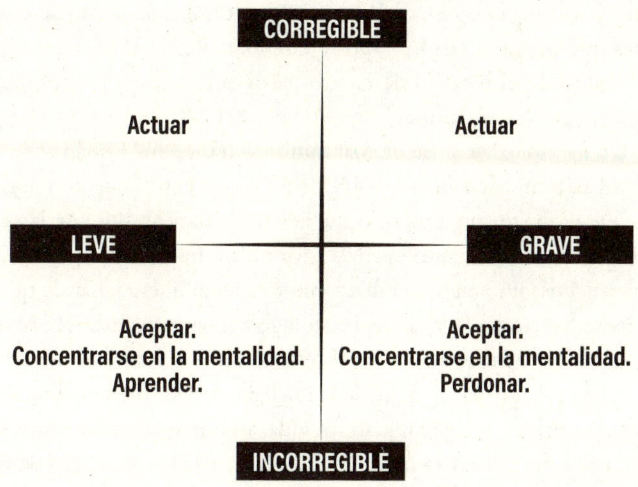

1. ¿El impacto de lo que hice o dejé de hacer es leve o grave?
2. ¿Se puede enmendar o no?

Michael y yo usamos un diagrama simple de *x* e *y* para analizar el arrepentimiento. Sobre el eje horizontal, de izquierda a derecha, está la importancia. Debemos preguntarnos si el asunto del que nos arrepentimos es grave (a la derecha) o leve (a la izquierda). El eje vertical nos indica si eso de lo que nos arrepentimos puede corregirse (extremo superior) o no puede corregirse (extremo inferior). Con este marco, podemos evaluar si algo es grave y corregible, leve y corregible, grave e incorregible o leve e incorregible. El lugar que el hecho o la situación ocupen en este marco te indicara cómo proceder.

Una vez que analices lo sucedido y determines en qué lugar del diagrama se ubica, debes definir qué medidas se pueden tomar y llevarlas a cabo. Hay cosas que pueden hacerse para enmendar o corregir la situación; no hay que perder el tiempo postergándolas. Después, reflexiona sobre lo que aprendiste de la situación para no repetirla. ¿Qué puedes hacer para no repetir el error? Por último, trabaja con las emociones que hayan quedado —por ejemplo, tristeza, culpa o vergüenza— aplicando el proceso de cuatro pasos detallado en el capítulo 3, "Trabaja con tus emociones".

Un ejemplo. Me puse de mal humor durante una llamada con un colega. Estaba impaciente y le hablé de un modo con el que no me gustaría que se dirigieran a mí. No me afectó demasiado durante la conversación, pero, en cuanto corté y tuve un momento para pensar, me arrepentí. Puse en práctica el diagrama y entendí que, a pesar de que el incidente había sido leve, podía hacer algo para enmendarlo. Reflexioné y, al día siguiente, llamé a mi colega para decirle que no me sentía cómodo con la forma en la que le había hablado. No me representaba a mí ni a los principios que regían mi vida, así que le pedí disculpas. Me dijo que no era necesario que me disculpara, pero estoy seguro de que apreció el gesto. Se trató de un incidente leve y corregible, y fui capaz de dejarlo rápidamente atrás.

Por otro lado, también enfrentamos situaciones que son leves pero no pueden corregirse y, a pesar de no tener demasiado impacto, no podemos borrarlas de nuestra mente ni dejar de pensar qué podríamos hacer para enmendarlas. Wendy Wang estaba debutando en su primer empleo de tiempo completo y debía coordinar una reunión de presentación por videoconferencia con participantes externos a la empresa. El gerente le asignó la organización. Le fascinaba que confiaran en ella, pero no contaba con ningún cronograma o protocolo para basarse. Peor aún, los clientes exigían usar una plataforma distinta de la que Wendy conocía, lo que la hacía sentirse menos preparada. Wendy probó el programa con antelación y trató de familiarizarse, pero fue inútil. La reunión fue un desastre: la conexión a internet era inestable, el programa no funcionaba bien y el otro coordinador tenía sus propias dificultades técnicas. Todas estas distracciones la llevaron a cometer muchos errores serios. Wendy no contaba con un plan B, y los asistentes quedaron muy insatisfechos. Era la primera vez que coordinaba una reunión de estas características, y se sentía arrepentida y avergonzada por cómo había salido.

Wendy no podía volver el tiempo atrás y rehacer la presentación. Pero aprendió de la experiencia y lo aplicó en sus futuras presentaciones. Se tomó el tiempo para elaborar un cronograma y un protocolo para las reuniones siguientes. Luego se aseguró de poder solucionar cualquier problema técnico que pudiera surgir. Para la reunión siguiente, estaba perfectamente preparada. Su arrepentimiento había dado resultado, porque le permitió aprender y mejorar su desempeño.

Los arrepentimientos graves y corregibles no siempre se subsanan como esperábamos. Ron Carter desarrolló la tecnología de *streaming* para porteros eléctricos con video que modificó la manera de proteger nuestros hogares. Cuando entrevisté a Ron en mi *podcast*, me contó uno de sus arrepentimientos más grandes y cómo enfrentó la situación. "En 2003 y 2004, no estábamos ni cerca de poder transmitir video por la internet. En aquel entonces, todo se basaba en el circuito cerrado, y el contenido en video se transmitía por antena o por cable". Cuando su madre fue operada dos veces de la cadera y estaba imposibilitada de responder cuando llamaban a la puerta, a Ron se le ocurrió conectar un teléfono celular BlackBerry a una grabadora de video Panasonic para que su madre pudiera ver quién estaba en la puerta y decidir si le abría o no. "Tardé un día y medio en hacerlo funcionar, pero lo logré", recuerda. Ron dedicó años y los ahorros de su vida a desarrollar la tecnología de *streaming* que utilizan la mayoría de los dispositivos hoy en día. "Me adelanté mucho a todos, y esa fue una de las razones por las que recibí una patente por esta tecnología", dijo Ron.

Ron entendió que era una oportunidad enorme de hacer un buen negocio y buscó un socio para comercializar el producto. "Era una persona muy, muy inteligente, y yo confiaba completamente en él. Ese fue mi error. No advertí que me iba a destruir. Con una serie de maniobras, se hizo cargo del negocio… y me echó. Quedé devastado", contó Ron. "Confié en él, y me quitó todo. Perdí la empresa; estaba prácticamente en bancarrota. No la vi venir". Esta traición lo carcomió: lo hizo sufrir y afectó su capacidad para confiar en otras personas. Se sentía impotente, como si no pudiera hacer nada al respecto ni tuviera opciones.

Cuando ya no le quedaron ahorros, Ron consiguió un trabajo de chofer para el servicio de entregas UPS. Ahí descubrió que el comercio digital era un negocio en ascenso… al igual que el robo de los productos que se dejaban en la puerta de los clientes. "Investigué y me di cuenta de que el comercio digital era una industria cinco veces billonaria. Entonces, se me ocurrió desarrollar un dron basado en inteligencia artificial que sirviera para proteger las entregas a domicilio y desalentar los robos". Después de años de trabajo, Ron consiguió una patente para un nuevo producto tecnológico, que está próximo a lanzar y que probablemente afectará el negocio de la seguridad para el hogar: la inteligencia artificial es un escalón muy superior, comparado con los antiguos sistemas de porteros eléctricos con video. Pero ¿cómo hizo Ron para superar el arrepentimiento por haber confiado en su socio y seguir adelante? Según Ron, fue cuestión de aceptar y actuar. "Entendí, especialmente gracias a mi fe —como sobreviviente de un cáncer, la fe es muy importante para mí—, que el momento para ese primer negocio no había sido el indicado, que Dios tenía otros planes para mí, y me abrí a recibir algo mejor que mi primera empresa. Además, sabía que debía olvidarme de lo que había ocurrido porque me estaba matando".

¿Te imaginas la desesperación de que te roben todo, de que te traicione alguien en quien confías? Ron podría haberse vencido ante el arrepentimiento, el enojo y la tristeza, pero sus creencias y su forma de pensar lo ayudaron a elaborar la experiencia, a avanzar día a día y a perdonarse.

Por último, analicemos las situaciones que son graves y no pueden corregirse. Michael se arrepentía por la forma en que su madre había llegado al fin de su vida. Estaban juntos en un congreso cuando, de repente, Rosemary, se descompuso. La llevaron inmediatamente al hospital, donde le diagnosticaron cáncer de útero y de ovarios. Rosemary comenzó el tratamiento e iba al hospital todas las semanas.

"Por mucho tiempo, me costó aceptarlo", confesó Michael. "Para peor, era uno de los tipos de cáncer más agresivos. Me esforzaba por encontrar una solución rápida para el problema, pero no la había". En ese momento, Michael se encontraba en un punto de su carrera en el que trabajaba más de noventa y cinco horas por semana en promedio, y, en las etapas iniciales del tratamiento de su madre, dejó que sus ocupaciones consumieran su tiempo, en vez de pasarlo con ella. Rosemary vivía en New York, y Michael, en California, así que iba a verla una vez al mes, por un par de días, mientras seguía convenciéndose de que ella se pondría bien.

Después de cuatro meses, Rosemary entendió que su cáncer era terminal y decidió interrumpir el tratamiento. Ese cambio de planes sacudió a Michael, quien se resistió a aceptarlo. Estaba enojado con la situación y no lograba desligarse del trabajo. Su madre se fue de viaje por última vez a Europa con otros familiares, y Michael continuó con su vida como si nada ocurriera.

En algún punto, Michael se vio obligado a hacer a un lado esa negación. Cuando aceptó que la vida de su madre estaba llegando a su fin, se arrepintió por el tiempo que no había estado con ella. Era un arrepentimiento grave, y el tiempo perdido no podía recuperarse. Pero se decidió a actuar y acompañarla durante el tiempo que le quedaba. "Estuve con ella las últimas semanas de su vida, y fue muy especial. En cinco años, nunca había estado tanto tiempo sin trabajar, y mucho menos sin interrupciones. La vi vivir cada momento. Era amable con todos y se alegraba con cada llamada o visita. Jamás se quejó. Estábamos tomados de la mano cuando murió, y me sentí muy feliz de estar ahí. Ella fue un ejemplo de cómo morir bien".

Michael podría haberse castigado rumiando su arrepentimiento, pero esto seguramente hubiese impedido que se concentrara en esas últimas semanas de la vida de su madre. Entendió que debía prestar atención al presente y perdonarse. Eso lo ayudó a acercarse a ella.

A veces, debemos rendirnos ante nuestras propias experiencias. Pienso en la oración de la serenidad, que ayudó a tantas personas para dejar atrás situaciones difíciles que, aparentemente, no podían controlar: "Dios, concédenos la serenidad para aceptar todo lo que no podemos cambiar, valor para cambiar lo que podemos y sabiduría para reconocer la diferencia". Como mencionamos en el capítulo anterior, la propuesta no es tolerar a regañadientes todo lo que nos pasa. Aceptar los errores del pasado implica aprender de ellos y seguir adelante. Estancarse en el arrepentimiento, la culpa o la vergüenza no ayuda a nadie.

Aquí es cuando nuestra perspectiva se vuelve absolutamente crucial y lo que aprendimos sobre el manejo de los pensamientos y las emociones entra en juego. Mi tendencia es a creer que la situación va a mejorar. Esa perspectiva me ayuda a dejar atrás sucesos difíciles, aun cuando en mi interior desee haber tomado una decisión diferente. Quizás el error no pueda enmendarse, pero yo igualmente me planteo qué se puede hacer de ahí en más para que todo sea mejor.

Perdonarse a uno mismo y a los demás puede ser más arduo de lo que parece. A la mayoría nos cuesta perdonar, ya sea a nosotros mismos o a otros. En una entrevista para el *podcast* de Dale Carnegie Take Command, Marshall Goldsmith, autor de *Una vida que valga la pena*, me habló de la idea de transitoriedad. Él apoya la enseñanza de Buda de que "Cada vez que respiro profundo, soy un nuevo yo". Marshall me explicó que volvemos a empezar con cada respiración, que tenemos la posibilidad de recomenzar con cada momento. "Lo saludable de este pensamiento es que, primero, es mucho más sencillo perdonarnos por pecados del pasado si pensamos que esos errores fueron cometidos por versiones anteriores de nosotros". En otras palabras, distánciate de las acciones que hiciste o no hiciste. Eso no te convierte en una mala persona: contribuye a formar una mejor versión de ti. "Segundo, esa manera de pensar evita que vivamos en el pasado", agregó. Lo último que deseamos es que el arrepentimiento o la culpa nos impidan dejar atrás los errores que, inevitablemente, ya cometimos.

¡TOMA EL CONTROL!

Aprender a dejar atrás aquello de lo que nos arrepentimos es una habilidad que debemos desarrollar si queremos tomar el control de nuestra vida. Empieza a practicar desde ahora. No podemos reconstruir el pasado, pero sí darle al futuro la forma que deseamos.

PRINCIPIO

Enfrenta aquello por lo que estás arrepentido, haz las paces y sigue adelante.

PASOS PARA LA ACCIÓN

Piensa en una situación de la que, en cierto modo, estás arrepentido y escribe las respuestas a las siguientes preguntas:

- **ANALIZA LA SITUACIÓN PARA ENTENDERLA BIEN.** ¿Qué ocurrió? Separa lo que realmente pasó —los hechos— de cómo te sientes al respecto.
- **TRABAJA CON EL DIAGRAMA DEL ARREPENTIMIENTO.**
  - ¿El impacto de lo que hice o no hice es grave o leve? Piensa en cómo eso influyó en todas las personas involucradas. ¿Cómo influyó en los demás? ¿Cómo influyó en ti?
  - ¿Se puede corregir o no? ¿Hay algo que puedas hacer para mejorar, aunque sea levemente, la situación? De no ser posible, no te mientas.

- **DEFINE QUÉ PUEDE HACERSE Y HAZLO.** Siempre se puede hacer algo: pedir disculpas, enmendar la situación o simplemente perdonarse. Decide qué puedes hacer al respecto y hazlo.
- **ANALIZA QUÉ APRENDISTE DE LA SITUACIÓN PARA EVITAR QUE VUELVA A OCURRIR.** Una vez realizado el trabajo de reparación, reflexiona qué lección aprendiste de la situación. ¿Qué puedes hacer para asegurarte de que no vuelva a ocurrir? ¿Qué debes cambiar en tu forma de actuar o de pensar para que ese aprendizaje se refleje?
- **PERDÓNATE Y TRABAJA CON LAS EMOCIONES QUE SURJAN DE SENTIR ARREPENTIMIENTO.** Aplica el proceso detallado en el capítulo 3, "Trabaja con tus emociones", y elabora las emociones que hayan quedado como resultado de la experiencia.

7

Lidia con el estrés

En general, la fatiga no se debe al trabajo, sino a las preocupaciones, la frustración y el resentimiento.

—Dale Carnegie

—¿Qué demonios es esto? —le pregunté a la dermatóloga, señalándole el sarpullido doloroso que tenía en el cuello y en la zona superior del hombro izquierdo.

—Parece un herpes —me respondió.

—¿Un herpes? ¡Qué raro! Creí que únicamente las personas mayores tenían herpes, y yo no soy tan mayor.

—Bueno —dijo—, se da también en personas jóvenes. ¿Está pasando por alguna situación de mucho estrés?

La pregunta me golpeó de lleno. En las últimas dos semanas, había viajado a Taipéi, en Taiwán; a Río de Janeiro, en Brasil; a Atenas, en Grecia; y recorrido South Carolina, Michigan, Illinois, Washington, Oregon, North Carolina y Missouri, en Estados Unidos. La mayoría de estos viajes incluían reuniones y presentaciones, algunas muy exigentes y con desfases horarios de hasta doce horas. Cumplir con una rutina de ejercicios regular era imposible. Comía casi siempre en restaurantes y terminé dependiendo de bebidas energizantes para combatir la fatiga que se apoderaba de mí a la mañana y a últimas horas de la tarde. Me presionaba enormemente para dar lo mejor de mí en el trabajo, sin dejar de ser el mejor padre y esposo posible. Pero, para ser sincero, estaba exhausto.

—Sí, me estuve exigiendo demasiado estos últimos meses. Sabía que el estrés puede causar problemas cardíacos y de otro tipo. Pero ¿un herpes? Creí que los herpes eran causados por virus. ¿El estrés puede originar un virus? —le pregunté.

—Sí, son causados por virus, pero el estrés debilita el sistema inmunológico, lo que lo hace más susceptible a una infección viral o puede reactivar un virus latente en usted.

Fue una advertencia. Aunque tenía cuarenta y nueve años (y no me cansaba de repetirme que los cuarenta y nueve de antes eran los nuevos veintinueve), debía reconocer que había estado bajo un estrés increíble: no era solamente el agotamiento físico de viajar y trabajar, sino la presión a la que yo mismo me sometía para rendir al máximo, el temor a cometer errores y hacer un mal papel, y la preocupación por lo que los demás pudieran decir. Entender que esa tensión emocional podía provocar reacciones físicas como el herpes me hizo ver que debía hacer algo para lidiar con el estrés... y ser menos crítico conmigo. Ahora me desentiendo del correo electrónico, del trabajo y de otras responsabilidades cuando me voy de vacaciones y presto más atención a mis niveles de estrés: cuando veo que están por salirse de madre, desacelero el ritmo. Hasta ahora me ha ido bien, pero el esfuerzo es constante.

Todos enfrentamos situaciones de estrés que afectan nuestra salud, nuestra vida y nuestras relaciones con otros. Controlar el estrés significa aceptar lo que nos ocurre y tomar medidas para evitar perjudicarnos a nosotros mismos o a los demás. "¡Qué fácil es decirlo!" podrías decir tú. Y tendrías razón. A veces, el estrés nos agobia de tal manera que nos parece imposible liberarnos de esa situación. Aunque en ocasiones nos sintamos así, el trabajo que propusimos en los capítulos anteriores tenía como objetivo crear una sensación de autonomía y capacidad, y aprender a trabajar con nosotros mismos y con los desafíos que enfrentamos. Hasta el momento, nos hemos preocupado por seleccionar los pensamientos correctos, lidiar con nuestras emociones, desarrollar confianza, evolucionar en nuestra manera de pensar, aceptar el cambio y dejar atrás aquello de lo que nos arrepentimos. Todas las herramientas que adquirimos se relacionan directamente con nuestra habilidad para controlar el estrés. Recuerda que siempre tienes una alternativa; tomar las decisiones correctas acerca de los pensamientos y de las emociones en situaciones de estrés equivale a tener media batalla ganada. De eso se trata este capítulo: de aprender a controlar el estrés antes de que el estrés nos controle a nosotros.

¿Qué es el estrés?

El estrés es una reacción humana natural. Puede responder a causantes internos (como un pensamiento o recuerdo) o externos, los que se conocen como "factores de estrés". Estos estímulos pueden provenir del exterior o de nuestro interior y pueden hacer que nos sintamos más sensibles. Quizás parezca que se trata de una sensación negativa, pero en verdad es una reacción fisiológica. Se supone que sentimos estrés ante desafíos o amenazas. Nos ayuda a adaptarnos a situaciones nuevas y a mantenernos alertas y motivados[1]. Cuando estamos estresados, el corazón late más rápido, respiramos con dificultad, las palmas de las manos nos transpiran o nos cuesta pensar con claridad. Todos, en algún momento, experimentamos la disyuntiva entre pelear o huir.

Los factores de estrés se presentan en varias formas e intensidades. Los más importantes son, por ejemplo, perder el empleo, mudarse, separarse de una persona querida o atravesar un divorcio. Los más leves pueden incluir discutir ásperamente con alguien en el trabajo, sentirse saturado por las obligaciones o llegar tarde a la escuela.

Estrés versus ansiedad

Antes de continuar, diferenciemos estrés de ansiedad, dos términos que suelen usarse como sinónimos. Aunque nunca dejamos de aprender cosas nuevas sobre el estrés y la ansiedad y cómo funcionan, sabemos lo suficiente para distinguir ambas experiencias.

La ansiedad implica sentir preocupaciones persistentes, poco realistas o exageradas, aun cuando el factor de estrés haya desaparecido. El estrés lo sentimos por cosas que verdaderamente ocurren (como no contar con el dinero para pagar una cuenta en la fecha de vencimiento). La ansiedad es dar una interpretación exagerada a esas situaciones reales (puedes pagar las cuentas, pero te preocupa no llegar a fin de mes o tener problemas económicos de por vida). La ansiedad puede manifestarse como temor o pánico, aun cuando no exista una amenaza real. La ansiedad puede continuar, incluso cuando el hecho estresante haya concluido y, en los casos graves, puede transformarse en un trastorno. (Quiero aclarar que, en este capítulo, hablaremos de ansiedad y estrés en términos generales, no de trastornos de ansiedad, que son más severos y exigen intervención médica. Los trastornos de ansiedad se encuadran dentro de la categoría de "angustia extrema", en contraposición a la angustia más leve). Sientes ansiedad cuando dramatizas o haces demasiado hincapié en aquello que, según tu parecer, está mal.

La sensación de estrés no suele extenderse por mucho tiempo. La de ansiedad no se borra fácilmente. El estrés es la reacción a una amenaza identificable. La ansiedad no siempre tiene un origen claro[2].

Cómo se manifiesta el estrés

No todos reaccionamos al estrés de la misma forma. Yo puedo sentir estrés porque no llego a tiempo a un lugar, mientras que otra persona no se siente afectada por esa presión. Quizás a ti te estrese la idea de dar una charla, mientras que para otro eso es algo cotidiano. Si tienes muchísimo miedo de equivocarte durante la charla, no puedes conciliar el sueño y estás nervioso por eso, es probable que lo que sientes sea ansiedad.

Lo importante es detectar qué es lo que nos produce estrés y hallar la manera de controlarlo antes de que se vuelva crónico. Piensa en una situación que te haya provocado un estrés significativo. ¿Qué sentiste? ¿Cómo influyó en tu vida? Cuando repasas esas situaciones, te das cuenta de que el estrés a veces es beneficioso. Cualquier estudiante que se haya esmerado por entregar un buen ensayo a tiempo sabe que un poco de estrés nos puede ayudar a concretar lo que tenemos que hacer. Antes de continuar, veamos la diferencia entre el estrés normal y el estrés crónico.

Estrés normal

Todos necesitamos algún grado de presión para funcionar. El "eustrés", que significa "estrés beneficioso", es positivo. Experimentamos eustrés cuando aprendemos algo nuevo o nos hacemos cargo de tareas tan distantes de nuestra zona de confort que sentimos el desafío, aunque confiemos que podemos llevarlas adelante[3].

Tim Reilly había empezado a trabajar como fiscal para una agencia gubernamental y debía actuar junto a otra colega, Rachel, como mediador en una negociación por un juicio civil. Estaban esperando afuera de la sala junto con la otra parte. Rachel lo miró y le dijo:

—A veces, estos juicios me ponen nerviosa. ¿Qué hago si algo sale mal? ¿O si no logro que se miren a la cara?

—A mí también me duele el estómago. Pero en vez de preocuparme por eso, lo considero una señal de que me tomo el caso en serio —respondió Tim.

Tim reformuló su experiencia emocional, la transformó en una señal de responsabilidad (y no de angustia) y enfrentó el desafío. Reconocer lo que sentía y ser capaz de usarlo a su favor le permitió a Tim evitar los impactos negativos de la preocupación y desarrollar mejor su tarea. El estrés normal nos ayuda a hacer las cosas bien y a lograr nuestros objetivos.

Estrés crónico

El estrés se convierte en un problema cuando nuestra reacción nos provoca un estado duradero de ansiedad o malestar. En los casos de estrés crónico, el alivio no existe y sentimos como si la presión nunca cediera. Si el estrés es constante, ni el cuerpo ni la mente tienen tiempo para recuperarse. Piensa en el ejemplo del sistema inmunológico, que necesita la presencia de bacterias y gérmenes externos para permanecer fuerte. Eso sería un estrés beneficioso, o eustrés. Sin embargo, hasta un sistema inmunológico sano sucumbiría al ataque constante de bacterias y gérmenes que no está preparado para enfrentar.

El cuerpo está bien equipado para lidiar con cantidades pequeñas de estrés, pero el estrés crónico y duradero causa daños graves en nuestro sistema inmunológico: aumento en la presión arterial y en el ritmo cardíaco, susceptibilidad a las infecciones, riesgo de diabetes, pérdida de cabello, dolores de cabeza, problemas digestivos y hasta la aparición de un sarpullido. Por eso, es tan importante aprender a controlar el estrés. De no lograrlo, podemos sufrir consecuencias a largo plazo[4].

Cómo reformular el estrés

Un estudio interesante siguió a treinta mil personas adultas durante ocho años en Estados Unidos. A todos se les hacía la siguiente pregunta: "¿Qué grado de estrés sintió en el último año?". También se les pedía que compartieran si creían que ese estrés perjudicaba su salud. Tiempo después, los investigadores relevaron los registros públicos de defunción para saber cuántos de los participantes habían muerto. Los que habían admitido sentir un grado alto de estrés en el último año representaban el cuarenta y tres por ciento. Sin embargo, la buena noticia era que este porcentaje solo se aplicaba a aquellos que creían que el estrés había sido perjudicial para su salud y no a los que no lo consideraban dañino. Increíblemente, el porcentaje de este último grupo era inferior al de otros grupos en el estudio, entre ellos, el grupo de los que informaron haber sufrido niveles bajos de estrés. El estudio demostró que lo que percibimos acerca del estrés tiene mayor o igual influencia que el estrés en sí[5].

Otro estudio de la Universidad de Harvard investigó qué ocurría con las personas que veían el estrés como un estímulo, al igual que Tim Reilly en el caso anterior. A los participantes, se les pidió que pensaran en los latidos acelerados del corazón y la respiración agitada como señales que los preparaban para la acción. Los que aprendían a considerar el estrés como una ventaja para su desempeño en general se sentían más seguros y menos estresados o ansiosos[6].

La doctora Kelly McGonigal, psicóloga especializada en salud y docente en la Universidad de Stanford, dice: "Cuando elegimos entender nuestra reacción ante el estrés como algo positivo, desarrollamos la biología del coraje. Y cuando elegimos relacionarnos con otros que sufren estrés, desarrollamos resiliencia. Cuando elegimos pensar de esta forma, no solo disminuimos nuestro nivel de estrés, sino que hacemos una declaración profunda. Estamos diciendo que podemos confiar en nosotros para enfrentar los desafíos de la vida"[7].

Una herramienta sencilla para aliviar el estrés: la técnica para resolver problemas

Cuando estás estresado, ¿con qué frecuencia sientes que no puedes hacer algo al respecto? A veces, la forma en la que manejamos un determinado problema provoca más estrés que el problema en sí. Una de las características más evidentes del estrés y de la ansiedad es la sensación de que no tenemos control. Si tenemos miedo de cómo puede resultar una situación, quizás evitemos tomar decisiones, lo que agravará nuestra ansiedad. Si estamos inseguros, quizás perdamos mucho tiempo evaluando opciones, en vez de dedicarlo a actuar. Esto provoca una retroalimentación negativa incesante. No son solamente los factores de estrés los que causan los problemas, sino la convicción de que no podemos hacer nada para resolverlos.

En capítulos anteriores hablamos del poder de nuestra forma de pensar, lo que incluye la manera de pensar las experiencias emocionales. Es absolutamente normal estar sensibles cuando estamos estresados. Y algunas personas son más sensibles que otras. Pero lo que debemos evitar es quedar estancados en la emoción; la clave para manejar el estrés es aprender a evaluar el problema y actuar, sin importar lo que sintamos. Aunque en el momento no lo parezca, siempre tenemos una opción.

Una de las mejores herramientas en las que Dale hizo hincapié en *Cómo suprimir las preocupaciones y disfrutar de la vida,* y que Michael y yo aplicamos todo el tiempo para controlar el estrés es "la técnica para resolver problemas". Este enfoque nos ayuda a llegar a la raíz del estrés. Cuando te sientas estresado, responde las siguientes preguntas por escrito:

- **¿CUÁL ES EL PROBLEMA?** Este punto te pone de veras a prueba, porque, a veces, lo que creemos que es el problema, en realidad, no lo es. Antes de decidir lo primero que se te viene a la mente, asegúrate de haberlo identificado bien.
- **¿CUÁLES SON LAS CAUSAS DEL PROBLEMA?** La lista puede incluir pocas o muchas razones, pero, más allá de la cantidad, haz un esfuerzo por resumirlas y ordenarlas.
- **¿CUÁLES SON LAS SOLUCIONES POSIBLES?** Deja que la mente te proponga ideas libremente, pero, otra vez, esfuérzate por concentrarte en las soluciones más factibles.
- **¿CUÁL ES LA MEJOR SOLUCIÓN POSIBLE?** Ahora es tiempo de decidir. Elige la mejor solución y, luego, comprométete a poner en práctica, en ese mismo momento, al menos una medida que conduzca hacia esa solución. Actuar es crucial, porque es un paso esencial para reducir la preocupación.

Ahmed Kamal es un buen ejemplo de alguien que aplicó la técnica para resolver problemas con el fin de entender lo que le sucedía y actuar para controlar su estrés. Ahmed colaboraba con la junta de vecinos que administraba el edificio en el que él y su familia vivían en Alejandría, Egipto. Esta tarea lo estresaba muchísimo. En su función de tesorero, tenía a su cargo más de quinientas unidades, lo que se traducía en cientos y cientos de personas con la posibilidad de quejarse por filtraciones, vecinos ruidosos, cañerías obstruidas y artefactos que no funcionaban. Además, Ahmed tenía un empleo de tiempo completo como vendedor. Un día, después de una catarata de mensajes furiosos en el chat de WhatsApp que los vecinos usaban para comunicarse entre ellos, Ahmed sintió que había llegado a su límite. El estrés de ser tesorero le afectaba el sueño, y pasaba muchas noches sin dormir. Inconscientemente, Ahmed también trasladó ese estrés a su familia. Su esposa le recriminó que la estaba afectando a ella y a sus dos hijas. La intención de Ahmed no era que su familia cargara con su condición emocional; así que se decidió a hacer cambios y aplicar la técnica para resolver problemas.

Primero, se preguntó cuál era el problema. Esto era fácil de definir: su función de tesorero lo estaba estresando y afectaba su salud, su descanso y su familia. Si no hacía algo, la situación iba a empeorar. Ahmed ni siquiera quería pensar en esa posibilidad. Segundo, se preguntó por las causas del problema. Sabía que ese chat de WhatsApp estaba inundado de negatividad, agresión pasiva y críticas; cada vez que participaba, el mal humor le duraba horas. También pensó en su interacción con los demás miembros de la junta de vecinos; sentía que él hacía casi todo el trabajo y que los demás debían contribuir con más. Según Ahmed, esas eran las dos causas principales de su estrés.

Luego, Ahmed desarrolló una lista extensa de soluciones posibles y, por último, escogió las tres mejores. Primero, abandonó el chat. Se comprometió a dar respuesta a las distintas situaciones hablando directamente con los involucrados y se negó a seguir formando parte de un grupo ofensivo y tóxico. Segundo, hizo a un lado sus expectativas con respecto a los demás y se preocupó por lo que él hacía. Finalmente, decidió que iba a respetar su compromiso de ser tesorero, pero que no renovaría el cargo cuando llegara a su término. Ahmed sabía que no podía pedir a los demás que actuaran con mayor civilidad, pero sí podía tomar distancia y desactivar las notificaciones que constantemente le recordaban esa dinámica estresante. Ahmed se hizo cargo de la situación lo mejor que pudo.

Estas medidas modificaron de inmediato el estado de ánimo y la perspectiva de Ahmed. Se sentía más tranquilo, en especial cuando estaba en casa con su familia. Ahmed también se propuso estar más atento a las señales de estrés, detectarlas en cuanto aparecieran. Ahmed decía que debía tener los sensores de estrés crónico "siempre encendidos", para identificar cuándo podía convertirse en un problema. Antes había creído que "podía controlarlo", y quizás era cierto, pero su esposa y sus hijas no tenían esa capacidad.

Cuando no prestamos atención a la necesidad de nuestro cuerpo de tranquilizarnos, podemos sufrir agotamiento, o *burnout*. El agotamiento no es simplemente un estado de ánimo o la reacción emocional a un estrés prolongado. Las investigaciones demuestran que puede dañar el funcionamiento personal y social, reducir las funciones cognitivas y afectar el sistema hormonal, lo que provoca cambios en la forma en la que la mente trabaja. Además de las consecuencias emocionales y mentales, el agotamiento puede provocar insomnio, náuseas, dolores de cabeza, palpitaciones, dificultad para respirar y ataques de pánico[8].

Un estudio reciente de Gallup demostró que, en Alemania, dos millones setecientos mil trabajadores sufrían de agotamiento. En el Reino Unido, casi el treinta por ciento de los que participaron en una encuesta para gerentes de Recursos Humanos informaron de casos generalizados de agotamiento en las organizaciones en las que trabajaban[9].

El caso de agotamiento de Negin Azimi fue dramático. Negin nació en Irán y se fue de su país a los tres años. Su madre emigró a Suecia y, aunque pensaba que la vida sería más sencilla allí, debieron enfrentarse a problemas financieros durante años. Cuando tenía catorce, Negin asistió a un curso Dale Carnegie y aprendió a hablar en público. Le encantó. A los dieciséis, como no conseguía trabajo, abrió su propia consultora. Era muy buena para la oratoria, y las empresas más importantes de Suecia comenzaron a contratarla para dar charlas. Les gustaba escuchar lo que una joven de un origen tan diferente decía sobre la vida. Se convirtió en la organizadora más joven de charlas TEDx en el mundo. Ganó premios por sus charlas TEDx en Suecia, actividad a la que se dedicó durante varios años. También fue miembro de la junta directiva de Aldeas Infantiles SOS por cuatro años.

Todo fue maravilloso hasta que Negin se golpeó contra una pared. A los dieciocho años, tuvo agotamiento. Fue un caso grave: no se levantó de la cama por veinticuatro meses. No pudo cursar ese año de secundaria de lo enferma que estaba.

Al estar tanto tiempo en cama, Negin se puso a pensar en cómo había llegado a ese punto. Visto en retrospectiva, el agotamiento no era una sorpresa. Su cuerpo le había indicado muchas veces que estaba estresada, cansada, que no se sentía bien. Pero ella no lo había escuchado. Para Negin, fue la peor y la mejor experiencia de su vida. Por un lado, tuvo que batallar contra el cansancio extremo y la enfermedad; por otro, aprendió a conectarse mejor con su cuerpo y su mente. Le entusiasmaba lograr todo lo que se proponía, pero también entendió que nada de eso importaba si le faltaba la salud. La mayor lección fue que "todo es como el agua: cambia una y otra vez, y debemos seguir la corriente y escuchar el cuerpo y el alma". De a poco, Negin recobró sus fuerzas y organizó su regreso al trabajo, aunque cuidándose mucho más. Está atenta a las señales de estrés prolongado, primeros síntomas de agotamiento, y realiza las modificaciones necesarias. En la actualidad, Negin es consultora en comunicaciones y relaciones públicas de la agencia líder en el mundo, Burson Cohn & Wolfe. También escribió un libro, *Fight Smart and Dream Big* (en español, "Lucha con inteligencia y sueña en grande").

Consejos para controlar el estrés

El estrés debe controlarse de inmediato para evitar que nos abrume; para eso, te damos algunos consejos prácticos:

- **HABLA.** Ya sea un terapeuta, instructor, guía, familiar, amigo u otra persona, todos necesitamos a alguien en quien confiar y con quien hablar. Hablar con alguien nos ayuda a atravesar el estrés u otras dificultades emocionales.
- **MUÉVETE.** Existen miles de estudios que comprueban que el ejercicio nos ayuda a aliviar la tensión y el estrés y que colabora con nuestro bienestar general. Mi esposa, Katie, enseguida se da cuenta cuando no pude hacer ejercicio. No soy la misma persona. Moverse no siempre quiere decir correr quince kilómetros. Puede ser salir a caminar, andar en bicicleta, hacer un deporte, nadar o cualquier otra actividad física. La clave es hacer lo que te haga bien.
- **DESCONÉCTATE.** ¿Alguna vez te tomaste un descanso de la televisión, las noticias o las redes sociales, aunque sea por un día? Si lo hiciste, ¿cómo te sentiste? Está bien estar informados, pero el aluvión constante de malas noticias, opiniones polarizadas y posteos ofensivos en las redes sociales pueden originar un estrés significativo. Hace años que practico "ayuno" de noticias y redes sociales —no accedo a ellas por un día o varios— y siempre me hace sentir mejor. Haz un alto —por un día e, incluso, una semana— y ve si notas la diferencia.
- **RESPIRA.** Los principales beneficios que la respiración ofrece para la salud son la relajación, el alivio del estrés y la conciencia de lo que nos está ocurriendo. Los ejercicios de respiración nos ayudan a estar presentes en el momento y a calmarnos. Por ejemplo, la respiración del cuadrilátero es un ejercicio en el que inhalas por la nariz durante cuatro segundos, retienes la respiración durante cuatro segundos, exhalas durante cuatro segundos y vuelves a retener la respiración durante otros cuatro segundos. Otra técnica simple es la de 4-7-8: inhalas durante cuatro segundos, retienes el aire por siete segundos

y exhalas durante ocho segundos. La respiración ayuda a que el ritmo cardíaco se mantenga parejo y nos sintamos menos ansiosos.

Descanso

Todos tomamos mejores decisiones cuando estamos descansados. Cuando lees la palabra *descanso*, ¿en qué piensas? Lo más probable es que pienses en dormir. La doctora Saundra Dalton-Smith es experta en bienestar, conferencista y autora de libros sobre descanso y recuperación. Dalton-Smith opina que solemos confundir *descanso* con *sueño* y que esto nos perjudica. Hay muchas formas de descansar, y dormir es una sola de ellas. Esta es la lista:

1. **DESCANSO FÍSICO:** puede ser pasivo (dormir o dormitar) o activo (actividades restauradoras, como el yoga o los masajes).
2. **DESCANSO MENTAL:** por ejemplo, recreos breves durante el día para obligarnos a desacelerar por un momento.
3. **DESCANSO SENSORIAL:** nos desconectamos de las luces brillantes, las pantallas, el ruido y las conversaciones (presencialmente o en línea).
4. **DESCANSO CREATIVO:** nuestro sentido del asombro aflora a través de la Naturaleza o el arte.
5. **DESCANSO EMOCIONAL:** tomarnos el tiempo y el espacio para expresar las emociones libremente sin necesidad de complacer a nadie.
6. **DESCANSO SOCIAL:** dejamos las actividades sociales en suspenso por un tiempo, en especial aquellas que sentimos que no nos aportan nada.
7. **DESCANSO ESPIRITUAL:** tomarnos el tiempo y el espacio para conectar con un propósito superior en la vida (lo que cada uno entienda por eso)[10].

El descanso no implica vagancia. Es más, aumenta nuestra eficacia. El Centro para el Control y la Prevención de Enfermedades de Estados

Unidos afirma que las personas adultas que duermen como mínimo siete horas por noche son menos propensas a enfermarse y más a mantener un peso equilibrado, a pensar con claridad, a tener interacciones sociales positivas, a tomar buenas decisiones y a sentirse más felices[11]. Lo mismo aplica a las demás formas de descanso.

Cuando tenía quince años, Michael se fue a recorrer Europa como mochilero. En un momento, se enfermó gravemente. Tuvo que suspender el viaje y establecerse en el Valle del Loira, en Francia. Tenía la mentalidad del viajero joven de no detenerse, y esta situación imprevista fue un choque para él. Al verse obligado a descansar sí o sí durante cuarenta y ocho horas, Michael se dio cuenta —por primera vez— de que estarse quieto no estaba tan mal. No necesitaba ser productivo, ni siquiera leer, en todo momento del día. Esa experiencia todavía influye en la opinión que Michael tiene sobre el descanso, en especial en una sociedad que valora la productividad constante.

¡TOMA EL CONTROL!

No se puede evitar el estrés. Aunque la mayoría crea que es una experiencia negativa, no llegaríamos a ningún lado sin el estrés. No lograríamos hacer nada —ni siquiera actividades básicas, como comer o bañarnos— sin la ayuda del eustrés. La clave es impedir que el estrés se apodere de nosotros. Ten en cuenta que el estrés, como experiencia negativa, se relaciona más con la preocupación y la ansiedad por los problemas que enfrentamos, que con los problemas en sí. Si trabajamos para minimizar nuestras reacciones ante el estrés, podremos usarlo en beneficio propio.

PRINCIPIO

Usa el estrés en beneficio propio.

PASOS PARA LA ACCIÓN

- En vez de estancarte en el problema y dejarte arrastrar por una espiral emocional descendente, aplica la técnica para resolver problemas y anota las respuestas por escrito.
  - **¿CUÁL ES EL PROBLEMA?** Distingue las verdaderas circunstancias del problema de tus sentimientos y pensamientos al respecto.
  - **¿CUÁLES SON LAS CAUSAS DEL PROBLEMA?** Busca la raíz: ¿qué factores te condujeron hasta ese punto?
  - **¿CUÁLES SON LAS SOLUCIONES POSIBLES?** Anota por escrito toda solución posible, por drástica o elemental que te parezca.

- **¿CUÁLES SON LAS MEJORES SOLUCIONES?** Piensa en el resultado: ¿qué soluciones te llevarán al mejor resultado posible? ¿Se pueden combinar algunas soluciones? Elige las soluciones que, en tu opinión, funcionarán mejor y ponlas en práctica.

- **DESARROLLA MÉTODOS PARA ALIVIAR EL ESTRÉS.** Piensa en aquello que te da alegría y te ayuda a relajarte. Haz una lista y esfuérzate por incorporar al menos una de esas actividades a tu vida cotidiana. Por ejemplo:
  - Hablar con alguien en quien confías.
  - Hacer ejercicio diariamente.
  - Tomarte descansos de la televisión y las redes sociales.
  - Intentar poner en práctica ejercicios de respiración.
  - Descansar.

8

Desarrolla resiliencia y coraje

La inacción da origen a la duda y el temor. La acción, a la confianza y al coraje.

—Dale Carnegie

Jenny Xu recibió la peor noticia de su vida profesional mientras estaba de vacaciones con su familia en Times Square. En el medio de una multitud y rodeada de carteles publicitarios luminosos, Jenny sintió la vibración de su teléfono. Era un mensaje de texto de su único inversionista. Jenny estaba trabajando con una empresa para diseñar un juego relacionado con la temática de la salud social. "Tenemos que hablar. Cancelaron el proyecto. Es demasiado costoso, y vamos a retirar la inversión", le dijo. Así, sin ninguna otra explicación, desaparecía la financiación para el juego en el que Jenny y su equipo habían trabajado todo un año. Jenny se quedó helada y aturdida en el medio de Times Square, tratando de asimilar la realidad.

Jenny tenía mucha experiencia en su trabajo: a los dieciséis años había fundado una empresa independiente de videojuegos, y los juegos para teléfonos celulares que había creado tenían casi diez millones de descargas. Luego de estudiar en el Instituto de Tecnología de Massachusetts (MIT) y obtener un título en informática, cofundó un estudio llamado Talofa Games, con el que ganó una infinidad de premios; todo antes de cumplir los veinticinco. Jenny sabía que la industria de los videojuegos era impiadosa, pero nunca lo había experimentado en carne propia. Era como si la obligaran a retirarse, como si alguien hubiera embalado sus pertenencias y le pidiera que dejara su propio departamento. Con el paso de los días, Jenny se dio cuenta de que el final de esta relación se debía, principalmente, a factores externos que no podía controlar. Las dos empresas no estaban en sintonía, y habían surgido problemas de comunicación. Jenny habló con sus mentores, quienes le dijeron que, tal como había ocurrido con su inversionista, los finales crueles y abruptos eran moneda corriente en esa industria.

La semana siguiente, cuando se reunió con su equipo, Jenny les comentó que la situación era difícil. No pudo contener las lágrimas cuando anunció que tendría que prescindir de la mitad de ellos. A pesar de ser un trance muy duro, le sirvió como señal de que debía confiar en sí misma. Habría sido más fácil acurrucarse en posición fetal y hacer oídos sordos a lo que ocurría a su alrededor, pero Jenny se armó de la fuerza y la resiliencia necesarias para seguir adelante.

No sabía lo que le deparaba el futuro, así que se concentró en lo que sí sabía. Tenía nada más que veintitrés años, pero había desarrollado juegos por casi una década. Esa certeza la ayudó a mitigar la sensación de fracaso. No estaba sola; los miembros del equipo que aún permanecían con ella estaban ansiosos de enfrentar los desafíos. Cuando se enteró de que el inversionista no creía en su idea, Jenny se enojó y se sintió agobiada; pero sabía que no podía bajar los brazos si quería evitar que su empresa se hundiera. Jenny y su equipo pusieron manos a la obra y descubrieron que, trabajando solos, tardarían menos en lanzar el juego que si hubieran continuado con el inversionista. Jenny estaba segura de que lo lograrían.

Jenny corría maratones y sabía bien lo que era el agotamiento. "En mi opinión, la resiliencia que desarrollamos en el deporte y en el ejercicio físico la trasladamos a todo lo demás en la vida. Quizás, en una carrera, siento que me muero; pero termina, me recupero y estoy más fuerte para la próxima". Jenny aprovechó esa experiencia para hurgar y hallar la resiliencia para seguir adelante y el coraje para mantener vivo su anhelo. Mientras escribo este libro, su equipo está rediseñando el juego, cuyo lanzamiento será en breve.

La resiliencia y el coraje están íntimamente relacionados. La resiliencia es la capacidad para recuperarse de situaciones adversas y obtener algún rédito del infortunio. Este es un punto crucial, en especial en la actualidad, cuando el mundo vive cambios constantes. Ser resiliente no es convertirse en piedra y abrirse paso en la vida a los codazos; es enfrentar la adversidad con el objetivo de aprender de esas experiencias.

El coraje es la fortaleza mental o moral de tolerar el peligro, el miedo o las dificultades. La persona con coraje no se siente fácilmente amedrentada ni intimidada. Solemos relacionar el coraje con las proezas, con los hechos de audacia sobre los que leemos en los libros de historia o en los periódicos en línea. Pero el coraje no se limita a los actos heroicos. Es un hábito cotidiano que podemos cultivar y al que debemos comprometernos.

La resiliencia y el coraje exigen fortaleza, agilidad y audacia; y también que enfrentemos nuestros temores. El desarrollo del coraje y de la resiliencia es la culminación de todo el trabajo hecho hasta ahora; desde elegir los pensamientos correctos y trabajar con nuestras emociones hasta controlar el estrés y los cambios, todo nos fortalece en el transcurso de la vida.

En su libro, *La llamada del coraje*, Ryan Holiday dice: "¿Cuál es el origen de la cobardía? El miedo. La fobia. Es imposible derrotar a un enemigo que no conocemos; y el miedo —en todas sus formas, del terror a la apatía, al odio, a la falta de atrevimiento— es el enemigo del coraje. La batalla es contra el miedo". Entonces, ¿cómo puedes desarrollar coraje y resiliencia en momentos difíciles o desafiantes?

1. Trabaja con tus emociones y elige pensamientos positivos.
2. Mira hacia atrás para mirar hacia adelante.
3. Refuerza la fe en ti.

En primer lugar, es difícil evaluar correctamente una situación cuando nos invaden las emociones y los pensamientos temerosos. Debemos tomarnos el tiempo para trabajar con las emociones aplicando el proceso del capítulo 3, "Trabaja con tus emociones", hacer a un lado los pensamientos negativos y reemplazarlos por otros más positivos.

Segundo, debemos mirar hacia atrás para entender cómo podemos avanzar hacia adelante. Piensa en alguna vez que hayas superado un problema complejo. ¿Cuál era la situación? ¿Qué tan grave resultaba? ¿Cómo te sentiste? Y, lo más importante, ¿cómo la resolviste? ¿Qué medidas específicas tomaste? ¿Qué manera de pensar te ayudó a atravesar el conflicto? Todos hemos vivido tiempos difíciles, y reflexionar un poco sobre nuestras experiencias pasadas de resiliencia y coraje nos demuestra que somos capaces de perseverancia. Evalúa si puedes aplicar medidas similares o la misma manera de pensar al problema que estás enfrentando ahora.

Una de las ayudas que me permitió hallar el coraje para conducir Dale Carnegie durante los primeros días de la pandemia de COVID (lo que ya mencioné en el capítulo 1, "Elige tus pensamientos") fue recordar uno de mis desafíos más importantes. Luego del 11 de septiembre de 2001, temí que mi frágil e incipiente emprendimiento fracasara. Era lo lógico. Recién habíamos lanzado nuestro primer producto y casi no teníamos ganancias. Obtener la financiación que necesitábamos para sobrevivir pareció imposible cuando nuestro inversionista clave decidió retirarse. Si no sucedía algo rápido, nos veríamos obligados a cerrar en un par de semanas. Pero, de alguna manera, salimos adelante. Gracias a un brutal recorte financiero, un trabajo en equipo increíble para acelerar el lanzamiento de productos nuevos y generar ingresos adicionales, y el apoyo sostenido de los demás inversionistas, logramos capear el temporal. Además, aprendí que, cuando todos tiramos del mismo carro con decisión y sacrificio, se puede superar cualquier dificultad. Esa experiencia me inspiró durante la primera etapa del COVID y me llenó de convicción. Cuando anuncié frente a los accionistas, los miembros de la junta directiva y el equipo de Dale Carnegie: "Vamos a superar este momento. Haremos lo que sea necesario, porque fracasar no es una opción", lo dije en serio. Estaba convencido de que mis experiencias pasadas me habían preparado para hacerme cargo de ese momento.

Por último, haz algo que reafirme la fe en ti. Puedes redactar una afirmación y tenerla siempre a mano. Puedes hablar con alguien que te haya acompañado durante esa situación difícil. Puedes visualizarte a ti mismo, atravesando, triunfal, aquellos tiempos riesgosos. Haz lo que sea que te dé resultado. No te olvides de lo fuerte que eres y apóyate en esa experiencia cuando sientas que reaparecen el temor y la incertidumbre.

El miedo no siempre es visible. Se puede manifestar también de maneras sutiles: cuando evitamos o nos negamos a tener una charla incómoda con alguien o cuando hacemos de cuenta de que no existen los problemas en una relación o en el trabajo. Puede disfrazarse de procrastinación o apatía. Al evitar el problema, la situación solamente puede empeorar.

Lea Gabrielle ocupó muchos cargos en su vida: aviadora naval de combate, agente clandestina de inteligencia, periodista y coordinadora y enviada especial de Estados Unidos en el Centro para la Participación Mundial. Pero algunos de los momentos más decisivos de su carrera se produjeron cuando debió enfrentar reiteradamente circunstancias en extremo peligrosas, en las que no podía renunciar al coraje, aun sabiendo que las consecuencias podían ser fatales. Lea pilotaba un avión de combate monoplaza F/A-18C, que despegaba desde un portaaviones de propulsión nuclear. Durante una misión de combate, un piloto de mayor rango y que ella admiraba, el teniente comandante Robert E. "Trey" Clukey III —egresado de la escuela Top Gun—, falleció cuando su F/A-18C se estrelló en una sesión de entrenamiento nocturno en el mar. "Jamás encontramos a Trey, ni a su avión", contó Lea. "Era un ser y un aviador estupendo". Las operaciones en el portaaviones se suspendieron y se llevó a cabo un homenaje formal en el mar con todos los honores militares para el teniente comandante Clukey. "Fue un recordatorio trágico que todo lo que hacemos como pilotos de portaaviones, desde los lanzamientos con catapultas hasta los entrenamientos, las misiones de combate en Afganistán o los aterrizajes en el portaaviones, son absolutamente peligrosos", dijo Lea. Una vez que se le rindieron los homenajes merecidos a Clukey, los aviadores regresaron a sus tareas habituales y claramente riesgosas, despegando día y noche de barcos en constante movimiento.

Lea hallaba el coraje y la resiliencia para enfrentar situaciones potencialmente mortales todos los días cuando despegaba. El compromiso y la concentración la ayudaban a atravesar esos momentos de tanto nerviosismo. Después de asistir al informe previo al vuelo, se ponía el equipo, revisaba el avión, subía a la cabina y preparaba los sistemas. Sabía que una vez que se acomodaba en la catapulta y hacía la señal con los pulgares hacia arriba, sus únicas preocupaciones eran ella y su trabajo. "Siempre se necesita tener coraje. Ahí es cuando me doy cuenta de quién soy como persona. Necesito pensar en eso cada vez que estoy ante un desafío. En esos momentos, pienso en que no soy mejor que la última vez y que no debo dar nada por sentado". Su habilidad para reunir coraje le permitió desarrollar una carrera notable, que incluyó una misión en tierra con el equipo SEAL en Afganistán. Cuando tiene dudas, Lea recuerda el poema "Invictus" de William Ernest Henley: "Soy el amo de mi destino, soy el capitán de mi alma".

En nuestra experiencia, superar el temor y hallar la resiliencia y el coraje en nuestro interior redundan en el compromiso de ser emocionalmente valientes. La valentía emocional es la voluntad de sentir las emociones y, al mismo tiempo, de actuar. Podemos desarrollar la capacidad de actuar decididamente, con sensatez y de manera estratégica, sin dejar de sentir miedo.

No basta con simplemente "superar" el temor. Eso no es realista. Debemos aprender a trabajar con él. Si aplicamos el proceso para trabajar con las emociones del capítulo 3, "Trabaja con tus emociones", lograremos identificar algunas de las razones que originan ese miedo y hacer algo al respecto. Cuando practicamos cómo detectar en qué parte de nuestros cuerpos surge el temor, aprendemos a experimentarlo sin que se apodere de nosotros. ¿Te acuerdas de que, en el capítulo anterior, hablamos sobre cómo ver el estrés como algo beneficioso? Con el miedo, podemos hacer lo mismo; cualquiera sea la sensación física que experimentemos cuando estamos nerviosos, inseguros o temerosos, podemos reinterpretarla de manera tal que resulte ventajosa para nosotros. Más allá de eso, aún debemos aprender a actuar cuando sentimos miedo. Tenemos que concentrarnos en el proceso de llegar adonde queremos ir, no en los obstáculos que podamos encontrar en el camino.

En la época en que Bina Venkataraman se describía a sí misma como una "humilde periodista principiante"[1] del *Boston Globe*, muchas veces se sentía intimidada por las personas que la rodeaban. Creía más en lo que los demás decían y pensaban que en ella misma. Esto incluía a los lectores del periódico y a los criticones que no estaban de acuerdo con lo que publicaba.

Durante una investigación, Bina tomó conocimiento de un parque eólico marino. La información le pareció apasionante; hacía foco en un senador influyente por Massachusetts, el fallecido Ted Kennedy. Bina escribió un artículo sobre los esfuerzos políticos de Kennedy por detener la construcción de ese parque. El artículo salió publicado durante un fin de semana y, a pesar de ser sábado, Kennedy llamó a cada uno de los editores del periódico para quejarse. A su vez, estos editores llamaron a Bina, quien respondió a todos por igual: que contaba con hechos y declaraciones que respaldaban lo que había escrito.

Bina tuvo miedo. Habría sido más fácil retractarse frente a las acusaciones de uno de los políticos más influyentes de Estados Unidos, pero eligió ser valiente y mantener su postura. "Ese momento tan poco importante y atractivo de mi carrera —responder a las consultas que los editores me hacían sobre Ted Kennedy— resultó ser un punto de inflexión, en el que decidí ponerme de mi lado. No soy naturalmente valiente, pero descubrí que puedo serlo cuando sé que estoy luchando por algo bueno", dijo.

Su coraje le dio resultado. Tiempo después, Bina fue nombrada directora de iniciativas de política global en el instituto Broad del MIT y de Harvard, y trabajó allí de 2010 a 2019. Fue asesora principal de

Eric Lander mientras él codirigió el consejo de asesores en ciencia y tecnología de la presidencia de Estados Unidos. Luego pasó a trabajar en la Casa Blanca como consejera principal en innovación para el cambio climático.

En el caso de Bina, su fuerte intención de lograr un propósito y el compromiso con lo que ella consideraba correcto —con sus valores— evitaron que diera marcha atrás frente a las presiones.

Piensa en un desafío que hayas enfrentado (o que estés enfrentando) y que haya exigido un grado alto de fortaleza. ¿Cómo manejaste esa situación? ¿Desearías haberlo hecho mejor?

Según nuestras investigaciones en Dale Carnegie, las personas más resilientes suelen mantener una actitud positiva, confían en sus capacidades, se amoldan a los desafíos, se recuperan rápidamente de las crisis y aprenden, de las malas experiencias, lecciones que pueden aprovechar en el futuro. Las personas con un grado alto de fortaleza y resiliencia se hacen preguntas como "¿qué puedo aprender de esto?, ¿cómo es que atravesar esta situación puede ayudarme a crecer?, ¿qué puedo hacer ahora mismo para avanzar?, ¿qué ocurrirá si me concentro demasiado tiempo en lo negativa que es la situación?".

También notamos que la percepción jugaba un papel importante en lo que respecta a la resiliencia: las personas más resilientes percibían que un hecho determinado era menos estresante que lo que sentían las personas menos resilientes. Solo el dieciséis por ciento de las personas más resilientes confesaron que el hecho les había provocado un nivel alto de estrés, mientras que en el grupo menos resiliente el porcentaje ascendió al treinta y uno por ciento. Esto muestra que la resiliencia está tan relacionada a la manera en que percibimos la adversidad como a la manera en la que reaccionamos a ella. Como nuestro deseo es pertenecer al grupo de los resilientes, empecemos por preguntarnos cómo percibimos las situaciones[2].

Tras haber investigado sobre resiliencia en la Universidad de Pennsylvania, Lucy Hone regresó a su casa en Christchurch, Nueva Zelanda, donde comenzó a trabajar en su tesis doctoral. Y fue en esa época que unos terremotos destruyeron la zona. Lucy decidió colaborar para ayudar a su comunidad a transitar el período posterior al terremoto. Pensó que iba a ser la única oportunidad de poner a prueba su investigación. Lamentablemente, se equivocó.

Tres años después, Lucy y su familia estaban en el lago Ohau en el sur de Nueva Zelanda, cuando su hija, Abi, salió a dar un paseo en auto con la mejor amiga de Lucy, Sally, y la hija de Sally, Ella. En el camino, chocaron contra un auto que las embistió al acelerar en un semáforo y todas murieron al instante.

Lucy estaba ahora del otro lado de la ecuación: era ella quien recibía los consejos para ser resiliente. Y no le gustaba lo que escuchaba. Lucy se daba cuenta de que todas las sugerencias la hacían sentir como una víctima, incapaz de sobrevivir al giro drástico que había dado su vida. Se sentía "impotente" e incapaz de "ejercer ningún tipo de influencia" sobre la experiencia[3].

Lucy creía que lo que necesitaba era esperanza y tener control de su proceso de duelo. Les dio la espalda a los consejos y se concentró en tres estrategias que había recabado en su investigación de personas que habían logrado salir adelante.

La primera estrategia era aceptar que el sufrimiento es parte de la vida. La mentalidad de las personas resilientes reserva un espacio para la posibilidad de que existan tiempos difíciles. "Nunca me descubrí pensando '¿Por qué a mí?'; de hecho, recuerdo haber pensado '¿Por qué no a mí? A todos nos ocurren cosas terribles. Así es tu vida ahora; es tiempo de nadar o ahogarse'". Lucy tiene razón. Las cosas terribles también ocurren y son, por desgracia, parte de la vida. Aceptemos que vamos a cruzarnos con momentos duros a lo largo de nuestra vida. Esto es algo que olvidamos, en especial cuando vemos las situaciones felices y perfectamente planificadas que otros comparten en las redes sociales.

La segunda estrategia estaba basada en el hecho de que las personas emocionalmente fuertes son muy buenas para elegir hacia dónde dirigir la atención. Concentran sus pensamientos y su atención en aquello que pueden cambiar, y aceptan lo que no pueden cambiar. Cuando las emociones amenazaron con apropiarse de ella, Lucy pensó en sus razones para vivir, comenzando por sus dos hijos varones, quienes se merecían padres totalmente presentes. También pensó en el apoyo social y en el amor que habían recibido y los había ayudado a salir adelante. "La ciencia demostró que ser capaz de modificar el foco de atención con el fin de incluir lo positivo es una estrategia muy poderosa", dijo Lucy.

La tercera estrategia era preguntarse todo el tiempo, al igual que las personas emocionalmente fuertes, si lo que estaba haciendo la ayudaba o la lastimaba. Este fue el latiguillo de Lucy después de la tragedia. Lo aplicó para decidir si ir o no al juicio del conductor que provocó el accidente o cuando lloraba sin consuelo mirando fotos de su hija. Lucy se entrenó a sí misma para evitar la autocompasión. Se concentró para decidir si sus acciones y pensamientos la ayudaban o la lastimaban, si le generaban experiencias positivas o negativas. Con el tiempo, estos enfoques la ayudaron a transitar su dolor de un modo más sano y a encontrar la esperanza a pesar de la tragedia.

Ryan Chen, un emprendedor parapléjico, es una de las personas con más coraje y resiliencia que Michael y yo hayamos tenido el placer de conocer. Superó adversidades inimaginables y, aun así, mantiene una actitud positiva ante la vida. En su niñez y adolescencia, Ryan fue un chico feliz y afortunado: vital, atlético y siempre dispuesto a las aventuras. A los diecinueve años, practicando *snowboard* en la ladera de una montaña, no dudó en saltar. Voló alto por el aire, se excedió en el giro y cayó sobre su espalda.

Tirado sobre la nieve, Ryan se dio cuenta de que algo andaba mal; no sentía las piernas ni podía ponerse de pie. A pesar de la tormenta de nieve incesante, la patrulla de rescate logró trasladar a Ryan a un hospital. Cuando despertó después de una operación de ocho horas, los médicos le informaron que tenía una lesión grave en la médula espinal y que no volvería a caminar. Ryan permaneció en su cama de hospital, azorado e incrédulo. Tenía que haber un error. Dijeran lo que dijesen, estaba decidido a salir caminando del hospital y demostrarles a todos que estaban equivocados.

Durante los seis meses siguientes, Ryan se sometió a una rehabilitación intensa. Nuevamente, aprendió a sentarse, a mantener el equilibrio, a desplazarse en una silla de ruedas. Después de varias operaciones fallidas, el panorama comenzó a tornarse sombrío. "Fue como si se hubiera borrado todo lo que creía saber de mí y de mi identidad". Únicamente pensaba en las cosas que ya no podría hacer. Antes del accidente, Ryan había sido muy activo: practicaba y competía en el arte marcial kendo, era el capitán del equipo de esquí de fondo de su escuela y también esquiaba solo. ¿Cómo sería su vida si no podía caminar?

Cuando finalmente abandonó el hospital, Ryan volvió a estudiar y a aprender a manejar, y consiguió un empleo. Pero solamente pensaba en lo que había perdido. Tomaba todos los calmantes imaginables, lo que hizo que, durante dos años, le costara pensar con claridad y se volcara a los opiáceos. Tardó muchos años en dejar la medicación, pero, cuando lo logró, su mente se disipó y volvió a ser quien era. Empezó a registrar a los familiares y a los amigos que habían estado a su lado. Entendió que tenía suerte de estar vivo. De haber pasado por lo mismo, no muchos habrían tenido una segunda oportunidad. Se dedicó más al estudio y alcanzó el mismo potencial que tenía antes del accidente. "Pensé que si me había tocado vivir, no podía hacerlo a medias; tenía que dar lo mejor".

Un día, un buen amigo de la escuela secundaria, Marcus, lo invitó a que lo acompañara en un viaje. Marcus cubría las giras de bandas increíbles, como Coldplay y Mumford and Sons, mientras filmaba un documental. Al principio, Ryan no supo qué hacer. No había vuelto a viajar desde el accidente, pero la idea era tentadora. Marcus finalmente lo convenció, y ese viaje cambió la perspectiva de Ryan: pasó de imaginar un mundo con posibilidades limitadas a un mundo con oportunidades infinitas.

Ryan cambió su perspectiva y apuntó hacia el futuro; a partir de ese momento, descubrió todo lo que *podía* hacer. Antes de la lesión, Ryan había querido correr un maratón. Ahora le parecía imposible. Luego se enteró de las competencias en sillas de ruedas y del ciclismo de mano.

A las tres semanas de estar trabajando con un entrenador, se sintió listo para probar. "Era una locura, ¡pero logré terminar el maratón! Tardé cuatro horas: estaba exhausto, pero también entusiasmado", confesó.

Con cada nueva oportunidad, se sentía más fuerte y más capaz. Cada riesgo que decidía correr y vencía aumentaba la percepción de su propia eficacia. Poco tiempo después, pensó en trasladar este impulso al trabajo. Su experiencia con las drogas recetadas había sido negativa; por eso, la intención de Ryan era buscar una opción natural, segura y respaldada por la ciencia que incrementara la energía sin afectar la lucidez mental. Con Kent, un amigo de la universidad, Ryan fundó Neuro, una empresa que elabora goma de mascar y caramelos de menta con complementos para la memoria y vitaminas que estimulan la actividad cerebral.

Ryan no se arrepiente de haber dado aquel salto en la montaña; aprendió muchísimo en el proceso de reformular y reconstruir su vida y su manera de ver el mundo. "Cuando te sientas acorralado y sin oportunidades, tómate un momento para mirar a tu alrededor; seguro que otras puertas se abrirán. La clave es nunca bajar los brazos".

Cuando Ryan puso el foco en las partes de su vida que sí podía controlar, su actitud cambió para mejor. A veces entrena con la selección estadounidense de atletas paralímpicos, aprendió a bucear y está tramitando su licencia para volar aviones. Ryan no se limitó a vencer obstáculos; sus limitaciones lo ayudaron a ver el mundo de otra manera e hicieron surgir en él una fuerza que desconocía que tenía.

¡TOMA EL CONTROL!

Desarrollar resiliencia y coraje es la culminación de todo el trabajo hecho hasta ahora. Ser fuertes es el resultado directo de haber elegido los pensamientos correctos, trabajado con nuestras emociones, ganado confianza, aceptado el cambio, dejado atrás los arrepentimientos y controlado el estrés. A pesar de que creamos que los sucesos de la vida están fuera de nuestro control, siempre podemos decidir cómo reaccionar. Con fortaleza, coraje y resiliencia.

PRINCIPIO

Aprovecha las adversidades para desarrollar tu fortaleza interior.

PASOS PARA LA ACCIÓN

- Desarrolla resiliencia y coraje.
  - **TRABAJA CON TUS EMOCIONES Y ELIGE PENSAMIENTOS POSITIVOS.**
    - Aplica los conceptos de los capítulos 1, 2 y 3 para apaciguar tu manera de pensar y de sentir acerca de la situación.
  - **MIRA ATRÁS PARA MIRAR HACIA ADELANTE.**
    - Piensa en una dificultad que hayas tenido. ¿Cuál era la situación?
    - ¿Qué hiciste que reflejara coraje, resiliencia o fortaleza?
    - ¿Cuál era tu manera de pensar en ese momento? ¿Cuáles eran tus pensamientos y emociones?

- ¿Qué puedes tomar de la situación en el pasado para aplicar en el presente?
- **REFUERZA LA FE EN TI.**
  - ¿Qué medida puedes tomar ahora mismo para desarrollar fortaleza emocional? Lo que sea hazlo ya.
  - Considera la posibilidad de usar una afirmación como recordatorio de que eres fuerte y capaz.

- Cuando necesites desarrollar tu resiliencia, recuerda que las personas más resilientes toman medidas específicas que las ayudan a superar las dificultades.
  - **ACEPTA QUE EL SUFRIMIENTO ES PARTE DE LA VIDA.** Algo así como "cooperar con lo inevitable"; ¿cómo acostumbrarnos a la idea de que la vida va a lanzarnos pelotazos de cuando en cuando?
  - **ELIGE EN DÓNDE CONCENTRAR TU ATENCIÓN.** Quizás no podamos controlar lo que nos sucede, pero sí dónde concentrar la atención. Decide en qué te concentrarás: en tus objetivos y en las medidas que puedes tomar.
  - **PREGÚNTATE SI LO QUE ESTÁS HACIENDO TE AYUDA O TE LASTIMA.** Quedarse estancado en nuestros miedos o nuestras emociones no ayuda. ¿Qué herramientas puedes aplicar para dejar atrás decisiones perjudiciales que quizás tomaste en épocas adversas?

PARTE II

Toma el control de tus relaciones

Ya sea que te consideres una persona introvertida, extrovertida o algo entre medio, relacionarte con otros con autenticidad y respeto es una de las condiciones más valiosas que puedes tener. Cuando con Michael reflexionamos sobre nuestra vida, nos damos cuenta de que las mejores partes son las que están vinculadas con las relaciones.

La forma en la que interactuamos con los demás varía con las culturas; pero todas coinciden en que establecer relaciones es un elemento crucial. La naturaleza de las relaciones más íntimas se modifica con el tiempo. Podemos entablar amistades de conveniencia —con personas que conocemos en la escuela o en alguna actividad—; quizás esas conexiones se diluyan y aparten a medida que crecemos. Podemos conocer a personas en el trabajo. Podemos tener la suerte de establecer relaciones valiosas y resistentes a la prueba del tiempo. En el transcurso de la vida, nuestras relaciones evolucionarán y mutarán, pero siempre exigirán esfuerzo y atención.

En esta sección, hablaremos de la importancia de conectarnos con los demás y de las implicancias de construir relaciones fuertes. Analizaremos cómo desarrollar la confianza, la piedra basal de cualquier relación (con un amigo o con un compañero de trabajo). También desarmaremos la palabra tan temida: "crítica". Tanto cuando criticamos como cuando nos critican, la situación nunca es divertida. Estudiaremos diferentes casos para distinguir entre crítica y opinión. En toda relación hay desacuerdos. No podemos controlar a los demás, pero sí a nosotros mismos; veremos cómo salir airosos de conversaciones difíciles, incluso con interlocutores problemáticos. Por último, hablaremos sobre cómo ver desde la perspectiva del otro y daremos consejos prácticos para desarrollar la empatía.

Una vez que logremos ponernos al mando de nuestra vida interior, debemos hacer lo mismo con nuestras relaciones. Si no nos comprendemos a nosotros, no podremos conectarnos ni preocuparnos genuinamente por los demás. Solo tendremos una vida significativa si construimos relaciones fuertes y mutuamente beneficiosas.

9

Conéctate

Si quiere caerles bien a otros, entablar amistades de verdad y ayudar a la gente a la vez que se ayuda a usted mismo, tenga siempre presente este principio: interésese sinceramente en los demás.

—Dale Carnegie

Una de las razones por las que Dale escribió *Cómo ganar amigos e influir sobre las personas* fue su preocupación por la cantidad de personas que le contaban su dificultad para entablar relaciones sólidas. Al no poder hacerlo, les costaba progresar en sus carreras o mantener conversaciones honestas con su familia. Dale notaba que los que sí interactuaban y se comunicaban con otros tenían vidas más plenas, ricas y felices. *Cómo ganar amigos e influir sobre las personas* nació de un conjunto de principios que no ocupaban más espacio que el de una postal; luego, se convirtió en un folleto; luego, en un boletín; y, finalmente, en un libro, que continúa siendo un éxito de ventas, incluso ochenta y cinco años después. Eso demuestra que las personas todavía quieren aprender a relacionarse con los demás. Quieren "ganar amigos" e "influir sobre las personas". Relacionarse con otros no es menos importante (ni difícil) ahora que lo que lo era cuando Dale señaló, por primera vez, el valor de establecer conexiones voluntarias y profundas con nuestros amigos, familiares y colegas.

En su libro, Dale escribió que "relacionarse con las personas es, quizás, el mayor problema que uno debe enfrentar, en especial en el trabajo". Citó un estudio relevante que afirmaba que "incluso en las áreas técnicas, como la ingeniería, el quince por ciento de cualquier éxito financiero se debe a los conocimientos técnicos y el ochenta y cinco por ciento restante, a la capacidad de entender los mecanismos humanos: la personalidad y la habilidad para liderar". Dale entendía que las cualidades técnicas eran importantes, pero "aquel que tenga el conocimiento técnico y, *además*, sea capaz de expresar sus ideas, asumir el liderazgo y entusiasmar al resto, esa persona está destinada a obtener las mayores ganancias"[1]. Eso es tan cierto en la actualidad como lo era en 1936. Casi un siglo ha transcurrido desde ese estudio; a pesar de eso, llevarse bien con los demás sigue siendo un elemento crucial. Si queremos triunfar, debemos aprender a trabajar con otros en armonía.

Si observas a dos niños de dos años mientras juegan, te darás cuenta de que la habilidad para relacionarse no se hereda, se aprende. Los adultos damos esa destreza por sentado; creemos que la dominamos por completo. Pero, a decir verdad, el mundo evoluciona muy rápido y es necesario que adaptemos también la forma en la que nos conectamos con otras personas.

¿Alguna vez te preguntaste qué quiere decir "relacionarte con otro"? En palabras sencillas, es la manera en que dos personas se conectan en lo emocional, en lo mental y, a veces, dentro de una familia. Esas relaciones son necesarias; sin embargo, son muchos los que creen que pueden arreglárselas solos, que no necesitan a nadie y que están mejor "si hacen las cosas por su cuenta". Estas afirmaciones no podrían estar más alejadas de la realidad.

Robert Waldinger lidera el estudio sobre la felicidad más duradero que se haya conocido. El equipo de Harvard que lo está llevando a cabo en la actualidad está conformado por la cuarta generación de científicos que investigan qué es lo que hace que una vida sea feliz. Hasta ahora, se hicieron tres descubrimientos importantes.

En primer lugar, las relaciones sociales nos hacen bien; dicho de otro modo, la soledad mata. El estudio demuestra que los participantes con mayor relación con sus familiares, amigos y con su comunidad son más dichosos, más sanos y viven más. Lo segundo es que lo que importa no es el número de amigos, sino la calidad de esas relaciones más cercanas. Vivir rodeado de relaciones afectuosas es beneficioso para nuestra salud, mientras que vivir en conflicto constante tiene el efecto opuesto. Lo tercero es que las relaciones positivas protegen nuestra salud física y también mental. De acuerdo con el estudio, la memoria de las personas que establecen relaciones de confianza es más aguda[2]. Como Waldinger se pregunta en su charla TED, si esta sabiduría es "más vieja que el tiempo", ¿por qué es tan difícil de entender?

> Lo que todos buscamos son soluciones rápidas que mejoren nuestra vida para siempre. Las relaciones con otras personas son engorrosas, complicadas, y el esfuerzo que implica dedicarse a la familia y a los amigos no resulta sensual ni glamoroso. Además, es para siempre. Nunca llega a su fin. Cuando comenzaron siendo adultos jóvenes, muchos de los participantes del estudio estaban convencidos de que debían ir detrás de la fama, la riqueza y los logros si querían tener una buena vida. Pero una y otra vez, a lo largo de estos setenta y cinco años, hemos comprobado que a los que mejor les fue es a aquellos que se comprometieron a establecer relaciones con sus familiares, amigos, y con su comunidad[3].

Al repasar mi vida, descubro que un denominador común de los momentos más significativos y determinantes son las relaciones. Las personas que me rodean me brindan dicha y satisfacción, y me ayudan a aprender y a crecer. Espero causar ese mismo impacto en ellas. Las relaciones no son simplemente "algo lindo para tener"; las relaciones sólidas hacen que nuestra vida sea más sana y duradera. La revisión de ciento cuarenta y ocho estudios concluyó que los que construimos vínculos sociales sólidos tenemos cincuenta por ciento menos de posibilidades de morir prematuramente[4]. Los amigos que demuestran preocupación por nosotros también mitigan los efectos del estrés[5]. Por otro lado, los investigadores descubrieron que sentirse aislado y no estar socialmente contenido afecta la salud: aumenta las chances de depresión, disminuye la respuesta del sistema inmunológico y eleva los niveles de la presión arterial[6]. Las relaciones con los demás son necesarias para nuestra salud física, emocional y mental.

Hace más de veinte años que conozco a Michael, y hemos desarrollado una amistad sin fisuras, aunque, al principio, se trató de una relación estrictamente laboral. Después de completar el curso Dale Carnegie en 1995, entendí que, a pesar de que me habían causado una gran impresión, no estaba aplicando sus principios tanto como me hubiera gustado. Entonces, elaboré un plan y lo incorporé a mi rutina cotidiana. Todos los días elegía un principio para poner en práctica, una medida para tomar y una frase inspiradora para reflexionar. Por último, armé un esquema diario con este contenido para todo un año.

Después de respetar esta planificación durante algunos años, un amigo me sugirió que la compartiera con el área de capacitación de Dale Carnegie.

—Quizás les resulte útil a otros egresados.

—¿Te parece? —respondí—. Seguramente, sobran las ideas en esas empresas importantes. ¿Por qué me escucharían a mí?

—Nunca se sabe. No tienes nada que perder. —Mi amigo tenía razón. Le escribí una carta con un resumen de la idea a Oliver Crom, el director ejecutivo del área de capacitación de Dale Carnegie, y la envié por FedEx para que la recibiera al otro día. Esperé un día más y luego lo llamé.

—Hola. Área de capacitación de Dale Carnegie —anunció una voz agradable.

—Quisiera hablar con Oliver Crom —respondí, nervioso.

—Un momento, por favor —dijo la recepcionista.

Para mi sorpresa, lo siguiente que escuché fue:

—Hola, soy Ollie Crom. —Guau. El director ejecutivo del área de capacitación de Dale Carnegie había atendido mi llamada. No lo podía creer.

Ollie dijo que había leído la carta y que le encantaba la idea.

—Me gustaría hacer una prueba piloto —continuó—. Y tengo a alguien que lo puede ayudar en eso. Mi hijo, Michael, es uno de nuestros principales ejecutivos. Déjeme hablar con él, y luego empezarán a trabajar juntos. —Ese fue el comienzo de mi relación con Michael.

En un principio, Michael me pareció un buen profesional, aunque un poco callado y formal. Trabajamos juntos para armar el piloto y ponerlo a prueba con dos franquicias. Pero, como me interesaba conocer mejor a Michael, empecé a hacerle preguntas.

—Cuéntame de ti. ¿Qué te gusta hacer cuando no estás trabajando?

—En mi vida fuera del trabajo, lo más importante son la fe, la familia y los amigos. Participo activamente en la iglesia y en la comunidad.

—Qué bueno. Cuéntame más —le dije.

Michael me habló de su fe y de que lo primero que hacía todos los días era estudiar pasajes de la Biblia en línea; me habló de su esposa, Nancy, y de sus dos criaturas, Nicole y Alex; me habló de cómo había comenzado a trabajar para Dale Carnegie y de lo entusiasmado que estaba por la influencia que la empresa tenía en las personas y en las organizaciones. Mientras lo escuchaba, entendí que teníamos mucho en común. Para mí, la fe también era importante, mi esposa estaba embarazada de nuestro primer hijo y el curso Dale Carnegie me había cambiado la vida. Conocer a Michael como persona hizo que nuestro trabajo juntos fuera aún más agradable.

El piloto fue un éxito, pero, en ese momento, Dale Carnegie no avanzó con el proyecto. Recién dos años después, cuando yo ya había fundado mi propia compañía, comenzamos a implementarlo en forma global. Michael había sido ascendido, y era otra persona la que estaba a cargo de la iniciativa; sin embargo, Michael y yo nos mantuvimos en contacto; nos reuníamos cada vez que yo viajaba a New York o en las convenciones anuales de Dale Carnegie. También nos llamábamos por teléfono cada tanto. En cada llamada, yo aprendía algo nuevo sobre Michael: quién era y cuáles eran sus prioridades. Lo que había comenzado como una relación laboral se estaba transformando en una amistad.

Años después, cuando me propusieron que me presentara al proceso de selección para el puesto de director ejecutivo de Dale Carnegie, llamé a Michael para consultar su opinión.

—Si no crees que sea buena idea, no me presento. ¿Qué piensas?

—Es una idea magnífica —respondió. Me guio durante el reclutamiento, y yo confié en sus consejos.

A través de mi amistad con Michael, aprendí que construir una relación sólida exige que le dediquemos tiempo. No sucede de la noche a la mañana; debemos invertir tiempo y energía si queremos que la relación prospere. Michael y yo sentimos genuinamente el deseo de conocernos y cultivamos el respeto y la confianza mediante valores e intereses compartidos.

En cambio, muchas personas con las que trabajé se relacionan de manera mecánica: quieren hacer negocios contigo, pero es obvio que tú no les interesas tanto. Para establecer una conexión verdadera, debes sentir curiosidad por el otro. Pregúntate qué puedes aprender de esa persona, cuáles son sus intereses y qué puedes ofrecerles.

Cuando nos interesamos de veras por los que nos rodean, podemos disfrutar de nuestras interacciones y no solo tolerarlas. Dejemos algo en claro: no estamos proponiendo que intentes ser amigo de cada persona con la que te cruzas. No es necesario que entables una relación con todos; es más, es muy probable que no quieras hacerlo. No todos compartirán tus objetivos ni tus valores. No todos merecen tu tiempo. Está bien que elijas con cuidado de quiénes quieres rodearte. Pero una vez que hayas elegido, preocúpate para que esa relación sea una prioridad en tu vida.

Al igual que el pez que no logra ver el agua en la que se desplaza, nosotros no advertimos la importancia de nuestras relaciones hasta que surge un problema, como cuando perdemos irremediablemente la confianza en el otro o la muerte o la enfermedad amenazan con separarnos de un ser querido.

Andy Zinsmeister siempre había creído que, de grande, trabajaría con sus padres, pero esa ilusión se vio en peligro cuando a su papá, Bob, le diagnosticaron cáncer. En ese momento, Bob era vicepresidente de una empresa, y Andy trabajaba para él. Andy quería contarles la situación a los empleados para asegurarse de que todos entendieran el panorama, pero su padre pensaba distinto. No quería dar lástima ni que le tuvieran compasión. Quería seguir adelante con su trabajo, evitar las distracciones y no obstruir el funcionamiento normal del equipo.

En ese entonces, Andy tenía veintidós años y no sabía si podía procesar la enfermedad de su padre. Siempre había sido Bob el que lo había rescatado en situaciones complejas, y ahora Andy quería hacer lo mismo por él. Hasta ese momento, habían mantenido una relación padre-hijo tradicional, en la que la responsabilidad principal de sostenerla recaía en el padre. Pero ante la posibilidad de perderlo, Andy se dio cuenta de lo importante que era su padre para él y quiso asumir mayores responsabilidades en esa relación.

Todos los días, Andy se preocupaba por conectarse con su padre mediante actitudes sencillas: le preguntaba cómo estaba o le pedía que le contara alguna anécdota nueva. A veces, le hacía preguntas sobre su crianza. Sabía que el tiempo que podían compartir quizás era limitado y quería conocer de veras a su padre antes de que fuera demasiado tarde. "Me puse como objetivo fortalecer mi relación con él. Algunos días, estaba mejor que otros; algunos días, necesitaba hablar; algunos días, solo necesitaba que yo asintiera con la cabeza y saber que yo estaba ahí por si él me necesitaba".

Finalmente, Bob se curó y, ahora, él y su hijo tienen una relación más sólida gracias a lo que ocurrió. Andy se propuso cultivar la conexión con su padre porque entendió lo importante que era brindarle el mismo amor y cuidado que su padre le había ofrecido. "Estoy persuadido del poder de tomar el control, ya se trate de debates internos, de relaciones o de cambios imprescindibles. Todo comienza con un primer paso: el coraje", dijo Andy.

Cinco maneras de construir una relación fantástica

Cuando de práctica se trata, establecer una relación es uno de esos objetivos difusos que no siempre sabemos cómo alcanzar. Michael y yo pensamos cuáles eran los factores que habían estado presentes en nuestras relaciones más significativas y los agrupamos en cinco consejos. Comprometerse con al menos uno de estos enfoques (o más) te ayudará a conocer de verdad a los demás y a demostrarles que te importan.

- **SÉ CÁLIDO.** La calidez es una cualidad subestimada. Vanessa Van Edwards, investigadora principal de su propio laboratorio de investigaciones en comportamiento humano, Science of People, y autora de dos libros sobre comportamiento humano, explica que las personas más carismáticas reúnen una combinación de calidez y talento[7]. No basta con ser creíble para construir una relación: hay que demostrar que uno es confiable y emocionalmente seguro.

  ¿Qué significa "ser cálido"? En términos generales, ser abierto y amable. Ese es el primer paso, el más obvio, pero siempre vale la pena aclararlo. Demostramos que somos abiertos con el lenguaje corporal, las expresiones del rostro y el tono de voz. Piensa de qué manera interactúas con una persona cuando recién la conoces. ¿Sonríes? ¿Das señales de que estás escuchando? Es decir, ¿asientes con la cabeza, por ejemplo? ¿Alzas las cejas o imitas los gestos de la otra persona? Las investigaciones demuestran que el cincuenta y cinco por ciento de una comunicación es no verbal; por lo tanto, la forma en la que actuemos en una situación es más importante que las cosas que podamos decir[8].

- **ESCUCHA.** Escuchar a alguien no es solamente quedarse en silencio mientras el otro habla. Para hacerlo bien, debemos abrir la mente para oír, sin pensar en lo que vamos a responder. Hacer preguntas para reforzar la comprensión es una manera de demostrar que estamos prestando atención. Ser paciente con el otro mientras habla

también es importante. La mitad de la tarea de relacionarse con el otro es aprender a escuchar para entender más allá de las palabras y para poder ofrecer el apoyo que esa persona necesita y que quizás no se atreve a pedir.
Como Dale escribió, la escucha concentrada y absorta es el mayor cumplido que le podemos hacer a alguien.

- **ENCUENTRA PUNTOS EN COMÚN.** Las personas entablan relaciones con los demás por sus valores, trabajos, pasatiempos e intereses en común. Cuando comenzamos a conocer a alguien, es en esos puntos en común donde nos conectamos. Pero la búsqueda de puntos en común no se reserva únicamente a las relaciones recientes. Podemos aplicar esta técnica a relaciones que se debilitan, y que necesitamos reconectar y revivir. O con relaciones que atraviesan un momento incómodo. En esas situaciones, debemos preguntarnos qué tenemos aún en común con esa persona y en qué pensamos igual.

- **DEMUESTRA UNA PREOCUPACIÓN GENUINA.** Demostrar preocupación genuina implica no conformarnos con el "Bien" del saludo general "¿Cómo estás?". Cuando realmente nos preocupamos por alguien, dejamos en claro que la otra persona puede abrir su corazón y hablar abiertamente de lo que le esté ocurriendo en la vida; que haremos el espacio para los temas duros, densos, y también para lo que haya que celebrar. Demostrar preocupación genuina es formular preguntas que apunten a lo profundo y reservar tiempo para estar con esa persona.

- **BRINDA ELOGIOS GENUINOS Y SINCEROS.** Dale dijo que "el ansia más persistente y acuciante de los humanos" es "el deseo de sentirse importantes" y que esa "es una de las principales diferencias que distinguen a los seres humanos de los animales"[9]. Las personas anhelan que las elogien. Necesitan saber que son importantes. Cuando te tomas el tiempo para decirles a aquellos por los que te preocupas —ya sea que los conozcas hace unos pocos días o de toda la vida— que ellos marcan una diferencia en tu vida, estás reafirmando su valor como personas.

Una de las mejores amigas de Michael, Yesenia Aguirre, fue maestra durante diecisiete años y, ahora, en su tiempo libre, realiza viajes para la empresa Uber. Pero Yesenia no es una simple chofer. Es un bello ejemplo de alguien que aplica los cinco consejos para entablar una relación con alguien. Su objetivo es levantar el ánimo de sus pasajeros. "Tengo una clientela cautiva. No van a ninguna parte si no los llevo yo. ¿Qué puedo hacer para que se sientan contentos al bajar de mi auto? ¿Qué puedo hacer para darles esperanza?".

Primero, los saluda con calidez, llamándolos por su nombre. Se da cuenta de que muchos se sorprenden al oír su nombre y por la amabilidad con la que les habla. Luego los elogia por algo. "A las personas les encanta que las elogien; eso da pie rápidamente a las conversaciones".

A veces, cuando se enteran de que fue maestra, los pasajeros le preguntan por qué se dedica a ser chofer en el turno de la noche. Entonces, ella aprovecha a contarles su historia: abandonó la docencia por los problemas de salud de su madre; quería ser ella quien la atendiera durante todo el día. "Eso rompe más el hielo porque entienden que esa persona estuvo dispuesta a sacrificar su vida, su futuro y sus sueños para ayudar a sus padres. Y eso los predispone a hablar de temas más personales", dice Yesenia.

Una vez, trasladó a un ejecutivo de un fondo de inversión, que le confesó que se sentía muy desgraciado; su trabajo era de lo mejor pero casi no se relacionaba con nadie. Sentía que no tenía mucho para esperar en la vida. Yesenia lo escuchó en silencio cuando le contó que pensaba en saltar de un edificio.

Yesenia cree que, si estamos vivos, tenemos un propósito. Se lo dijo al ejecutivo y le aconsejó que, al día siguiente, fuera a ofrecer su ayuda a la guardia oncológica de un hospital infantil o a un orfanato.

—Necesita pensar en algo distinto —le dijo.

Él la escuchó atentamente y le agradeció.

—¡Siento como si hubiera ido a terapia! Estoy mucho mejor. Gracias.

Hace poco Yesenia fue a buscar a un hombre que, en una semana, iría a la cárcel por diez años. Ella le preguntó qué había ocurrido, y él le comentó que hacía cuatro días lo habían condenado por vender drogas.

Le contó cómo se había involucrado en el comercio de drogas después de caerse de un andamio y lastimarse la espalda. Un amigo le había dado Vicodin para calmar los dolores. Pronto se volvió adicto y, para conseguir más, empezó a venderlo. Una cosa fue llevando a la otra, y esa actividad se convirtió en el centro de su vida. "Yo quería actuar bien, pero tenía que pagar la hipoteca, los gastos del auto. Si hacía lo que correspondía y dejaba de traficar, me iban a atrapar por mis deudas. La presión se volvió insoportable", le confesó a Yesenia. Intentó varias veces alejarse del comercio de las drogas, pero siempre terminaba volviendo.

La mañana en que lo arrestaron, le había pedido a Dios que, si debía alejarse de la venta de drogas, le indicara cómo hacerlo de manera drástica. Aunque de un modo bastante particular, su plegaria fue respondida.

Yesenia le aconsejó que el tiempo que estuviera en la cárcel lo dedicara a pensar qué le gustaría estudiar y a planificar qué quería hacer cuando lo liberaran.

Antes de dejarlo, Yesenia rezó con él. Le dio su número telefónico para que pudiera llamarla en caso de que necesitara algo. "Me aniquilaste", le dijo él. Yesenia se ríe cada vez que escucha esta frase, porque es lo que sus pasajeros comentan cuando se emocionan hasta las lágrimas conversando con ella. Tiempo después, la madre del convicto la llamó para agradecerle lo compasiva que había sido con su hijo.

La manera en que Yesenia se conecta con la compasión hace que sus pasajeros se sientan mejor después de subirse a su auto. Ella convierte una interacción cotidiana en un hecho extraordinario. Quizás parezca que se trata de relaciones ocasionales, pero la forma cariñosa en la que Yesenia se conecta con los demás hizo que muchos de esos pasajeros hoy sean sus amigos.

Las relaciones en la era digital

A pesar de vivir en una época de conexiones digitales que no exigen ningún esfuerzo, cada vez es más difícil iniciar relaciones personales profundas. "Las redes sociales nos hacen creer que lo ideal es tener muchísimos amigos, cuando, en realidad, es una suerte si contamos con uno o dos buenos amigos de verdad"[10], dijo la escritora Brené Brown. Los integrantes de la Generación Z pasan unas nueve horas diarias frente a las pantallas, y los mensajes de texto o las redes sociales son las principales vías de contacto con sus amistades[11]. Jean Twenge, profesora de psicología en la universidad estatal de San Diego, realizó una investigación y descubrió que "a fines de la década de los setenta, el cincuenta y dos por ciento de los alumnos que terminaban la escuela primaria se reunía con sus amigos prácticamente todos los días. En 2017, la cifra había descendido al veintiocho por ciento. Esa caída se hizo más pronunciada a partir de 2010... cuando comenzó a extenderse el uso de los *smartphones*". Los porcentajes de depresión y soledad en adolescentes y adultos jóvenes se dispararon en 2012 y no han dejado de crecer[12]. Si bien la comunicación digital puede resultar una maravilla en los casos que la presencia física es imposible, la investigación de Twenge demuestra que las redes sociales no sustituyen las interacciones cara a cara.

Poco tiempo después de dar a luz a su primera hija, Rae Giordano se sentía exhausta, pero ansiaba conectarse con los demás. "Se me hacía difícil hablar con mis amigas; estaba atrapada en una constante de amamantar, cambiar pañales, ocuparme de mis cosas y dormir cuando podía. Sentía que no tenía tiempo ni energía para una conversación real". Aunque nunca había sido muy fanática de las redes sociales, empezó a dedicarle cada vez más tiempo. El hábito fue apoderándose lentamente de ella hasta ocupar, incluso, esos momentos en medio de la noche en los que amamantaba a su hija. Enterarse de lo que los demás hacían le daba la sensación de estar conectada.

"Funcionó un tiempo, hasta que me di cuenta de que no había conversado con nadie en la vida real, excepto mi pareja, en más de una semana", dijo. Fue en ese momento cuando Rae entendió que la sensación de conexión que le daban las redes sociales era falsa. "No había un ida y vuelta. No hablaba ni me relacionaba directamente con nadie, y nadie sabía en verdad cómo estaba yo, más allá de algún comentario mío en el posteo de otra persona". Para peor, por esa falsa sensación de estar conectada, había descuidado la relación con sus verdaderos amigos. Rae decidió eliminar la aplicación de Facebook de su teléfono y solo ingresaba a la plataforma, por un tiempo determinado, cuando usaba la computadora de escritorio. Luego, armó una lista con las relaciones que quería fortalecer y se propuso que, cada vez que sintiera el impulso de navegar por una red social, en vez de eso, le enviaría un mensaje de texto a alguien en esa lista. Por último, al menos una vez por semana, hacía planes para salir con amigos. En poco tiempo, Rae sintió un cambio en su estado de ánimo y en su forma de relacionarse. Propiciaba y tenía relaciones de verdad con otras personas. "Vale mucho más la pena pasar el tiempo con amigos que en las redes sociales", concluyó.

¡TOMA EL CONTROL!

Relacionarnos con otros hace nuestra vida más plena y significativa, y nos ayuda a lograr objetivos esenciales. Cuando las entablamos por decisión propia, esas relaciones son beneficiosas para quienes nos rodean y nos permiten vivir la vida que soñamos. La clave es tomar medidas conscientes con el fin de nutrir esas relaciones.

PRINCIPIO

Haz de los demás una prioridad.

PASOS PARA LA ACCIÓN

- **HAZ UN INVENTARIO.** Piensa en las cinco personas que más te importan. ¿Tu relación con ellos es tan fuerte como quisieras? ¿Por qué sí? ¿Por qué no?
  - ¿Cómo crees que sería tu vida si esas relaciones no existieran?
- ¿Qué podrías hacer hoy para fortalecer la relación con esas cinco personas que más te importan? No olvides lo siguiente:
  - **ELÓGIALOS.** ¿Qué puedes decir o hacer para demostrarles lo que significan esas personas para ti?
  - **ENCUENTRA PUNTOS EN COMÚN.** Conéctate con ellos mediante intereses compartidos.
  - **SÉ CÁLIDO.**
  - **DEMUESTRA PREOCUPACIÓN GENUINA.** ¿De qué manera puedes de-

mostrarles que te importan? ¿Qué medidas puedes tomar hoy para eso?

- **ESCUCHA.** Piensa cuál fue la última vez que te comunicaste con ellos para saber cómo estaban. Todos atravesamos épocas difíciles: destínales el tiempo que necesiten para que te cuenten cómo les va en la vida.

- ¿Qué medidas puedes tomar a diario que te ayuden a construir relaciones más sólidas? Incorpora esas medidas a tu rutina cotidiana.

10

Crea confianza

Preocúpese más por su personalidad que por su reputación, porque la personalidad es lo que usted es, mientras que la reputación es lo que los demás piensan que usted es.

—Dale Carnegie

Miriam Duarte, una instructora estupenda de Dale Carnegie Alemania, rebosaba de entusiasmo cuando recibió a los participantes en la segunda sesión de la capacitación general de dos días.

—¡Bienvenidos! —los recibió Miriam y, con una amplia sonrisa, continuó—: En instantes, uno por uno se van a poner de pie y, en dos minutos, van a contar qué les sucedió ayer cuando aplicaron uno de los principios de las relaciones humanas que debatimos en clase. ¿Alguien tiene alguna pregunta? —Como nadie respondió, Miriam invitó al primer participante a pasar al frente y compartir su experiencia del día anterior.

Uno por uno, los asistentes pasaron al frente, hablaron y volvieron a sentarse entre aplausos. Al cabo de media hora, todos habían compartido su experiencia, excepto una mujer que estaba sentada en silencio en un rincón, al fondo del salón. Cuando Miriam la invitó a ponerse de pie, la mujer se negó.

—Perdón —se disculpó—, no puedo. Me da terror hablar en público.

"Quiero respetar sus deseos; pero, por otra parte, esta podría ser una oportunidad de crecimiento para ella", pensó Miriam. Notó que la mujer no confiaba en ella misma ni en los demás participantes y se sentía insegura.

—¿Y si hacemos lo siguiente? Usted se queda ahí sentada, y yo le hago preguntas que no tiene por qué responder si no quiere —le propuso Miriam.

—Supongo que no tendré problema con eso —dijo la mujer, dubitativa. Amablemente, Miriam le hizo una serie de preguntas, a las que la mujer respondió con calma. Cuando la "charla-entrevista" terminó, los demás participantes irrumpieron en un aplauso sonoro en señal de apoyo.

La sesión continuó y, al llegar al final, fue el turno de otra participación breve. Los participantes se fueron poniendo de pie y compartieron reflexiones sobre lo que habían aprendido ese día. Al recordar ese momento, Miriam dijo "Tenía curiosidad por ver si la mujer se pondría de pie frente a la clase; y puse especial atención en no hacerla sentir incómoda ni dañar su confianza".

Cuando le tocó hablar a la mujer, Miriam la elogió y reconoció los avances que había visto en ella ese día. Los aplausos volvieron a ser entusiastas, y Miriam se quedó observando su reacción. La mujer miró los rostros que la rodeaban, dudó un momento y, luego, se puso de pie y se dirigió al frente del salón. Comenzó a hablar:

—Esta mañana, estuve a punto de escapar de este lugar; no podía concebir la idea de hablar frente a ustedes, compañeros. Cuando estaba en la secundaria, quedé embarazada. Me hicieron burla y me juzgaron. Eso hizo que ya no quisiera estar con otras personas, y, mucho menos, hablar frente a grupos numerosos. Para ser sincera, en este momento estoy aterrada. Pero también agradecida, porque hoy tuve la oportunidad de ser valiente por primera vez en la vida. —Cuando terminó, los demás participantes le brindaron un aplauso ensordecedor y la ovacionaron de pie.

Miriam sabía que, de haberla forzado, la mujer no habría sido capaz de desarrollar la confianza que le permitió ponerse de pie y hablar por sí misma. Miriam la ayudó a entender que estaba en un ambiente seguro y que todos deseaban que le fuera bien. "Esa fue una experiencia clave, que siempre me recuerda lo importante que es respetar los límites de los demás. Todos tienen razones para actuar del modo en que lo hacen. ¿Quién soy yo para juzgarlos? Mi objetivo es que los demás descubran su potencial, y aprendí que una forma de estimularlos es haciendo que desarrollen su confianza".

Hay decenas de definiciones posibles de la confianza. Para Michael y para mí, es la convicción de que una persona o un elemento no nos van a defraudar. Cuando confiamos en nosotros mismos, en otra persona o en un objeto (un auto, una computadora, un dispositivo), sentimos que su personalidad, capacidad, fortaleza o autenticidad no nos va a fallar. La confianza es la base de toda relación positiva. La capacidad de ganar la confianza de otros juega un papel crucial en los grupos de trabajo y de amigos, en los equipos de cualquier deporte y en todo tipo de relación en el lugar del mundo que sea. Es una capacidad multifacética, intangible y difícil de definir; sin embargo, es esencial para toda relación que deseemos cultivar.

Todas las interacciones que establezcamos con otras personas conllevan cierto nivel de riesgo y de recompensa. La necesidad de confiar es inherente a la raza humana y a su instinto de preservación. El reconocido psicólogo del desarrollo Erik Erikson definió la confianza como "la primera labor del ego" y sostuvo que la capacidad de confiar en quienes nos rodean es fundamental para establecer relaciones y para que el mundo funcione[1]. Desde los inicios de la humanidad debimos aprender a evaluar si alguien quiere protegernos o lastimarnos. Esa es la razón por la que los principios de Dale se basan en desarrollar la confianza y respetar la dignidad del otro.

De todos modos, quiero aclarar algo: es posible tener una relación con alguien en quien no confiamos. La confianza no es un requisito esencial para que una relación suceda, pero sí para que esa relación *prospere*. Tanto Michael como yo hemos trabajado alguna vez con personas en las que no confiábamos. Se trató de necesidades del momento; no siempre se pueden elegir los compañeros de trabajo. Ninguno de los dos puede decir que la situación nos hizo felices; pero eran relaciones pragmáticas con eje en el trabajo. Si lo que buscamos son relaciones estimulantes y mutuamente beneficiosas, la confianza es la base.

No es sencillo confiar en los demás cuando nos han lastimado. Las heridas y los dolores profundos hacen que levantemos murallas a nuestro alrededor y alejemos a las personas. Eso podría parecer una buena solución, pero, si no dejamos que se acerquen, nos perjudicamos a nosotros mismos y a los demás. Es necesario que corramos riesgos.

En los cursos Dale Carnegie, aplicamos la ecuación de la confianza. Es algo así: confianza = credibilidad personal + empatía. Los que nos rodean necesitan confiar en nuestra credibilidad y en nuestra capacidad de conectar emocionalmente con ellos. La confianza se construye demostrando permanentemente integridad. No es algo que ocurre solo una vez: la confianza sólida en una relación exige que actuemos y nos esforcemos por mantenerla. No podemos dar por sentado que alguien confía en nosotros si nunca hicimos nada por establecer esa confianza.

La confianza también cumple un papel en el desarrollo de las comunidades. Por ejemplo, la desconfianza colectiva que nos producen los medios de comunicación hace que nos cuestionemos todo lo que difunden. ¿Es cierto lo que estoy escuchando? ¿La persona, el sitio o la cadena que informa la "noticia" se rige por una agenda? En ese caso, ¿cómo puedo confiar en lo que dicen? Pero la falta de confianza tiene consecuencias reales. De acuerdo con una investigación reciente, los continentes presentan regiones con altos y bajos índices de confianza. En las regiones con bajos índices de confianza, la filantropía es menos frecuente, hay más delito, la expectativa de vida es más baja y la brecha entre los sectores de mayores y menores ingresos es más amplia[2]. Eso es lo que ocurre cuando la confianza escasea en una comunidad. Pero ¿qué pasa cuando se quiebra la confianza en una relación personal?

Ani y John estaban cenando en su restaurante de tacos preferido. Hacía mucho que no se veían, y Ani estaba deseosa de hablar con él.

Se pusieron al día sobre lo que habían hecho en los últimos meses y también hablaron de sus otros compañeros de estudios.

—¿Cómo está Meredith? —le preguntó John—. ¿La extrañas como compañera de cuarto?

—No mucho. Es muy criticona. El otro día, cuando almorzábamos, me comentó que Beth estaba gorda; y, cuando le conté que me iba a ver contigo, dijo: "Es demasiado ambicioso; haría cualquier cosa por llegar adonde quiere". —A Ani no le parecía tan grave lo que Meredith había dicho. No tenía duda de que John era ambicioso; de hecho, era una de las cualidades que más lo atraían de él. Pero, en cuanto levantó la vista, se dio cuenta de que John estaba ofendido por las palabras de Meredith y por el hecho de que ella y Ani habían hablado de él a sus espaldas.

—No tenían por qué hablar de mí. Creí que Meredith era mi amiga —dijo. El resto de la comida fue más tensa de lo que Ani hubiese querido, pero confiaba en que John se olvidara del comentario y que su enojo pasara pronto. No fue así. Al día siguiente, Meredith la llamó furiosa. John le había echado en cara su comentario.

—Ani, te cuento esas cosas porque eres una de mis mejores amigas. ¡No para que se las repitas a John! —Ani entendió que se había extralimitado con sus dos amigos y, aunque se disculpó con ambos, tardó varios meses en recuperar su confianza. Disculparse pero no enmendar el error puede ser más perjudicial que beneficioso cuando de restablecer la confianza se trata.

Cuando se quiebra la confianza, se produce una sensación de traición, aunque no haya sido la intención de nadie lastimar al otro. Se generan dudas, sospechas y la necesidad de protegernos, lo que hace que nos aislemos y evitemos el contacto con el otro. Por eso, es importante que nos propongamos construir la confianza dentro de nuestras relaciones. No podemos esperar que el otro se abra y exponga su vulnerabilidad si no confía en nosotros. Nosotros no lo haríamos si estuviéramos en su lugar. Nadie compra un producto si no confía en el resultado. Ningún supervisor asignará una tarea o propondrá para un ascenso a un empleado que no le genera confianza. Dos personas nunca llegarán a ser pareja si no confían en esa relación romántica.

La importancia de mostrarse vulnerable

Cuando confiamos en alguien, no nos importa mostrarnos vulnerables frente a esa persona, y viceversa. Mostrarse vulnerable implica abrirse y bajar la guardia. En muchos contextos, la vulnerabilidad se considera una característica negativa. Se utilizan frases como "vulnerable a un ataque" o "quedar vulnerable" para describir a alguien en una posición de debilidad. Definimos como "vulnerables" a aquellos que no pueden defenderse solos. Es lógico, entonces, que la vulnerabilidad tenga mala prensa.

Pero la vulnerabilidad es la clave de la confianza. No podemos confiar plenamente si no bajamos las defensas. Nuestra capacidad para mostrarnos vulnerables influye en nuestra autenticidad, credibilidad y forma de relacionarnos. La vida se trata, principalmente, de conectarnos con los demás, y una de las mejores maneras de establecer ese vínculo es expresándonos y aceptándonos a nosotros mismos. A veces, eso implica exponernos y arriesgarnos a la reacción de los otros.

En junio de 2015, recién me habían nombrado presidente y director ejecutivo del área de capacitación de Dale Carnegie. Esta organización se basa, principalmente, en franquicias; es decir, empresarios particulares representan a Dale Carnegie en distintos territorios alrededor del mundo. En ese momento, la asociación de dueños de las franquicias me invitó por primera vez a dar una charla frente a sus miembros. Causar una buena impresión era lo único que me importaba. "¿Les caeré bien? ¿Confiarán en lo que les diga? Los oradores de Dale Carnegie son de los mejores en el mundo. ¿Y si mi charla no cumple sus expectativas? ¿Si resulta un fiasco?" Para colmo, tres integrantes de la junta directiva de Dale Carnegie, incluido Michael, estarían allí para presentarme. La noche previa a la charla, prácticamente no dormí, dándole vueltas a la presentación en el cuarto del hotel. "Ahora tengo algo más en que preocuparme", pensé. "Todos van a notar mis ojeras mañana".

A la mañana siguiente, de pie frente a un salón repleto, empecé mi charla con calidez, erguido y sonriente, y mirando a la audiencia. Les hablé de lo mucho que Dale Carnegie había significado para mí y de lo agradecido que les estaba a los dueños de las franquicias por su dedicación para ayudar a los demás. Luego, les conté de mis objetivos para la compañía y de la necesidad de desempeñar nuestra tarea con eficacia, todos juntos, como si fuéramos "un solo Carnegie". Solicité a los asistentes que trabajaran conmigo para reactivar la marca y así convocar a más personas que nunca, en especial a los jóvenes. También compartí con ellos el impulso que mi esposa y yo habíamos seguido cuando decidimos mudarnos con nuestra familia desde Michigan, donde siempre habíamos vivido, hacia New York, lo que implicó separarnos de nuestros padres ya mayores y de nuestra hija de diecisiete años, quien se quedaría con unos amigos hasta terminar el último año de la escuela secundaria. Les dije que había tomado esa decisión porque mi compromiso con Dale Carnegie era total. Continué "Hablé con mi esposa y le dije: 'Katie, si acepto esta oferta, deberemos mudarnos con la familia. Nunca vivimos en otro lugar que no fuera Michigan'. Mi esposa...". Entonces, ocurrió algo que no tenía planeado, algo que nunca jamás habría querido que ocurriese frente a una audiencia. Me emocioné. Las palabras quedaron trabadas en la garganta y, por más esfuerzo que hiciese, no podía hablar. Bajé la vista, los ojos llenos de lágrimas, y me quité los lentes para secarlos con un pañuelo descartable, que, afortunadamente, había guardado en el bolsillo el día anterior. Por suerte, alguien del público vino a mi rescate, como solo un instructor experimentado de Dale Carnegie puede hacer; rompió el silencio con un "¿Y qué le dijo su esposa?". Todos se rieron, y yo también me reí. Eso me permitió recobrar la compostura. Le respondí: "Me dijo que contara con ella".

Cuando la charla terminó, quedé azorado al ver que los dueños de las franquicias se ponían de pie para ovacionarme y aplaudirme. Me preocupaba que, al mostrarme vulnerable, los demás pensaran que era débil. Al contrario, todos se acercaron para decirme que eso me había hecho más humano. ¿No debería haber demostrado fortaleza en vez de quebrarme? Claro está que demostrar fortaleza es importante, pero la conexión con las personas en la audiencia se produjo al abrirme y mostrarme vulnerable. No lo había planeado —no sabía que me iba a emocionar—, pero elegí dejar mis sentimientos al descubierto en vez de ocultarlos. Mostrarse vulnerable frente a las emociones no implica debilidad. En ese momento, tuve la suficiente confianza en la audiencia para dejar que mi verdadero yo aflorara y, al hacer eso, la audiencia profundizó su conexión conmigo y con la compañía. Incluso varios años después, algunos recuerdan esa charla y cómo hizo que cambiara su visión de mí como líder… que cambiara para mejor.

Uno de mis escritores e instructores de liderazgo favorito, Patrick Lencioni, autor de *Las cinco disfunciones de un equipo*, describe dos formas distintas de confianza. La primera es la confianza "predictiva": suponemos cómo va a actuar la otra persona sobre la base de lo que conocemos de sus acciones previas. Por ejemplo, si un amigo siempre llega tarde, puedes predecir que también llegará unos minutos tarde la próxima vez que se reúnan a almorzar, aunque le insistas que sea puntual.

La otra es la confianza "basada en la vulnerabilidad": sentimos que podemos desnudarnos frente al otro, emocionalmente hablando. Por ejemplo, si estás en una reunión y alguien te hace una pregunta, tu primera reacción es responder lo que sea, aunque se trate de una respuesta mediocre, en vez de admitir que no tienes una respuesta para darle. Te mostrarías mucho más vulnerable si simplemente le dijeras que no lo sabes. O supongamos que cometiste un error con alguien al que le tienes afecto. La primera reacción sería ponerte a la defensiva y enumerar las razones de por qué hiciste lo que hiciste. Sin embargo, una respuesta que demuestre que decides abrirte y mostrarte vulnerable sería admitir "Me equivoqué; te pido perdón" y luego iniciar una serie de acciones que dejen en claro que estás arrepentido y dispuesto a mejorar.

La confianza socavada

Entonces, ¿qué es lo que destruye la confianza? En primer lugar, cuando alguien nos cuenta algo, espera que lo mantengamos en secreto. Si nosotros divulgamos lo que nos dijeron y eso provoca un daño para ellos o para personas relacionadas con ellos, es probable que se sientan traicionados y cuestionen nuestros motivos. ¿Por qué no tratar lo que los otros nos cuentan como si fuera un secreto entre un abogado y su cliente? Cuando ejercía como abogado, estaba éticamente obligado a no compartir nada de lo que los clientes me dijeran (con algunas pocas excepciones; por ejemplo, que el cliente me dijera que iba a cometer un delito… lo que, por suerte, jamás sucedió). Así, el cliente se abría por completo y confiaba plenamente en mí. De haber violado este principio, me habrían quitado la matrícula para ejercer la profesión.Y mi sustento. La primera vez que escuché hablar de los secretos entre un abogado y su cliente, pensé "¿Y si aplico esta misma regla a todas las comunicaciones? ¿Qué pasaría si las personas que me cuentan cosas en confianza tuvieran la certeza de que no voy a contárselas a nadie?". Entonces, cuando un amigo se acercaba para contarme algo personal o delicado, lo primero que le decía era "Quiero que sepas que no voy a compartir con nadie lo que sea que vayas a contarme.Voy a hacer de cuenta de que es un secreto entre un abogado y su cliente, aunque este no sea el caso. Pero ten la seguridad de que no diré una palabra a nadie". Hace casi treinta años que aplico este principio a mis relaciones, y eso hizo que los demás aprendieran a confiar profundamente en mí. El tenista Arthur Ashe dijo una vez que "la confianza se gana, y eso ocurre solamente con el paso del tiempo"[3]. Por no divulgar lo que me dicen en privado, me gané la confianza de las personas presentes en mi vida.

Segundo, las inconsistencias erosionan la confianza. ¿Alguna vez tuviste un jefe que te dice una cosa un día y otra distinta al día siguiente? ¿O que hace promesas vagas sobre un ascenso, pero siempre cancela la reunión cuando llega la hora de hablar del tema? Decir una cosa y hacer otra es una señal de falta de integridad, y es difícil confiar en alguien que actúa así. Aunque no se trate de un proceder intencional —quizás es alguien olvidadizo, caótico o que no recuerda lo que dice—, genera dudas sobre si esa persona cumplirá con lo dicho.

Tercero, no escuchar a las personas que nos rodean ni comunicarnos con ellas socava la confianza. Pero esto puede solucionarse si aprendemos a hacerlo. Katie Dill comenzó a trabajar en Airbnb cuando todavía era una empresa pequeña. El equipo de diseño estaba formado por diez personas, y ser una de ellas la extasiaba. Era el trabajo de sus sueños. "Durante las entrevistas, me fui enterando de lo que la empresa necesitaba. El nivel de compromiso en el sector de diseño era muy bajo", recordó Katie. "Era claro que había fricciones entre los diseñadores, los ingenieros y los gerentes de producto, y el trabajo en equipo no funcionaba como debía".

Deseaba hacer las cosas bien; y se propuso implementar cambios de inmediato. "Creí que todo estaba saliendo como pensaba: se estaban produciendo cambios. Pero al mes, recibí una invitación a través del calendario electrónico. Cinco de los diez diseñadores querían una reunión conmigo. Y, entre los asistentes, también había una persona de Recursos Humanos". No era una buena señal.

Katie llegó a la sala de reuniones sin saber lo que podía pasar. Cuando entró, vio que había una pila de papeles frente a cada una de las personas de su equipo. "Me pidieron que me sentara y, uno a la vez, fueron leyendo la lista de las cosas que no les gustaban de lo que yo hacía o de mi liderazgo".

A pesar de que, en su interior, las emociones se acumulaban y ella se ponía cada vez a la defensiva, Katie mantuvo la compostura y pensó en Dale. "Recordé que Dale Carnegie había escrito que, en momentos así, el instinto es corregir a la persona con la que no estamos de acuerdo. Pero Dale también decía que, cada vez que ponemos a alguien en evidencia, llevamos la conversación a una posición defensiva, y así nadie sale ganando. Mi impulso era decirles que estaban equivocados; en cambio, decidí escucharlos. Fue un momento doloroso, probablemente uno de los más angustiantes en mi carrera como líder, pero también fue una oportunidad de aprendizaje increíblemente poderosa. Por sus palabras, quedaba claro que yo no había logrado ganarme su confianza. No tenían idea de que ellos eran importantes para mí, que creía en ellos y que mi objetivo era que se beneficiaran. Me había apurado para hacer los cambios sin tomarme el tiempo de conocerlos. En otras palabras, había entrado arrasando y no me había detenido a escuchar".

Katie se tomó esta instancia de aprendizaje en serio e inmediatamente se avocó a profundizar los vínculos de confianza con su equipo. Dedicó más tiempo a conversar con cada uno de ellos para conocerlos mejor y para saber qué opinaban sobre cómo debían seguir. "Escucharlos y demostrar interés en ellos fueron dos medidas fundamentales para lograr el cambio en la compañía", concluyó.

En pocos meses, el trabajo de Katie con el equipo dio resultado, y, muy pronto, el equipo de diseño se convirtió en uno de los más comprometidos de la empresa. Cuando dejó Airbnb y fue a trabajar a Lyft, no volvió a cometer el mismo error: lo primero que hizo fue escuchar y ganarse la confianza de los demás.

Aunque la confianza es un factor esencial para establecer relaciones sólidas, no deja de ser frágil; es difícil de consolidar y fácil de quebrar. Si descuidamos la confianza que otros depositan en nosotros, podemos dañar la relación. En su libro *Conectar*, los profesores de Stanford Carole y David Bradford cuentan cómo estuvieron a punto de arruinar la relación profesional que habían tardado años en construir. David había sido mentor de Carole. Tenían enfoques diferentes para encarar los problemas, pero coincidían en los objetivos en común y resolvían sus conflictos rápido.

Cuando David dejó una de sus cátedras, la universidad le pidió a Carole que lo reemplazara; pero ella tenía sus exigencias. Carole sabía del enorme trabajo de David y, ahora que era su turno, quería que la respetaran. Pidió que la cátedra se transformara en "programa", porque creía que así recibiría mayor apoyo y financiación, y también que le otorgaran a ella un título específico que reflejara más claramente las responsabilidades de su cargo. Stanford rechazó los dos pedidos. Carole estaba furiosa y se lo contó a David.

—¿Por qué insistes tanto con lo del programa y el título? No veo qué ganas con eso —quiso saber David.

—Yo voy a tener que librar las batallas que tú estás dando en este momento. Sin el reconocimiento que pido, no creo que pueda ganarlas. —David estuvo de acuerdo con ella en que la tarea no era sencilla, pero también pensaba que no era una cuestión para inmolarse. En la siguiente reunión con las autoridades, David comentó el pedido de Carole; pero, cuando le preguntaron si creía que esas demandas eran necesarias, contestó:

—Es cierto que su trabajo sería más sencillo con estos cambios, pero igual puede arreglárselas.

Carole se sintió traicionada e incomprendida cuando supo lo que David había dicho.

—Si la situación hubiera sido al revés, yo enseguida habría dado la cara por ti —le recriminó Carole. Al recordar el conflicto, Carole admitió "No sabía si podría volver a confiar en él". Como debían seguir trabajando juntos, hacían solo lo indispensable para cumplir con sus responsabilidades y prácticamente no se hablaban fuera del trabajo.

Meses después, se reunieron para hablar de su relación. Carole aún estaba muy enojada, y David no entendía por qué.

—Me pone nervioso no saber dónde va explotar la próxima mina. —Mucho antes de que Carole dejara de confiar en David, él había tenido que esforzarse para confiar en ella. Era obvio que la confianza se había deteriorado en ambas partes.

Después de una conversación ríspida que duró varias horas, llegaron al centro del problema. Solo lograrían resolver el conflicto si aceptaban sincerarse. Y así fue como David empatizó con Carole.

—Recién ahora entiendo qué es lo que te molestó. Te pido perdón. —Esto ayudó a que Carole, finalmente, se sintiera emocionalmente comprendida.

"Nuestros problemas aún estaban lejos de solucionarse. Continuamos analizándolos en mayor profundidad y entendimos mejor por qué cada uno había reaccionado de la manera en que lo hizo, pero faltaba mucho para cerrar el asunto con un lazo bello y prolijo", escribieron. Les quedaba trabajo por hacer; sin embargo, habían recuperado la confianza de que podrían reconstruir la relación.

El camino del esfuerzo genuino por restablecer la confianza es largo. Es un proceso que exige que seamos sinceros, admitamos nuestros errores y creemos un ambiente en el que los demás sientan que puedan hacer lo mismo.

¿Cómo saber si no contamos con la confianza de alguien? Presta atención al comportamiento o al lenguaje corporal que indique que esa persona está insatisfecha o no se siente conectada con nosotros. ¿Es cauta en la comunicación? ¿Prefiere callar cuando tú estás presente? ¿Hay tensión o incomodidad? ¿Actúa con cinismo o de manera sospechosa? Si hablas con alguien y sientes que está a la defensiva, es muy probable que esa persona no confíe en ti.

Prueba con estos consejos si estás convencido de que alguien ya no confía en ti:

1. **DEJA A TU EGO DE LADO.** Piensa cómo puedes abrirte a esa persona, mostrarte vulnerable y exhibir tu yo auténtico, en especial si eres un líder o una figura de autoridad para él o para ella.
2. **ACEPTA TU PARTE DE RESPONSABILIDAD EN LA RUPTURA DE LA CONFIANZA.** Piensa en lo que supusiste y en cómo eso afectó tu accionar. Reflexiona sobre el papel que jugaste en el conflicto.
3. **CONVERSA EN PRIVADO CON ESA PERSONA PARA COMPARTIR LO QUE PIENSAS.** Pregúntale su parecer, mantén la mente abierta y escucha. En la medida de lo posible, ponte en su lugar y presta atención a lo que tenga para decir, sin juzgarla.
4. **DETERMINA CUÁLES SON SUS NECESIDADES.** Descubre qué es lo que esa persona necesita de ti para recuperar la confianza, y cuéntale que es lo que tú necesitas de él o ella. Escucha y asegúrate de que ambos hayan entendido bien. Piensen en la posibilidad de reunirse asiduamente para conversar sobre sus progresos.

5. **DEJA QUE TUS ACCIONES HABLEN POR TI.** Preocúpate por mantener tu parte del trato. Que el viejo adagio, "las acciones hablan más que las palabras", sea tu guía.

Es fácil sentirse a la defensiva o insultado cuando nos enteramos de que alguien no confía en nosotros. La disyuntiva entre pelear o huir enseguida se instala en nosotros; sin embargo, es un desafío para ver las cosas desde un punto de vista más objetivo. ¿Cómo te sentiste cuando debiste interactuar con alguien que no te inspiraba confianza? ¿Qué te hubiera gustado que te dijera para ayudarte a confiar más en esa persona? Quizás no siempre nos salga bien, pero lo importante es seguir intentando. Valora los altibajos en el camino, aunque te tomen por sorpresa.

La seguridad psicológica

La confianza también es importante dentro de un grupo; en ese caso, se la llama "seguridad psicológica". Así como la confianza es esencial en las relaciones personales, la seguridad psicológica lo es en una organización. La seguridad psicológica tiene en cuenta las posibles consecuencias de correr un riesgo interpersonal: compartir una opinión, decir la verdad, plantear un problema o hacer una pregunta. Si tienes miedo de quedar como un estúpido, un incompetente, un pesimista o un provocador por decir algo —ya sea en el trabajo o frente a tu familia—, quizás es porque te sientes psicológicamente inseguro. Por otro lado, si confías en que los demás estarán abiertos a comprender tu punto de vista, es porque te sientes psicológicamente seguro.

David Barrios es director ejecutivo de HPC, una distribuidora mayorista de insumos para informática con base en Guatemala. Lo último que quisiera hacer un líder recientemente ascendido es preguntar a su equipo cuáles creen que son sus fallas; pero eso fue justamente lo que David hizo con el fin de generar seguridad psicológica.

En una reunión de liderazgo, David decidió llevar a cabo un ejercicio para demostrar el valor de la confianza "basada en la vulnerabilidad", la que, según él, sustenta el trabajo en equipo. El ejercicio formaba parte del libro *Las cinco disfunciones de un equipo*, de Lencioni (lo mencionamos antes en este capítulo), y la dinámica era la siguiente: cada uno debía recibir comentarios constructivos sobre, en primer lugar, su contribución más importante al equipo y, en segundo lugar, un aspecto que debían mejorar o que directamente debían eliminar por el bien del equipo.

Cuando llegó su turno, David se sintió muy expuesto al oír el comentario casi unánime de que debía ser más empático. Después de la reunión, David llamó una por una a las personas que habían estado allí para pedirles que se explayaran en sus comentarios y que le aconsejaran cómo podía mejorar. "Desde ya que escuchar con tanta claridad en qué estaba fallando no fue fácil, pero, al mismo tiempo, fue fantástico que me dijeran precisamente en qué debía esforzarme. Sus comentarios fueron muy sinceros y tenían la intención evidente de colaborar conmigo y con el trabajo del equipo; y justamente ese era el objetivo: ¡mejorar como equipo!", reconoció David. Nos sentimos más seguros cuando pretendemos tener todo bajo control. Más allá de cuál sea nuestra posición, crecer implica escuchar lo que los demás tienen para decir. "Confiaba lo suficiente en mis compañeros para mostrarme vulnerable frente a ellos y pedirles ayuda, aun cuando yo era el director ejecutivo… me corrijo, especialmente porque yo era el director ejecutivo. Me ayudaron más de lo que podría haber imaginado. Me siento confiado de decir esto gracias a ellos; después de esas reuniones individuales, fui mejor como persona y como líder", dijo David. Pero la confianza es una carretera de doble mano: el equipo también debía confiar en que abrirse y compartir sinceramente sus comentarios con David era seguro.

¡TOMA EL CONTROL!

La confianza tarda años en construirse e instantes en romperse y, aun así, es la piedra basal de cualquier buena relación. No solemos ponernos a pensar cómo ni por qué confiamos en las personas más cercanas a nosotros, pero ninguna relación puede prosperar si no existe la confianza. Para fortalecer o establecer una relación, el primer requisito es la confianza.

PRINCIPIO

Sé tú mismo si quieres generar confianza.

PASOS PARA LA ACCIÓN

- **PIENSA EN EL PAPEL QUE LA CONFIANZA JUEGA EN TU VIDA.** ¿Quién es la persona en la que más confías? ¿Y en la que menos confías? Piensa en lo que esas personas hacen que fomente o quebrante tu confianza. ¿Cómo te tratan o te hablan?
- **AHORA PIENSA QUÉ ACTITUD EXHIBES TÚ EN ESAS RELACIONES.** ¿Eres confiable? ¿Qué haces para generar confianza? ¿Qué haces que provoca que esa confianza se quiebre? ¿Qué medidas puedes tomar hoy mismo para que las personas que te importan confíen más en ti?
- **TODOS HEMOS QUEBRADO LA CONFIANZA DE ALGUIEN ALGUNA VEZ.** Piensa en una de las últimas veces en la que alguien dejó de confiar en ti. Haz lo siguiente para repararlo:

- Deja tu ego de lado.
- Acepta tu responsabilidad.
- Conversa en privado con la persona.
- Determina cuáles son las necesidades.
- Deja que tus acciones hablen por ti.

11

Haz las críticas a un lado

En vez de juzgar a las personas, trate de entenderlas. (…) Es mucho más beneficioso e interesante que criticarlas; y genera comprensión, tolerancia y amabilidad.

—Dale Carnegie

Mi jefe, Scott McCarthy, había casi terminado de darme su evaluación anual de rendimiento. Primero, vinieron los comentarios positivos y, luego, me dijo:

—De todos modos, hay algo que me gustaría conversar contigo.

—¿Qué es? —pregunté.

—Hace muchos años que trabajo y, en este tiempo, conocí a mucha gente. Pero nunca trabajé con alguien que estuviera tan a la defensiva como tú. Si lo que escuchas no te gusta, enseguida te pones en guardia. Tienes un potencial enorme, pero si no lo resuelves, ese tema va a limitar tu carrera.

Me quedé azorado y en silencio. Al principio, me enojé. No voy a mentir: me había dolido lo que dijo. Mucho. "¿Yo? ¿A la defensiva? ¿Lo dice en serio?" Atravesé distintas etapas de procesamiento y negación, pero lo que más tenía eran preguntas.

Podría haberme dejado ganar por el enojo. Podría haber desoído su consejo, lo que habría dañado nuestra relación y, en definitiva, corroborado su opinión. En cambio, respondí:

—Te agradezco que me hayas dicho esto, Scott, pero no entiendo por qué piensas eso. ¿Podrías darme un ejemplo para que me resulte más claro?

Pedí un ejemplo, pero recibí cuatro. Y, con cada uno, mi jefe me abrió los ojos y me mostró en qué había fallado. No me estaba criticando: estaba intentando ayudarme. Entendí que lo que me estaba diciendo era un regalo. Ese momento fue un punto de inflexión en mi carrera, porque me ayudó a ver lo que hasta ese entonces no había visto.

Criticar a alguien —y la consecuente reacción a esas críticas— es la forma más rápida de dañar una relación. Dale tenía mucho para decir al respecto. De hecho, "No critique, juzgue ni se queje" era su principio fundamental. "Las críticas son inútiles porque ponen a las personas a la defensiva y las obliga a esforzarse para hallar una justificación a lo que hicieron. Las críticas son peligrosas porque hieren nuestro orgullo tan preciado, dañan la sensación de que somos importantes y generan rencor", escribió. "Si lo que quiere es provocar un rencor cuya intensidad perdure a lo largo de décadas hasta su muerte, haga alguna crítica punzante, más allá de que esté convencido de que es justificada"[1].

John Gottman, un escritor y psicólogo famoso, sabe lo destructivas que pueden ser las críticas en una relación. Tras sus investigaciones clínicas y miles de sesiones con pacientes, Gottman definió la crítica como uno de los "cuatro jinetes" del apocalipsis de una relación. Una de sus investigaciones fue famosa por predecir con un noventa por ciento de exactitud si una pareja se divorciaría o no teniendo en cuenta cuatro comportamientos negativos: ponerse a la defensiva, obstaculizar la conversación, mostrar desprecio y criticar[2].

La forma en la que encaremos las críticas puede ayudar o perjudicar las relaciones con las personas que nos importan. En este capítulo, marcaremos las diferencias entre crítica y opinión, daremos ejemplos de ambos y demostraremos que la amabilidad ayuda a mantener relaciones saludables.

Crítica versus opinión

La crítica enjuicia y es destructiva; insiste en el problema sin presentar ninguna alternativa y se enfoca solamente en lo que está "mal". La opinión (o "crítica constructiva") tiende a la acción y es colaborativa; reconoce el problema y pone manos a la obra para hallar una solución y avanzar, concentrándose en hacer las cosas "bien".

Los siguientes son ejemplos que muestran estas diferencias.

LA CRÍTICA SE CENTRA EN LO QUE ESTÁ MAL: *¿No puedes llegar a horario aunque sea una vez?*
LA OPINIÓN SE CENTRA EN CÓMO MEJORAR: *¿Qué puedo hacer para ayudarte a ser más puntual?*

LA CRÍTICA IMPLICA UN DEFECTO DE PERSONALIDAD: *Eres ignorante y mal educado.*
LA OPINIÓN SE CENTRA EN LA CONDUCTA, NO EN LA PERSONALIDAD: *¿Qué necesitas aprender para ser más eficiente en lo que haces?*

LA CRÍTICA SUBESTIMA A LA PERSONA: *No creo que puedas manejar este asunto.*
LA OPINIÓN ALIENTA A LA PERSONA: *¿Por qué no pensamos cómo resolver esto juntos?*

La crítica aleja a las personas, mientras que la opinión promueve la conexión entre ellas. La crítica hace foco en las personas; la opinión, en las soluciones. Se da una opinión con la intención de ayudar, no de destruir.

Cómo hacer frente a las críticas

Queda claro que a nadie le gusta que lo critiquen —que nos digan que estamos equivocados, que cometimos un error o que no hicimos un buen trabajo—, en especial si no estamos de acuerdo con lo que nos señalan. Existen distintas maneras de criticar. Algunas son abiertamente hostiles ("No puedo creer que hayas hecho eso. ¿Qué te pasa?"); otras, más sutiles ("Estoy seguro de que tuviste una razón para hacer eso"); y otras, pasivo-agresivas ("Si no hubieras hecho eso, no estaríamos en esta situación"). ¿Cuál sería tu primera reacción en cualquiera de estos escenarios, aun si de veras hubieras hecho algo incorrecto?

Si eres como la mayoría, y eso me incluye a mí, la reacción natural ante una crítica es ponerse a la defensiva y prepararse a dar batalla. "¿Qué? ¡Me esforcé mucho! ¿Cómo puedes decir que no lo hice bien?", diríamos quizás. Haríamos lo imposible para demostrar que lo que nos dicen no es cierto. Explicaríamos, nos defenderíamos, discutiríamos y negaríamos.

Cuando estamos heridos y nos ponemos a la defensiva, podemos cometer el error de dar a estas experiencias más peso del que merecen. No podemos evitar que otros nos critiquen, pero sí podemos decidir si sus palabras nos afectarán o no. Si bien es cierto que debemos permanecer abiertos a opiniones bien intencionadas que puedan beneficiarnos, también es necesario que filtremos los juicios injustos de aquellos que no merecen nuestro tiempo ni nuestra energía emocional. Frente a una crítica, hazte dos preguntas:

1. ¿Esta crítica proviene de alguien que respeto y en quien confío?
2. ¿Es una crítica justa o injusta?

La primera pregunta es bastante directa. ¿Confío en esa persona? ¿Sí o no? Si la respuesta es afirmativa, me abro al comentario y paso a la segunda pregunta. Si la respuesta es negativa, elijo no prestar atención al comentario. Hay demasiados infelices en el mundo para preocuparme en lo que tengan para decir. Si no me crees, dedica unos minutos a leer comentarios en cualquier red social.

La segunda pregunta es más difícil de responder, ya que recibir una crítica es el equivalente emocional de recibir una bofetada. Si alguien nos agrede, nuestra reacción natural y más inmediata es debatirse entre devolver el golpe o huir, y las emociones nos nublan la capacidad de pensar. Ocurre lo mismo cuando alguien nos critica. Si estamos enojados o heridos, no podemos decidir con sensatez si la crítica es justa o injusta. Primero, debemos mantener la calma y convencernos de que no se trata de una cuestión personal. Necesitamos salir de esa ecuación para analizar la crítica con mayor objetividad.

Aproximadamente un año después de que me nombraran director ejecutivo de Dale Carnegie, realizamos una evaluación de desempeño de trescientos sesenta grados para mí y todo el equipo de ejecutivos. En estas evaluaciones, se les hace a las personas que trabajan codo a codo contigo una serie de preguntas —anónimas— sobre ti. En este caso, les pidieron a las personas a mi cargo que me calificaran. Cuando me entregaron el informe, me puse contento al ver la mayoría de los comentarios, pero me molestó saber que algunos pensaban que debía tener mayor poder de decisión. "¿Cómo? Soy parte de esta organización, escucho a mi equipo, les pregunto su opinión y me esfuerzo porque trabajemos juntos; ¿y me critican por no ser rápido para tomar decisiones? ¿Quieren decisiones rápidas? Bien. ¡La próxima vez directamente les ordenaré lo que tienen que hacer!", fue lo primero que pensé. Pero luego primó la sensatez. "Cálmate, amigo. Estas personas te caen bien, las respetas y confías en ellas; y siempre fueron sinceros contigo. Quizás debas escucharlas".

Organicé una reunión con los empleados a mi cargo para aclarar la situación.

—En primer lugar, quiero agradecerles a todos sus comentarios en la evaluación. Sé que, en esta clase de encuestas, el camino más fácil es guardarse lo que de veras piensan. Pero ustedes no lo hicieron. Se los agradezco. Yo dependo de su sinceridad. Ustedes me importan, y también la organización, y mi objetivo es seguir progresando. Por eso, me gustaría ahondar en algunas de las sugerencias que leí en el informe. Prometo que no me voy a enojar. Simplemente necesito entender.

En la sala, la tensión comenzó a disiparse: los brazos dejaron de estar cruzados, y los asistentes levantaron la mirada. Un ejecutivo habló:

—En mi caso, aprecio su actitud colaborativa y que nos involucre en las decisiones importantes. Eso es bueno. Pero a veces siento que, una vez consultados, usted podría tomar la decisión más rápidamente. No es necesario que todos estemos de acuerdo en todo. —Otros asintieron con la cabeza y comenzaron a hablar. Los escuché y entendí que tenían razón. Buscaba un consenso más amplio que el que era necesario. Eso implicaba dedicar más tiempo a las reuniones, cuando ya todos estaban sobrecargados de trabajo. Cuando la reunión terminó, les agradecí sinceramente, y, a partir de ese momento, me empeñé en tomar las decisiones importantes con mayor celeridad. Los consejos de mi equipo me convirtieron en un líder más decidido y eficiente.

Callen Schaub es un artista con base en Montreal, Canadá, al que a menudo atacan por sus obras. Los cuadros brillantes, llamativos, de todos colores que él crea recogen miles de comentarios en las redes, y más de uno afirma que "Ese arte es falso" o "Cualquiera puede hacer lo mismo". Incluso hay quienes le reprochan "¿No le da vergüenza fingir que es artista?"[3]. Esto podría haberlo desalentado para producir o compartir sus obras; en cambio, decidió aceptar esas críticas y transformarlas en obras. Tomó impresiones de pantalla de varios comentarios críticos y los convirtió en cuadros... que vendió por miles de dólares. Se apropió de las críticas. Incluso creó un *hashtag* con esas palabras de odio: #fakeart (en español, "arte falso"). A pesar de tanta negatividad, su negocio prospera, y cuenta con setecientos mil seguidores que le levantan el ánimo con comentarios elogiosos.

Callen propone algunas opciones para lidiar con "*haters*, *trolls* y frases negativas". En primer lugar, no prestarles atención y, de ser necesario, bloquearlos o borrar el contacto. "Esa es una buena táctica si no quieres o no puedes gastar tu energía emocional en ese odio", aconseja Callen. "Pero ten en cuenta que el odio no desaparece simplemente al dejar de hablar de él". La segunda opción es responderles con afecto. "A todos nos ocurren cosas. Alguien que destila negatividad está proyectando (por lo general, de manera inconsciente) y lo que busca es ayuda, compasión, amabilidad y empatía"[4].

Un modo de determinar si debemos tomarnos una crítica en serio es evaluar los motivos por los que nos hacen esa crítica. ¿Se siente como un insulto? ¿Tienen algún aspecto constructivo? ¿Qué sabes de esa persona y cuál ha sido tu relación con él o ella? Si te haces estas preguntas y llegas a la conclusión de que la crítica era injusta o que las intenciones de esa persona no eran buenas, olvídate del comentario. Las palabras desagradables pueden carcomernos por dentro; si hacemos oídos sordos, evitaremos distraernos con críticas que no tienen ningún valor.

Hay veces en las que debemos admitir perspectivas diferentes. Aunque lo que escuchemos nos duela, continuemos haciendo preguntas para llegar a la verdad del asunto. Cuando recibo una crítica, tomo nota y sigo indagando, porque, para mí, es una oportunidad de aprender. Me propongo tamizar lo que esa persona dice para descubrir en la crítica una opinión bien intencionada. Contar con la opinión de personas en las que creemos es como saber las respuestas de un examen antes de darlo. Uno puede presentarse a un examen a ciegas, pero, si alguien nos ofrece las respuestas, ¿por qué no aceptarlas como una guía que nos ayude a lograr la vida que deseamos?

Por eso, debemos enfrentar las críticas con una mente abierta. Puede haber parte de verdad en lo que alguien nos dice, aunque no nos guste escucharlo. El desafío es evitar que la reacción emocional o los sentimientos heridos aniquilen nuestro deseo de aprender y mejorar.

Cuando Michael estaba en la universidad, tenía un buen amigo un año mayor que él: Henry. Cuando Henry se graduó, Michael lo convenció para unirse a Dale Carnegie. Henry comenzó a trabajar en el departamento de capacitación, y Michael continuó en el centro de distribución. En ese entonces, la empresa no contaba con un sistema informático para realizar los inventarios; entonces, Michael ideó un programa que pudiera aplicarse a las necesidades del centro de distribución. Michael pensó que a Henry también le interesaría usarlo y lo compartió con él.

"Me sorprendí cuando Henry criticó el programa. Dijo que debía hacerse de otra manera, una manera que le resultaba más beneficiosa a él. Me molestó; yo estaba orgulloso de lo que había logrado en tan poco tiempo. Me dejé llevar por mis emociones y le escribí un correo electrónico a Henry para decirle que yo había creado ese programa para mí, no para él".

Durante el tiempo que continuó trabajando para la empresa, Henry casi no le dirigió la palabra a Michael. "Perdí un gran amigo. Aunque retomamos la amistad, la relación ya no es la misma", admitió Michael, quien aún se arrepiente de aquel incidente. Si pudiera volver el tiempo atrás, le diría "Gracias por tus comentarios, Henry. Déjame ver si puedo hacer algunos cambios para que también te sea útil a ti". En el gran esquema de la vida, una interacción tan pequeña tuvo un impacto enorme en su relación.

A veces, nos damos cuenta demasiado tarde de que somos nosotros los que tenemos una actitud crítica. Zach Harris era muy cercano a su primer jefe, Mark, quien lo había contratado para trabajar juntos en una franquicia hotelera. Zach fue creciendo y ocupando distintos puestos en la compañía sin que él y Mark dejaran de ser amigos y tener una buena relación. Cuando la franquicia cambió de dueño, Mark fue a trabajar para otra organización. Zach temía perder el empleo y conversó con Mark sobre la posibilidad de que le consiguiera un puesto en la nueva compañía. Zach estaba muy entusiasmado. Según él, Mark se lo había prometido. Pero, por alguna razón, Mark nunca más se comunicó. Al tiempo, Zach se enteró a través de rumores de que Mark había contratado a otro colega para cubrir una vacante.

Zach se enojó y se sintió traicionado y triste por la forma en la que Mark había manejado el asunto. Comenzó a especular y a imaginar toda clase de historias que explicaran lo ocurrido; pero lo que no hizo fue preguntarle a Mark. Después de algunos meses, lo llamó y le dijo que no le gustaba la manera en que habían sucedido las cosas.

"Mark, sentí que me habías prometido una oportunidad, pero luego te echaste atrás sin razón aparente. ¿Qué pasó?", le preguntó. Zach había terminado de leer un libro sobre la importancia de tener una actitud abierta y sincera si el objetivo es lograr una mentalidad profesional, y estaba aplicando lo aprendido a la conversación. Zach lo instó a que le dijera por qué había convocado a otra persona para ese trabajo. "Creí que Mark iba a apreciar que fuera directo y sincero con él. Pero Mark interpretó lo que le había dicho como un ataque. En vez de abrirse conmigo, se volvió distante: no se disculpó ni me dio una explicación. Fue una conversación muy fría". ¿Cuál fue la respuesta de Mark? Simplemente, "Así es cómo funcionan las cosas a veces, Zach". Sin perder el tono cordial, Mark rápidamente puso fin a la conversación. No volvieron a hablar por más de un año.

Tiempo después, Zach reflexionó sobre aquella conversación. Él había creído que ser directo beneficiaría la relación, pero el resultado fue el contrario. Un enfoque más considerado, más amable, habría sido menos dañino. Zach había dejado traslucir su desilusión, enojo y sentimientos, y Mark, por su lado, creía que "no tenía por qué tolerar esos planteos de nadie".

Ahora bien, ¿qué habría pasado si Zach hubiera manejado la situación de otra manera? ¿Si hubiera controlado sus emociones y encarado la conversación más amablemente? Zach podría haber dicho: "Hace tiempo que somos amigos, Mark. Te aprecio y te respeto. Cuando me contaste sobre el puesto en la otra compañía, pensé que me lo estabas ofreciendo; por eso, me sorprendí cuando me enteré de que habían contratado a otro. ¿Podrías explicarme qué pasó?". Quizás Mark habría sido más receptivo ante esa clase de actitud, y Zach se habría enterado la verdad. Este ejemplo demuestra que criticar nunca funciona.

Cómo dar una opinión

Una de las situaciones más difíciles para mí durante muchos años en mi carrera fue tener que dar mi opinión directa a otros. Me preocupaba cómo esa persona podría tomar mis palabras, que yo pudiera herir sus sentimientos, que se fastidiara o se pusiera a la defensiva, que discutiéramos y eso afectara nuestro trabajo juntos. No me atrevía a encarar el meollo del asunto: resaltaba los aspectos positivos y me refería vagamente a los menos agradables.

Luego de cientos de interacciones con otras personas, llegué a la conclusión de que, en la vida profesional, la franqueza no siempre es virtud. Mi trabajo consiste en lograr lo mejor de los demás y obtener resultados; y si fallo, es por cobarde, irresponsable e irrespetuoso. Es más, aprendí que la mayoría de las personas quieren dar lo mejor de sí y valoran las opiniones que los ayuden a crecer.

Dar a alguien una opinión que le resulte útil depende de la intención y de las palabras que se empleen. Si te diriges a alguien con el objetivo de desalentarlo, desmoralizarlo o subestimarlo, se trata de una crítica: no es amable ni útil. Pero si te acercas con el ánimo de alentarlo, motivarlo y apoyarlo, se trata de una opinión: empática y con foco en el crecimiento. A veces, el problema somos nosotros, consciente o inconscientemente. Quizás ni siquiera nos percatamos de cómo los demás reciben nuestros comentarios. Entonces, ¿cómo hacemos para ser mejores cuando damos una opinión? ¿Para evitar que el otro se ponga a la defensiva y ayudarlo a crecer?

Primero, debemos asegurarnos de que nuestra intención y que las palabras que usamos son las correctas. Pregúntate qué te motiva a dar esa opinión y qué quieres conseguir. Segundo, piensa en las palabras y en el tono que vas a emplear. Vuelve a la sección "Crítica versus opinión" y repite las frases y las preguntas de ejemplo en voz alta. Te darás cuenta de que las palabras y el tono hacen que la otra persona se sienta cómoda o incómoda. La manera en que te comunicas debe coincidir con tu intención.

Después de terminar los estudios, Cameron Mann consiguió un trabajo temporario en una fábrica. Estaba ansioso por demostrar su valor y trabajaba arduamente, pero era el único muchacho en un depósito repleto de empleados que superaban los cincuenta, y no estaba seguro de encajar entre sus compañeros. Uno de ellos, Paul, tenía sesenta y cinco años; un rezongón conservador, siempre de mal humor.

Un día, Cameron y Paul estaban reparando una máquina y necesitaban un destornillador. Paul eligió uno manual; como la tarea se demoraba demasiado, Cameron le sugirió:

—¿Por qué no usas uno eléctrico?

Paul continuó trabajando sin inmutarse.

—Ese es el problema con tu generación: no les gusta trabajar —respondió.

Cameron quedó desconcertado; su intención había sido ayudar, pero, ante el comentario, reaccionó:

—O somos más eficientes.

A Paul esto le cayó muy mal. Cameron se dio cuenta de cómo habían sonado sus palabras y se disculpó:

—No fue mi intención decir que tú estás equivocado y yo tengo la razón. Solo pensé que así optimizaríamos el rendimiento.

Después del entredicho, Cameron comenzó a hablar abiertamente con Paul y a pedirle consejo. Le preguntaba por qué hacía las cosas de determinada manera para entender su punto de vista. Y, si se le ocurría otra solución, le proponía "¿Y si lo hacemos así?", en vez de tratar de imponer su idea.

Gracias a este enfoque, su relación fue cordial, y Cameron descubrió que ambos habían tenido preconceptos para con el otro cuando él recién se incorporó al trabajo. Con el tiempo, Paul comenzó a consultarle a Cameron por formas de mejorar el rendimiento y de ahorrar tiempo en otras áreas de la línea de producción. En un principio, los dos tuvieron una actitud crítica y combativa, pero terminaron siendo amigos en un ambiente laboral saludable.

¡TOMA EL CONTROL!

El principio fundamental de Dale era "No critique, juzgue ni se queje", y había una razón para ello. Nada daña una relación con mayor rapidez que la crítica. Cuando comprendemos la diferencia entre opinión —promueve el crecimiento y el aprendizaje— y crítica —siempre es destructiva—, podemos empoderarnos y empoderar a los demás para atravesar momentos en una relación que, de lo contrario, hubieran resultado difíciles.

PRINCIPIO

Sé amable cuando das o recibes una opinión.

PASOS PARA LA ACCIÓN

- **PIENSA EN UNA OCASIÓN EN LA QUE CRITICASTE A UN AMIGO, O EN QUE UN AMIGO TE CRITICÓ A TI.** ¿Cuál fue la reacción de ese amigo? ¿Y la tuya? ¿Qué te gustaría haber hecho diferente? ¿Cómo es la relación con esa persona ahora?
- **PIENSA EN UNA RELACIÓN QUE TE RESULTE FRUSTRANTE.** Quizás tengas ganas de decirle a alguien lo que piensas. Expresa la crítica por escrito y piensa cómo te sentirías si eso te lo dicen a ti. Reescribe el texto para que sea una opinión, con palabras que resulten útiles y constructivas. Comparte esa opinión con la otra persona. Presta atención a las palabras, el tono de voz y la intención que utilizas.

- **PIENSA EN ALGUNA OCASIÓN EN LA QUE TE HAYAS SENTIDO CRITICADO.** Puede ser en las redes o en el trabajo. Pregúntate:
  - ¿La crítica proviene de alguien a quien respeto y en quien confío? ¿Qué tan bien conozco a esa persona? ¿Qué tan bien esa persona me conoce?
  - ¿La crítica es justa o injusta? ¿Lo que esa persona dice tiene fundamento?
  - Haz a un lado las críticas que son injustas o vienen de personas a las que no les interesa tu beneficio. Concéntrate en las críticas justas.

12

Aprende a lidiar con personas difíciles

Primero, escuche. Deles a sus oponentes la posibilidad de hablar. No los interrumpa. No se resista, se defienda o debata. Eso levanta barreras. Trate de trazar puentes de comprensión.

—Dale Carnegie

No importa quién eres, dónde vives, lo amable que eres (o crees ser) o cuánto te esfuerces: siempre te vas a encontrar con personas difíciles. Así es la vida. Un familiar que no está de acuerdo con tus elecciones. Un colega que piensa que siempre tiene la razón. Una pareja con diferentes estilos de crianza que se rehúsa a escuchar tus ideas sobre cómo educar a los hijos. Un "amigo" que juega el papel de víctima y exige toda tu atención y energía emocional. A veces, lidiar con personas difíciles hace que sintamos ganas de arrojar la toalla y dar un paso al costado. Pero eso rara vez funciona; en especial, cuando esas personas son una parte central de nuestro mundo. Es más práctico desarrollar la habilidad para lidiar con situaciones y personas difíciles cuando, inevitablemente, surjan.

¿Qué hacemos cuando esto ocurra? Ya sea que no podamos evitar tratar con esa persona o que estemos dispuestos a enfrentar el desafío de mejorar la relación, lo primero que debemos hacer es aprender a controlarnos. Quizás te sorprenda saber que lidiar con personas difíciles tiene poco que ver con esas personas y su comportamiento, pero mucho con la forma en que nosotros pensemos y encaremos la situación. No podemos controlar a los demás, pero sí nuestras reacciones.

En este capítulo, analizaremos un proceso de cuatro etapas para enfrentar esta clase de situaciones:

1. Establecer límites saludables.
2. Dejar en claro esos límites.
3. Escuchar.
4. Obtener una tercera opinión.

Establecer límites saludables

La clave para lidiar con personas fastidiosas es comenzar por uno mismo. Primero, ¿pones límites en la manera en la que los demás te tratan? ¿O son ellos los que toman esa decisión por ti? En este contexto, se entiende por "límites" a las reglas que aplicamos en una relación. A la mayoría nos cuesta entender qué son los límites y cómo afectan nuestros vínculos. Cuando los límites son saludables, no tenemos problema en decir "no" en los casos en que es necesario, sin dejar de mostrar una actitud abierta ni de conectar con los demás. Al principio, quizás sintamos temor de marcar límites; en especial, si crecimos con la idea de que dar una respuesta que no sea "sí" implica confrontar y que un "no" equivale a una declaración de guerra. Imagina que estás en el trabajo, y tu supervisor te pide que te hagas cargo de un proyecto urgente; tú ya te comprometiste con otros tres proyectos, cuyas fechas de entrega están próximas a vencer, y sabes que no te queda tiempo para nada… pero igualmente aceptas sin hacer ningún comentario. ¿Qué ocurre entonces? Tu nivel de estrés aumenta, te exiges hasta el borde del agotamiento y despotricas contra lo desconsiderado que es tu supervisor. ¿Pero tú le explicaste cuál era la situación?

Lo cierto es que no puedes culpar a otro por tratarte de un modo que no te gusta si nunca marcaste un límite ni le dijiste nada al respecto. No hablamos porque tenemos miedo de perder el empleo o dañar una relación, pero establecer un límite no implica que tus seres queridos te vayan a abandonar o que tu jefe te despida. Se trata de comenzar una conversación con el fin de construir juntos una relación mejor. Tú decides qué quieres permitir o no en tu vida. ¿Recuerdas cuando, en el capítulo 1, "Elige tus pensamientos", hablamos sobre las cosas que nos decimos? El miedo a un resultado que todavía no se produjo se origina en historias que inventamos en nuestras cabezas. Analiza la situación de la manera más objetiva posible y mantén firmes los límites durante el proceso.

Carmen Medina era ama de casa. Llamaba a su hermana mayor, Alicia, una vez por semana, ya que vivían a casi dos mil kilómetros de distancia. Y todas las veces, Alicia criticaba al hijo y a la nuera de Carmen, Daniel e Isabel, por la relación que tenían, la forma en que educaban a su hijo y por no practicar la fe. Alicia era muy devota, pero Daniel e Isabel no. A Alicia le preocupaba el bienestar espiritual de la pareja y presionaba constantemente a Carmen para que hablara con ellos y los hiciera "entrar en vereda". A Carmen no le molestaba la manera en que Daniel e Isabel vivían, y no le gustaba que Alicia se entrometiera. "No la quería oír más, pero tampoco que la relación con mi hermana se dañara", dijo Carmen.

Después de varios meses, Carmen se hartó. "Pensé de qué temas estaba dispuesta a conversar y de cuáles no me correspondía hacerlo; y decidí comentárselo a Alicia. Al principio, tuve miedo, pero eso no me detuvo. Le dije que quería que nuestra relación continuara, pero que me negaba a seguir hablando de la vida de Daniel e Isabel". Carmen le dijo que sus palabras eran hirientes y no contribuían en nada, y que no tenían por qué hablar de Daniel e Isabel. "En un comienzo, fue difícil. Alicia no lo entendió del todo y se puso a la defensiva. Pero yo no necesitaba que ella lo entendiera; lo que buscaba era que respetara mis deseos. Y eso fue lo que hizo". Carmen y Alicia continuaron tratándose como hermanas; nada cambió en su relación, excepto por el límite que Carmen había marcado.

Como la historia de Carmen demuestra, tener una relación con alguien no autoriza a esa persona a que nos pase por encima. Es posible establecer límites sin dejar de demostrar empatía. Marcar y reforzar límites saludables con las personas que nos rodean nos ayuda a construir relaciones fuertes y preservarlas.

Comprender cuáles son nuestros límites lleva tiempo. Nos cuesta definirlos en abstracto; por lo general, los pensamos como reacción a una situación concreta. La doctora en psicología y psicóloga clínica Britney Blair afirma que lo más importante de establecer límites es entender cuáles son. "El primer paso para establecer límites saludables es entender qué es lo que tú quieres y necesitas, y empezar a trabajar a partir de esa base"[1]. Cuando surjan situaciones incómodas, tómate el tiempo para marcar los límites de lo que consideras aceptable.

Dejar en claro los límites

Puedes definir tus límites, pero no te servirán de nada si no los dejas en claro. Los sentimientos negativos se acumulan cuando dejamos de hablar con quienes nos rodean para evitar cualquier discusión. Aunque evitar la situación parezca la solución más fácil, compartir qué es lo que necesitamos es el primer paso para satisfacer esas demandas. La clave está en el modo de expresarlo. Podemos usar las mismas palabras para decir algo amable o brusco: es la manera en que las digamos lo que influirá en el otro.

Una vez, Michael se vio en la obligación de negociar con Bill, un vendedor que trabajaba en su empresa. El padre de Bill también había trabajado en la empresa y, cuando falleció, Michael conversó con Bill acerca de la transición. Aun antes de esta situación, no había sido sencillo trabajar con Bill. Cada vez que hablaban, Bill se mostraba desagradable e inmaduro, y Michael tenía la impresión de que era un imbécil. No tenía ninguna gana de hablar con él, pero sabía que era muy importante. Pensó en lo que podía, y no podía, tolerar, y estaba decidido a no permitir que Bill le pasara por encima. "Antes de empezar, le aclaré a Bill que, si levantaba la voz, le haría una advertencia. Y que si no lograba dirigirse a mí en un tono normal, daría por terminada la conversación". A pesar de que Bill no le caía bien, Michael le aclaró cordialmente cuáles eran sus límites.

En un momento de la reunión, Bill alzó la voz. "Bill", le dijo Michael sin perder la compostura, "es la primera y única vez que te advierto. No voy a continuar con la reunión si levantas la voz. Quiero quedarme y conversar, y espero que tú quieras lo mismo". Bill lo miró, respiró hondo y se controló. Michael se tomó el tiempo para dejarle en claro sus límites a Bill; eso le evitó el dolor de cabeza de tener que discutir y le permitió negociar la transición.

Inevitablemente, tus límites serán puestos a prueba, y no todos los aceptarán. El doctor Michael Kinsey —psicólogo clínico y creador del blog *Mindsplain*— aconseja aplicar el siguiente enfoque: "Los límites más difíciles son los que deben fijarse en relaciones en las que la palabra 'no' es, implícitamente, tabú. Marca los límites con tacto y diplomacia. Si te sientes generoso, lo que dependerá de cómo la otra persona reaccione al límite, puedes recordarle que tú ya te expresaste y que valorarías que respete tus deseos". En casos extremos de rechazo, el doctor Kinsey aconseja "Si es necesario aplicar un enfoque más firme, simplemente di 'no'. Di 'no' otra vez. Y una vez más. Continúa repitiendo la palabra 'no' decidido, sin arrepentirte ni dudar, hasta que el hostigamiento cese. De lo contrario, da por terminada la conversación"[2].

Poner en práctica la escucha

Piensa en la posibilidad de hacer preguntas para comprender mejor el punto de vista del otro o por qué actúa de determinada manera. Escuchar bien es escuchar objetivamente; no permitir que nuestras reacciones y emociones nos impidan ser receptivos a la perspectiva de la otra persona. Pero esta no es una habilidad sencilla.

Priya Wilson siempre llevaba a Derek, su suegro, al dentista y al médico. Derek era ciego. Una mañana, en el auto, comenzaron a hablar de su interés en común: Austin, el esposo de Priya. Austin y Derek no tenían una muy buena relación, y sus opiniones sobre la forma en la que Derek había criado a Austin eran distintas. Derek le confesó a Priya:

—No entiendo por qué Austin se enojó conmigo la otra noche.

Durante una cena en la casa de Derek, padre e hijo habían estado hablando sobre la infancia de Austin, cuando Derek dijo:

—No sé por qué me mentías tanto cuando eras niño; sabías que podías hablar conmigo de lo que quisieras.

Austin no lo podía creer; era una versión muy diferente de su propia infancia.

—¡Papá! Cada vez que era sincero contigo me castigabas o me privabas de algo que me gustaba. No podía hablar contigo porque no me sentía seguro.

Esto devastó a Derek.

—Estoy cansado. Me voy a la cama. Ya saben dónde está la puerta —fue su respuesta.

Mientras volvían a su casa, Austin le contó todo a Priya. Ella entendió el dolor que Austin soportaba desde niño; por eso, cuando Derek le dijo que no entendía por qué Austin se había enojado con él, sintió furia. Su impulso era saltar en defensa de su esposo, pero pensó "Eso no va a servir de nada. Derek está molesto; no vale clavarle más profundo el puñal". Entonces, en vez de plantearle su perspectiva, Priya respondió:

—Es obvio que su visión es totalmente distinta. ¿Cómo fue criarlo cuando su esposa falleció?

—Austin tenía catorce años. Justo empezaba a tomarle el gusto a la independencia cuando hospitalizaron a Amy. A los dos meses, murió. —La voz de Derek se quebró—. Quería estar pendiente de Austin, pero Amy era mi esposa. No sabía qué hacer. Fue mucho a un mismo tiempo. Quería protegerlo y me creía accesible. Supongo que fui más estricto de lo que supuse; no se me ocurrió qué otra cosa hacer.

—Ni siquiera puedo imaginarlo. Debe de haber sido muy duro para los dos —dijo Priya. Derek le respondió que sí. La conversación terminó ahí porque habían llegado al consultorio del médico, pero lo que pudo haber sido una conversación ríspida terminó en una situación de comprensión mutua.

Escuchar antes de reaccionar nos da tiempo para entender los motivos de la otra persona. Carlos Cubia quería crear un espacio seguro en el que las personas pudieran expresar sus percepciones con sinceridad, aun cuando sus opiniones fuesen ofensivas o infundadas. Carlos era vicepresidente y jefe del área de diversidad en todo el mundo de Walgreens Boots Alliance. En 2020, luego del asesinato de George Floyd, vio cómo otras empresas hacían anuncios condenando la intolerancia y el racismo del sistema. Algunos eran mensajes con palabras vacías con la única intención de quedar bien. Otros reflexionaban verdaderamente sobre los valores de las empresas y de sus líderes. Carlos quería asegurarse de que, en su organización, la declaración surgiera de un lugar auténtico, pero se dio cuenta de que no todos en la empresa compartían la idea de combatir el racismo. Algunos empleados pensaban que el racismo no existía y no entendían cuál era el problema. Por eso, era muy importante encarar el tema con cuidado y a conciencia; Carlos quería que los demás hicieran lo correcto sin sentirse presionados.

Carlos decidió que, más allá de la posición política o de los sentimientos de sus empleados, les daría la oportunidad de hablar sin que nadie los juzgara. Recordó el principio fundamental de Dale "No critique, juzgue ni se queje". Carlos es una persona de color y notó que las personas blancas se le acercaban para decirle que ellos no eran racistas, pero tampoco antirracistas. Le estaban pidiendo ayuda.

"Si se quiere crear un espacio seguro para generar un diálogo abierto y valiente, no podemos juzgar a las personas por su forma de pensar o por lo que hicieron o dejaron de hacer en el pasado", dijo Carlos. En otros círculos, esos hombres podrían haber sido criticados y condenados, pero Carlos entendió que estaban pidiendo ayuda y querían aprender para convertirse en embajadores y aliados.

Para que los demás se sintieran seguros de compartir sus historias, Carlos sabía que debía escuchar sin juzgar. "Estados Unidos tiende a dividir —no solo Estados Unidos, sino el mundo entero— con la mentalidad de 'nosotros versus ellos'. Quizás yo nunca esté de acuerdo con algunas personas, pero ellas tienen derecho a sentir lo que sienten, y yo tengo ese mismo derecho. No las voy a criticar por eso". Desde ya que esta táctica no siempre da resultado, en especial si las personas se niegan a cooperar o a tener una conversación sincera. Hablaremos más sobre este tema en la sección "Cuándo dar por terminada una relación".

Obtener una tercera opinión

Todos enfrentamos el desafío de ver las cosas desde otro punto de vista. A veces, nuestra posición no es la mejor para entender qué ocurre entre nosotros y alguien con quien estamos tratando de entablar una relación. Entonces, puede ser útil preguntarle a otra persona su opinión. Las cosas se perciben con mayor claridad cuando se expresan con palabras. Puedes hablar con un amigo en quien confías, un consejero, un terapeuta; alguien que realmente se interese por ti, pero que también pueda analizar la situación desde una perspectiva neutral. Pregúntale a esa persona qué haría en tu situación o si piensa que estás exagerando.

La ex directora ejecutiva de PepsiCo, Indra Nooyi, considerada por muchos la mujer más poderosa del mundo, dijo una vez que "No importa lo que alguien haga o diga; siempre presupone que su intención es buena. Te sorprenderá ver cómo cambia tu enfoque hacia esa persona o ese problema"[3].

Hablar con otros también ayuda cuando la persona difícil somos nosotros.

En un momento de mi carrera, tuve un empleado excelente, Jack, quien estaba a cargo de un departamento importante. Se jactaba de alentar a los miembros de su equipo para que resolvieran los problemas por sí mismos. "No pienso tratarlos como si fueran bebés. Somos todos grandecitos. Para crecer, debemos enfrentar y solucionar los problemas. Lo último que me falta es hacer el trabajo de los demás". También era muy directo. "No veo por qué tendría que suavizar mis comentarios. Detesto cuando las personas no dicen lo que piensan. Mi deber con el equipo es darles mi opinión con sinceridad y sin rodeos. Tendrían que poder manejarlo; si no, es probable que necesiten curtirse más", decía.

La cuestión es que todos necesitamos una ayudita a veces; y Jack no lo entendía de esa manera. Un día, una de las personas con un puesto alto en su equipo, Mei, se acercó a mi oficina, claramente en un punto de quiebre con Jack. "Es imposible", se quejó Mei. "Pretende que lo sepamos todo y, cada vez que le pedimos ayuda por algo, nos contesta que lo resolvamos solos. No nos escucha". Después de esta conversación, y en parte como respuesta al comentario de Mei, contratamos a una consultora externa para que evaluara el departamento de Jack; la evaluación incluía entrevistas a los miembros del equipo y una encuesta anónima. Una vez finalizada la evaluación, la consultora reveló que la pérdida de confianza entre los empleados del departamento era demoledora. Cuando Jack leyó los resultados y los comentarios de las encuestas, quedó azorado. "No lo puedo creer. No tenía idea de que se sentían así". En un punto, podríamos decir "¿En serio, Jack? ¿Cómo que no tenías idea? ¿Dónde estabas?". Pero, por otro lado, todos tenemos dificultades para ver ciertas cosas sin la ayuda de los demás. A favor de Jack puedo decir que se tomó los comentarios en serio. Le ofrecimos contratar a un instructor para que trabajara exclusivamente con él, y aceptó enseguida, encantado. Después de varios meses, Jack desarrolló empatía hacia las personas de su equipo y aprendió a liderar poniendo el foco en la compasión y no en el control.

Así como Jack nunca se había considerado una persona difícil, muchos de nosotros desconocemos la forma en la que los demás nos ven. Una solución posible es la opinión de un tercero, ya se trate de una evaluación o de una charla con un colega o un amigo a quien respetamos. Durante años, les pedí ayuda a las personas con las que trabajaba. Les hacía preguntas del estilo: "De veras quiero seguir mejorando como líder. ¿Me dirías una cosa que, según tu opinión, tendría que cambiar?". Si la persona respondía: "No se me ocurre nada", yo agregaba: "Nadie es perfecto. Y mucho menos yo. Tiene que haber algo que creas que puedo hacer mejor, aunque sea un detalle". Por lo general, eso funcionaba. La persona pensaba un momento y luego decía: "Bueno, supongo que usted podría...". Entonces, yo escuchaba. No interrumpía ni acotaba nada. Mantenía la boca cerrada hasta que el otro terminaba de hablar. Recién entonces, respondía: "Gracias. Aprecio mucho tu opinión". Decía esto aunque no estuviera de acuerdo con el comentario o me hubiera dolido. A veces, pedía que me aclararan algo para entender mejor (prestando atención de no ponerme a la defensiva); decía, por ejemplo, "Cuéntame más", pero sin discutir. Quería asegurarme de que la persona se sintiera cómoda de dar su opinión con la seguridad de que era un aporte positivo.

Si tratas con una persona difícil, o si te preocupa que tú puedas ser esa persona difícil, pide ayuda a los demás.

Cuándo dar por terminada una relación

Hay veces en las que no hay nada que puedas hacer —ni que debas hacer— para salvar una relación. Cuando la relación es tóxica, nos daña emocionalmente, nos quita la energía y nos hace sentir mal, deberíamos evaluar si vale la pena rescatarla. La doctora Kelly Campbell, profesora de psicología en la California State University y socia directora del Institute for Child Development and Family Relations (en español, "Instituto para el desarrollo de las infancias y las relaciones familiares"), describe las relaciones tóxicas como las que "influyen negativamente en la salud y el bienestar de una persona. [...] Si la relación funciona bien, nos sentimos bien. Pero, cuando esto no ocurre, es muy probable que nuestra salud y felicidad se vean afectadas"[4]. Esto se aplica a las relaciones amorosas, y también a las amistades, los vínculos familiares y la relación con los compañeros de trabajo.

Las relaciones tóxicas provocan daños mentales, emocionales y hasta físicos. La señal de advertencia más grave es, por supuesto, la violencia física, pero lo complejo es que los comportamientos dañinos no siempre son tan obvios como un golpe o una bofetada. ¿Tratas a alguien entre algodones para evitar que se enoje? ¿Inviertes más en la relación que el otro? Si te sientes infeliz o sin energía después de pasar un tiempo con esa persona, si te pone triste, ansioso o te enoja, o si estar con esa persona no te da ni un poco de placer, quizás no valga la pena recomponer la relación. Si constantemente te subestima, te menosprecia, no te permite crecer ni que te sientas bien contigo, es señal de que la relación quizás no sea buena para ti.

Puede ser difícil tener que dar por terminada una relación de esas características, pero recuerda que, por más duro que sea, el resultado de no hacerlo puede resultar todavía más angustiante. Cortar con una relación es tan simple como no iniciarla: no seas el que llame o le escriba a esa persona, y, cuando él o ella lo haga, responde algo superficial y no te comprometas a dedicarle tu tiempo. También puedes dejar de seguir a esa persona en las redes sociales y rechazar cualquier invitación a eventos en los que podrías cruzarte con él o con ella. En síntesis, no es necesario confrontar para poner fin a una relación.

Hay situaciones, sin embargo, que requieren medidas enérgicas. Trina era consultora de ventas y, en una oportunidad, trabajó para un director ejecutivo atroz, de nombre Roman. Controlaba en exceso a sus empleados, pretendía que todos estuvieran de acuerdo con sus ideas y sus métodos, y despedía a cualquiera que hubiera cometido una sola falta. Su actitud generó una cultura tóxica dentro de la compañía. Trina intentó conversar de esto con él, pero, cuando le expresó lo que la preocupaba, amenazó con despedirla. "El ambiente era terrible. Todos teníamos miedo, todo el tiempo. Nos amenazaba con el único fin de asustarnos; ya había despedido a varios compañeros", contó Trina.

Esta situación se extendió durante años. No importaba cuántas veces Trina le marcara los límites, Roman los pasaba por encima. Trina hacía lo imposible para poner distancia con su jefe; Roman no respetaba sus horarios de trabajo, la bombardeaba con pedidos y correos electrónicos cuando estaba de vacaciones y pretendía que estuviera a su disposición las veinticuatro horas. "Sabía que algo tenía que cambiar cuando decidí tomarme vacaciones en una isla remota y diminuta sin acceso a la internet. No me sentía cómoda con esta actitud pasivo-agresiva, pero mi paciencia había llegado al límite y necesitaba espacio".

Cuando regresó, Trina sabía lo que debía hacer. "Me di cuenta de que el estrés me estaba carcomiendo, no me dejaba dormir; la falta de respeto de Roman por mi vida privada estaba afectando a mi familia. Había tolerado demasiado". Era claro que Roman no pensaba modificar su manera de actuar. Pero era el director ejecutivo de la compañía. Para quejarse, Trina debía recurrir a la junta directiva. "Si denuncias al director ejecutivo ante la junta, es probable que te quedes sin trabajo", admitió Trina.

De todos modos, Trina acudió a la junta y habló de la cultura tóxica que Roman había generado y cómo eso influía negativamente en los empleados. "Estaba segura de que me iban a despedir; por eso, no lo pude creer cuando la junta investigó y terminó despidiendo a Roman".

Dar por terminada una relación puede ser sencillo o complejo; más allá de cómo resulte, tómate el tiempo que necesites para recuperarte. No importa lo cercana que esa persona haya sido o lo aliviado que te sientas por haberte alejado de esa dinámica: una pérdida es una pérdida, y es importante que te sientas libre para procesar lo ocurrido.

Cuando intentamos marcar límites, a veces las consecuencias producen cambios inesperados, para mejor o para peor. Eso está bien. Eso no impide que defendamos nuestras convicciones ni que hagamos lo que creemos correcto. Trina hizo a un lado su preocupación por el trabajo y por la posibilidad de perderlo. Había llegado a un punto en el que expresar lo que pensaba y volver a marcar sus límites —aunque esto implicara que la despidieran— era la mejor alternativa. Cuando finalmente tomamos una decisión con respecto a una situación incómoda, nos sentimos tranquilos, más allá de cuál sea el resultado.

¡TOMA EL CONTROL!

A veces, la única manera de lidiar con una relación difícil es repensar la manera en la que la encaramos. No podemos ejercer control sobre lo que los demás hacen; el único control que de veras ejercemos es sobre nosotros mismos. Para lidiar con relaciones y situaciones difíciles, es necesario que aclaremos de antemano quiénes somos y qué cosas no estamos dispuestos a tolerar.

PRINCIPIO

**Establece y deja en claro tus límites;
y sé consciente de cuándo debes alejarte.**

PASOS PARA LA ACCIÓN

Piensa en una persona con la que tengas una relación compleja. Realiza el siguiente ejercicio y expresa las respuestas por escrito:

- **ESTABLECE LÍMITES SALUDABLES.** ¿Cómo te sentirías si te respetaran en esa relación? ¿En qué situaciones sientes que te faltan el respeto? Deja en claro qué estás dispuesto a tolerar y qué no.
- **DEJA EN CLARO LOS LÍMITES.** Si no los expresas, los límites no significan nada. Deja en claro tus límites a la otra persona lo antes posible. ¿Cómo puedes explicarlos siendo firme y amable a la vez?

- **PON EN PRÁCTICA LA ESCUCHA.** Recuerda las últimas interacciones que tuviste con esa persona. ¿Con cuánta atención la escuchaste? ¿Podrías haberla escuchado mejor? ¿Podrías haberte expresado mejor? La clave para restablecer la relación puede estar en la forma de escucharse.
- **OBTÉN UNA TERCERA OPINIÓN.** Si todo lo anterior falla, habla con una tercera persona, quien quizás te dé una opinión distinta sobre el conflicto. ¿En quién confías para hablar del tema? Busca a alguien que te conozca bien, pero que sea capaz de ubicarse en una posición objetiva. Tal vez te den un consejo que resulte útil.

13

Ponte en el lugar del otro

Recuerde que la otra persona puede estar totalmente equivocada, pero cree no estar equivocada. [...] Trate de entenderla. Eso hacen las personas sabias, tolerantes y excepcionales.

—Dale Carnegie

Bryan Jablonski Johnson y su amigo Adam hacían todo juntos en la universidad. Viajaban y pasaban una infinidad de tiempo estudiando para los exámenes, yendo a eventos deportivos y ejercitándose en el gimnasio. Pero, con los años, Bryan sintió cierto distanciamiento, en especial cuando leía los posteos sobre política que Adam subía a Facebook. Bryan no podía creer algunas de las cosas que Adam escribía —y que eran absolutamente opuestas a sus ideas— pero se guardaba la opinión. Ambos comentaban los posteos no relacionados con la política que hacía el otro y evitaban los temas sensibles.

Esa costumbre de eludir los conflictos provocó que la explosión fuera mayor cuando, por fin, hablaron de política. Un día, Adam compartió un posteo acerca de los inmigrantes que, para Bryan, era increíblemente humillante. Bryan respondió al posteo expresando su total desacuerdo con la opinión de su amigo. Adam reaccionó de inmediato y atacó a Bryan personalmente. Era como si se desahogara de años de enojo acumulado por las ideas políticas de Bryan. Bryan le respondió de mal modo, y Adam lo bloqueó. Hace años que no se hablan. "Tendría que haberle enviado un mensaje privado, o tendría que haberlo llamado, para comprender por qué pensaba así. En cambio, mi postura fue la de 'Adam tiene derecho de pensar como quiera; allá él', y él hizo lo mismo. No hubo comunicación entre nosotros". Es probable que Bryan y Adam nunca hayan estado de acuerdo en estos temas; pero, de haber hablado, quizás habrían entendido las razones del otro.

¿Por qué nos cuesta tanto entender el punto de vista del otro? En principio, porque estamos muy comprometidos con nuestras ideas y porque queremos corroborar que nuestra forma de ver el mundo es la "correcta". Cuando nos cruzamos con personas que desafían nuestra manera de pensar, dudamos y nos sentimos amenazados. Sentimos que nos atacan a nosotros y a nuestra autoestima. Es probable que reaccionemos y nos dispongamos a confrontar sin antes preguntarnos por qué piensan lo que piensan. Y todos sabemos por experiencia adónde lleva eso: a ningún lugar bueno. En Dale Carnegie, desarrollamos una técnica que llamamos "intravista" (no se trata de un error de tipeo; es una variante de "entrevista"), cuyo fin es profundizar nuestra conexión con los demás. Aplicamos tres clases diferentes de preguntas para conocer al otro: **preguntas fácticas**, que apuntan a los datos concretos de la vida de esa persona; **preguntas causales**, que intentan descubrir los motivos detrás de esas preguntas fácticas; y **preguntas basadas en los valores**, que nos ayudan a entender qué es importante para esa persona.

Damos unos pocos ejemplos de preguntas fácticas. Seguro que ya te las hicieron.

1. ¿Dónde te criaste?
2. ¿Qué te gusta hacer en tu tiempo libre?
3. ¿De qué trabajas?
4. ¿Cómo es tu familia?

Las preguntas fácticas son importantes, pero solo escarban la superficie. A todos nos hicieron estas preguntas y a todos nos aburren nuestras propias respuestas; sin embargo, son útiles para entablar una relación con el otro.

El paso siguiente son las preguntas causales:

1. ¿Te gustó criarte en ese lugar? ¿Por qué?
2. ¿Cómo te involucraste con ese pasatiempo? ¿Qué es lo que te atrajo?
3. ¿Qué hizo que eligieras ese trabajo o profesión?
4. ¿Cómo fue crecer en esa familia?

Te darás cuenta de que ninguna de las preguntas causales se presta a una respuesta simple por sí o por no. Cuando usamos *cómo, por qué* o *qué*, invitamos a la persona a que se explaye, y eso nos ayuda a conocerla mejor.

Por último, las preguntas basadas en los valores nos permiten llegar al corazón de esa persona al revelarnos sus pensamientos y sus vivencias. Estas son las preguntas que casi nadie formula:

1. Cuéntame sobre una persona que haya tenido una gran influencia en tu vida.
2. Si pudieras volver a hacer algo, ¿qué harías diferente? Puede ser que no quieras modificar nada.
3. Repasa tu vida y cuéntame sobre un punto de inflexión que hayas vivido.
4. Cuéntame sobre un momento que recuerdes como muy bueno o como un motivo de orgullo. (En este punto, Michael quiere agregar una pregunta extra). ¿Qué revela la elección de ese momento sobre lo que es importante para ti?
5. Cuéntame sobre un momento que haya sido particularmente negativo, en lo emocional, para ti. ¿Cómo lo superaste?
6. ¿Qué consejos le darías a alguien que te los pide? ¿Cómo resumirías tu filosofía de vida en no más de dos oraciones?

Al trabajar con estas preguntas, inevitablemente comenzamos a desarrollar empatía, la capacidad para comprender los sentimientos de otra persona. En su libro *Inteligencia emocional*, el famoso psicólogo y periodista científico Daniel Goleman escribe: "La raíz del altruismo se centra en la empatía, la capacidad para leer las emociones de los demás; sin sensibilidad por las urgencias o las necesidades del otro, no hay generosidad. Y si existen dos actitudes morales que nuestros tiempos necesitan son, precisamente, el dominio sobre uno mismo y la compasión"[1]. Cuando miramos el mundo a través de los ojos del otro, nuestra capacidad para empatizar aumenta. Podemos vernos en esa persona y comprenderla de una forma diferente.

El primer trabajo de Kirsty Tagg fue en una tienda de calzado para niños en el Reino Unido. Un día, entró una mujer, acompañada de su hijo y, desde el primer momento, Kirsty se dio cuenta de que el niño no la estaba pasando bien. Hacía berrinches y estaba a punto de largarse a llorar. Por experiencia, entendió que se trataba de una criatura neurodivergente y que lo habían llevado a la tienda a disgusto. "Tuve un hermano con autismo, y la única forma en la que lograba conectarme con él era siendo muy paciente, viendo lo que ocurría desde su postura y hablándole con voz suave. Entonces, cuando vi a este niño, pensé '¿Qué sentirá? ¿Tendrá miedo de quitarse los zapatos? ¿Habrá algo en la tienda que lo ponga nervioso?'". Kirsty se quitó los zapatos, se sentó en el suelo junto al niño y comenzó a hablarle y a jugar con él. No prestó atención a las miradas de los otros clientes, ni siquiera cuando comenzó a rodar por el suelo, imitándolo. Milagrosamente, el niño se tranquilizó y empezó a conversar con Kirsty. Le preguntó si quería probarse un par de zapatos que dijo que le gustaban, y que su madre compró muy satisfecha. Le agradeció a Kirsty una y otra vez y se convirtió en una clienta leal, que siempre pedía por Kirsty.

Kirsty utilizó su experiencia personal para lograr que el niño se sintiera cómodo. Si no hubiera adoptado esa perspectiva, habría sido imposible conectar con él.

Cuando carecemos de experiencias compartidas, debemos estar dispuestos a escuchar, aprender, y a colocarnos en el lugar del otro. Frente a colegas y amigos que opinan distinto de nosotros, lo primero que debemos hacer es tomar el control de nuestras emociones. Recuerden que el objetivo es detectar el sentimiento, determinar si nos es beneficioso o no y, en todo caso, desprenderse de él. A partir de ahí, debemos evaluar la situación. Cuando nuestras ideas se ven cuestionadas, ¿presuponemos que la intención del otro es positiva o negativa? Preguntémonos "¿Esta persona de veras representa una amenaza solo porque tiene una opinión que no coincide con la mía?". Apartémonos por un momento de la situación e investiguemos. Entendamos qué piensa el otro; entendámoslo de tal manera que podamos explicárselo a un tercero como si el pensamiento fuera propio. ¿Por qué esa persona cree eso? Cuando logramos ver el punto de vista del otro sin criticar ni juzgar sus pensamientos y sus emociones, somos capaces de conectar verdaderamente con esa persona y comprenderla.

Sin empatía, lo más probable es que tratemos de "imponer una perspectiva", en vez de "incorporar una perspectiva". Podemos entablar una conversación con la intención de cambiar la forma de pensar de la otra persona o de hacerle ver lo equivocada que está, pero esa actitud no nos llevará a ninguna parte. Si queremos empatizar en serio con el otro, debemos estar dispuestos a ver sus experiencias desde su propia óptica, no imaginar cómo esas experiencias podrían ser. A veces, lo que interfiere y no nos permite ver desde la perspectiva del otro son los relatos que nosotros mismos nos contamos.

¿Alguna vez te detuviste a pensar qué relatos te contaron sobre otras personas? ¿Y cómo esos relatos influyeron en tu relación con ellas? Chimamanda Ngozi Adichie, una dramaturga y escritora nigeriana, comenzó a leer y a escribir de pequeña. Los únicos libros que tenía a su alcance eran cuentos infantiles, escritos por autores estadounidenses y británicos, sobre niños rubios, de ojos azules, que jugaban en la nieve, comían manzanas y hablaban de los cambios bruscos del clima; todas situaciones que ella desconocía.

A pesar de ser tan increíblemente joven, Chimamanda estaba convencida de que los libros solo podían hablar de extranjeros que hacían cosas con las que ella no tenía ninguna relación. Cuando se cruzó con libros africanos como los de Chinua Achebe y Camara Laye, su visión de lo que era una historia comenzó a cambiar. "Descubrí que muchachas como yo, con la piel color chocolate y un cabello rizado que no se adaptaba a las colas de caballo, también podían existir en la literatura". Años después, cuando partió de Nigeria para asistir a la universidad en Estados Unidos, su compañera de cuarto le preguntó cómo era que hablaba inglés tan bien, sin saber que el inglés es el idioma oficial en Nigeria. Por su conocimiento limitado acerca del país, su compañera también supuso que Chimamanda no sabía cómo usar el horno. Cuando le pidió a Chimamanda que le hiciera escuchar algo de su "música tribal", se desilusionó, porque Chimamanda eligió una canción de Mariah Carey. La percepción de África de su compañera estaba relacionada con las catástrofes y el desastre.

"En su relato, no cabía la posibilidad de que los africanos pudieran ser similares a ella en lo absoluto, ni de sentir por ellos un sentimiento más complejo que la lástima, o de conectar como pares, como humanos", dijo Chimamanda. "Muestra una sola cara de algo, una sola cara, una y otra vez, y ese algo se convertirá en la cara que hayas mostrado. Las visiones únicas crean estereotipos, y el problema de los estereotipos no es que sean falsos, sino que son incompletos. Hacen que una parte del relato sea el único relato".

Cuando observamos a las personas a través de nuestra visión limitada —sin lograr comprenderlas de verdad—, nos perdemos de conectarnos con los que nos rodean. La empatía y la conexión surgen del deseo de comprender al otro.

Cuando hablamos con los que nos rodean, debemos superar nuestro impulso de juzgarlos según nuestras experiencias y creencias. Dale escribió "Trate de entenderla [a la otra persona]. Eso hacen las personas sabias, tolerantes y excepcionales. Las personas piensan o actúan de una determinada manera por ciertas razones. Hurgue hasta hallar esas razones y habrá dado con la clave del accionar y quizás también de la personalidad del otro".

Kara Noonan y su mejor amiga durante quince años tuvieron una conversación tensa durante la pandemia. Por teléfono, su amiga comentó que no creía en la vacuna contra el COVID-19 y que no pensaba dársela. "Lo sentí como una ofensa personal", contó Kara. "A mi madre le habían diagnosticado un cáncer en julio de 2020 y era una paciente de alto riesgo. Yo era testigo de lo mucho que debía cuidarse para sobrevivir. Pensar que una de mis amigas podía ser tan egoísta como para hacer algo que la perjudicara me enfureció".

Por suerte, Kara no se dejó controlar por sus emociones. Recordó que esa persona era su mejor amiga y que quería conservar su amistad.

Kara le respondió: "Te quiero mucho; vamos a seguir siendo buenas amigas aunque no te vacunes". Y, aunque no fuera sencillo, mantuvo la calma y compartió con su amiga todo lo que los médicos le habían dicho a su madre y los pacientes con cáncer. Kara le comentó lo agradecida que le estaba a la vacuna, porque sentía que era una protección extra para su madre. A Kara le interesaba conocer la opinión de su amiga, quien, en ese momento, estaba embarazada y tenía otros hijos pequeños. Kara le preguntó cómo se sentiría si uno de sus hijos corriera peligro. La pregunta ayudó a aclarar algunos puntos oscuros. Su amiga tenía miedo porque ningún estudio aseguraba que las vacunas fueran seguras para las mujeres embarazadas. Cuando Kara supo cuál era el temor de su amiga, inmediatamente comprendió su postura.

Cuando la conversación estaba a punto de terminar, la amiga le prometió que sería más abierta. "Me importa la salud de tu mamá". Kara nunca había tenido la intención de influir en la forma de pensar de su amiga. Quería entender el porqué de su decisión sin perder la conexión emocional con ella. Tenía en claro desde el comienzo que no quería dañar la amistad. A lo largo de la conversación, Kara entendió que el objetivo de las dos era cuidar a sus familias de la mejor manera que sabían.

De esa experiencia, Kara aprendió que, antes de entablar una conversación áspera, se deben tener los objetivos en claro. "Si de veras quieres comprender la perspectiva del otro, primero debes estar dispuesto a verlo como un humano y a hacer el esfuerzo por entender qué puedes aprender de esa persona (que es lo opuesto a dejarse ganar por las emociones). Si de veras deseas comprender la perspectiva del otro, no pretendas cambiarla ni persuadirlo, y así podrán tener una conversación saludable".

¡TOMA EL CONTROL!

Tener en consideración la perspectiva del otro es una de las medidas más difíciles —y más significativas— que podemos tomar para comprender a los que nos rodean. Por arduo que resulte, es necesario entender que los puntos de vista nunca son idénticos y que los marcos de referencia siempre son limitados, incluso los nuestros. Si somos objetivos con nuestra perspectiva, y empáticos con la de los demás, podremos ayudar a que esas personas se sientan tenidas en cuenta y comprendidas, y eso fortalecerá la relación.

PRINCIPIO

Intenta, genuinamente, ponerte en el lugar del otro.

PASOS PARA LA ACCIÓN

- **PON EN PRÁCTICA LA EMPATÍA.** Ten en cuenta qué pudo haber causado que los demás piensen de la manera en que lo hacen: ¿cómo fue su día?, ¿cómo fue su infancia y adolescencia?, ¿qué sabes de sus creencias?, ¿sabes por qué tienen esas creencias?
- **APROVECHA TU EXPERIENCIA PERSONAL PARA COMPRENDER A LOS DEMÁS.** Piensa sobre tus propias experiencias de vida. ¿Sabes lo que le ocurre a la otra persona? ¿Viviste alguna situación similar? Aprovecha lo vivido para entenderlos mejor.

- **ESCUCHA DE VERDAD PARA COMPRENDER LO QUE LOS DEMÁS SIENTEN.** A veces, necesitamos escuchar más atentamente para obtener una sensación real de lo que los demás piensan. Haz preguntas que te permitan entenderlos mejor y repite las respuestas para comprobar que hayas entendido bien. Si te dicen "¡Lo entendiste a la perfección!", es que vas por la senda correcta.
- **MANTÉN LA MENTE ABIERTA.** El desafío mayor suele ser dejar de lado nuestro punto de vista. Olvídate de tus opiniones por un momento y recibe con mente abierta lo que los demás compartan contigo.

PARTE III

Toma el control de tu futuro

Hemos hecho un gran trabajo para tomar el control de nuestros pensamientos, emociones y relaciones, y llegar a este punto. Ahora llegó el momento de pensar en el impacto que queremos causar en el mundo. ¿Cómo queremos que sea nuestra vida? ¿Qué legado queremos dejar? La vida está hecha de las decisiones pequeñísimas que tomamos todos los días y, si no lo hacemos con un propósito, esos momentos se nos escaparán antes de lo que suponemos. Tener en claro qué es lo que más nos importa es el primer paso para dejar una huella en el mundo.

En el primer capítulo de la Parte III, definiremos cuáles son nuestros valores y objetivos, y descubriremos qué nos impulsa. En el segundo capítulo, construiremos una idea de futuro que nos permita vivir de acuerdo con nuestros valores y dé forma a ese mundo que deseamos. Si bien los dos primeros capítulos están enfocados en la vida que queremos vivir, el tercero corre el foco hacia afuera, hacia la comunidad que queremos construir. Nadie logra nada solo —por más altiva que sea la persona—; por lo tanto, dar con una comunidad que comparta nuestro objetivo y nuestros valores es el paso siguiente. Por último, hablaremos de lo que implica vivir una vida significativa y de servicio; es decir, dejar una huella en el mundo, más allá de que sea profunda o sutil.

A cada uno nos corresponde asumir la responsabilidad por el mundo en el que vivimos: no podemos darnos el lujo de ser actores pasivos. Si controlamos nuestros valores, objetivos e ideas, podremos crear el mundo que deseamos. Aceptemos el desafío de construir un mundo mejor para las generaciones venideras.

14

Haz que tu vida tenga un propósito

En mi experiencia, uno de los aspectos más trágicos de la naturaleza humana es que vivir no está dentro de nuestras prioridades.

—Dale Carnegie

Daniela Fernandez nació en Ecuador, un país famoso por sus montañas alucinantes, el bosque amazónico y las islas Galápagos. "Mi primera infancia estuvo rodeada de naturaleza y hábitats diversos, y mi amor por el medio ambiente surge de esa época. Luego, cuando tenía siete años, me mudé a Chicago. Como pueden imaginar, pasar de un ecosistema bello, prístino, exuberante a las planicies del centro de Estados Unidos fue demoledor. Me acuerdo que miraba por la ventanilla del avión y no podía creer la diferencia entre mi tierra natal y esa tierra chata con rascacielos".

Un día, cuando regresaba caminando del colegio, Daniela, de tan solo doce años, vio la foto de un pingüino. Era un anuncio de la película *La verdad incómoda*, una de las primeras en poner el foco sobre el cambio climático. Aunque en ese momento desconocía el contexto de la imagen, le llamó la atención que su animal preferido estuviera caminando sobre arena. "A partir de ahí, cambió mi vida. La película me abrió los ojos acerca de la realidad de la crisis del cambio climático. Tuve una epifanía y comprendí que era mi responsabilidad hacer algo para proteger el planeta".

Después de ver la película, Daniela asistió a clases de ciencias ambientales, investigó y dedicó gran parte de su tiempo a comprender los cambios en el medio ambiente. En la escuela secundaria se unió al centro de estudiantes y lideró la colecta para comprar e instalar paneles solares en el edificio. Los paneles continuaron usándose hasta varios años después de su graduación. Daniela se siente orgullosa y satisfecha de haber colaborado con el cambio a pesar de ser tan joven.

El interés de Daniela por cambiar el mundo no desapareció en la universidad. En su primer año en Georgetown, la invitaron a asistir a una reunión sobre el estado de los océanos en Naciones Unidas. Daniela tenía nada más que diecinueve años y estaba rodeada por jefes de Estado, embajadores extranjeros y presidentes de empresas multinacionales. Era la persona más joven y se sentía completamente fuera de lugar ahí.

Más allá de su incomodidad, Daniela se llevó dos aprendizajes clave de esa reunión. El primero que no existían fuentes de información acerca del estado de los océanos a las que su generación —o cualquier otra generación— pudiera recurrir regularmente. (Esto ocurrió en 2014, antes de que muchos datos sobre el cambio climático se compartieran o se pusieran masivamente a disposición del público). El segundo aprendizaje fue que todos los que se subieron al podio habían hablado sobre la gravedad de la situación apoyándose en estadísticas escalofriantes —sobre la cantidad de plásticos en los océanos o la desaparición de arrecifes de coral—, pero ninguno había propuesto soluciones. Ninguno había compartido una propuesta de acción o, al menos, la esperanza de que algo pudiera hacerse.

En el tren de regreso de la reunión en Naciones Unidas, las ideas se agolpaban en la cabeza de Daniela. En su computadora portátil, dibujó dos círculos separados: uno representaba a su generación y el segundo, a los que estaban en el poder. Luego agregó un tercer círculo que conectaba a los otros dos; este círculo representaba lo que Daniela iba a terminar creando: la Sustainable Ocean Alliance, o SOA (en español, Alianza para la Sustentabilidad de los Océanos). Se propuso ser el puente que uniera a aquellos a cargo de las decisiones con los jóvenes, para trabajar juntos en la búsqueda de soluciones para los océanos.

"Sabía que no tenía respuestas: era difícil y me sentía insegura. No tenía idea de cómo llevar el proyecto adelante, pero el grado de responsabilidad era enorme. Había tenido el privilegio de asistir a la reunión en Naciones Unidas y enterarme de todo lo que estaba ocurriendo en los océanos; había vivido una experiencia que no muchos tenían. No podía salir de ahí como si nada. Debía hacer algo con eso; algo que me beneficiara a mí, al planeta y a las demás personas", contó Daniela.

Desde muy joven, Daniela supo cuál era su propósito y lo alimentó: ayudar al mundo. Durante su adolescencia y los primeros años de adultez, siguió cultivando ese interés y, cuando tuvo la oportunidad de actuar, no lo dudó. En la actualidad, SOA es una organización con sedes en todo el mundo, que ayuda a desarrollar soluciones que protejan y conserven la salud de los océanos. SOA cuenta con la red más numerosa de líderes jóvenes que defienden el estado de los océanos; hombres y mujeres de hasta treinta y cinco años, comprometidos con alcanzar el Objetivo 14 de desarrollo sostenible que Naciones Unidas estableció en 2015 ("Conservar y utilizar sosteniblemente los océanos, los mares y los recursos marinos para el desarrollo sostenible"). Estos jóvenes líderes oceánicos se reparten en ciento ochenta y cinco países. Por intermedio de SOA, Daniela lanzó el primer Oceans Solutions Accelerator (en español, "acelerador de soluciones para los océanos") del mundo, un programa pensado para alentar a empresarios importantes para que ayuden a resolver las peores amenazas a la salud de nuestro planeta.

La historia de Daniela es un ejemplo fantástico de alguien que se propuso vivir una vida que tuviera un propósito y fue detrás de ese propósito todos los días. Es más, su historia representa muchas de las ideas que analizaremos en el último tercio del libro.

Somos demasiados los que perdemos de vista el concepto poderoso de vivir una vida que tenga un propósito. Pasamos de una cosa a la otra, día tras día, concentrados en nuestras obligaciones. Cumplimos con nuestras tareas y, cuando levantamos la vista, nos damos cuenta de que pasaron los años.

Vivir una vida que tenga un propósito es tener en claro qué queremos lograr y qué nos impulsa. ¿Alguna vez te preguntaste cuál es tu propósito en la vida? ¿Te detuviste a pensar en eso? La mayoría de las personas no lo hacen hasta que, ante una crisis, se ven obligadas a reflexionar.

En los cursos Dale Carnegie, cuando introducimos el tema de vivir con un propósito, los instructores alientan a los participantes a tomar distancia y a pensar la clase de vida que desearían vivir, la contribución que desearían hacer y las cosas que resultan importantes para ellos. Después de este ejercicio, los participantes quedan extasiados. Por primera vez tienen una visión atractiva de ellos mismos y de su futuro. En lo personal, este ejercicio fue lo mejor que me llevé de mi primer curso Dale Carnegie: me ayudó a abandonar mi profesión de abogado, desarrollar una empresa de enseñanza en línea y convertirme en una persona más empática.

Tener un objetivo nos fuerza a pensar en nuestra vida, en lo que hacemos y en lo que no. Como analizamos en el capítulo 6, "Avanza y deja atrás el arrepentimiento", las investigaciones demuestran que las personas se arrepienten más de lo que no hicieron que de lo que sí hicieron. Un ejemplo: cuando Michael trabajaba para Dale Carnegie, viajaba por todo el mundo. "La verdad era que estaba tan absorbido por el trabajo que descuidé mis relaciones. Ahora miro hacia atrás y me da vergüenza admitirlo. Durante muchos años prioricé mi trabajo sobre mi familia y mis amigos. No me malinterpreten: los quería y me preocupaba por ellos; pero estaba tan ocupado tratando de afianzarme en el trabajo —un trabajo que me resultaba muy gratificante— que perdí de vista lo más importante". Un día, esta realidad lo golpeó de frente.

Cada vez que Michael viajaba, le enviaba una postal a su hija, Nicole, para mantener el contacto con ella. Cuando Nicole estaba en primer grado, la maestra le pidió que llevara ciento una cosas (monedas, canicas, lo que fuera) para compartir con sus compañeros. Michael estaba en casa cuando Nicole preparaba el ejercicio, y vio cómo desparramaba sobre el piso del living todas las postales que él le había enviado y elegía las ciento una que más le gustaban.

"En ese momento, me sentí físicamente mal. Esa pila enorme de postales representaba los días que había estado lejos de mi familia. Me di cuenta de todo lo que me había perdido. Esas postales eran horas y días en la vida de mi hijita que nunca podría recuperar". Había viajado casi dos millones de kilómetros en cuatro años… y se había perdido la misma cantidad de recuerdos con su hija.

Esa fue una señal de advertencia para Michael; entendió que debía hacer algo por vivir la vida que quería. "Me tomé unos días para pensar cómo compatibilizar las exigencias del trabajo con la vida familiar. Siempre había sostenido que la familia era mi tesoro más preciado, y debía demostrarlo. Tuve que reacomodar mi vida para que las otras cosas que me importaban, como el trabajo profesional y el voluntario, no la opacaran". El cambio no se produjo de la noche a la mañana, pero en cuanto advirtió la falta de equilibrio, Michael se fijó un propósito en mente: redujo la cantidad de viajes y halló la manera de aprovechar mejor el tiempo que pasaba con su familia.

Con demasiada frecuencia, nos enteramos de casos de personas que sufren crisis de la mediana edad. Por lo general, esas crisis surgen por la falta de sintonía entre lo que hacemos cotidianamente y lo que imaginamos para nosotros. El esfuerzo reside en desmantelar o reacomodar nuestra vida para que se corresponda con nuestros propósitos. En nuestra opinión, tomarse el tiempo para definir nuestros valores y nuestros propósitos previene confusiones y sufrimientos; por lo tanto, definiremos primero cuáles son tus valores y, luego, seguiremos con tus propósitos.

Define tus valores

Los valores son las creencias fundamentales que guían y motivan nuestros objetivos y nuestros actos. Todos tenemos valores, pero la mayoría no pensamos en ellos ni los elegimos a conciencia. Por lo general, adoptamos los valores de las personas que nos criaron o de la cultura en la que crecimos, sin reflexionar seriamente en lo que estamos haciendo. Aunque eso sea lo habitual, deberíamos tomarnos el tiempo para evaluar y elegir nuestros propios valores, porque juegan un papel fundamental. Nos orientan para hacer realidad nuestro anhelo y vivir una vida con propósito.

El almirante Michael Mullen fue jefe de operaciones navales del Ejército de Estados Unidos y ocupó el rango más alto de las Fuerzas Armadas de ese país durante cinco años (entre otros cargos influyentes). En todas las áreas que estuvieron a su cargo, dejó sus enseñanzas sobre los valores. "Hoy en día, cuando hablamos de liderazgo —en un mundo tan confundido y que nos golpea por todas partes—, debemos concentrarnos en la forma de tomar decisiones. Debemos crearnos un marco que incluya nuestras creencias y nuestros valores. En una crisis, si no tenemos en claro los valores, si no levantamos esas defensas, es probable que tomemos la decisión incorrecta".

Si nos anticipamos y reflexionamos sobre nuestros valores, podremos apoyarnos en ellos cuando nos toque atravesar situaciones difíciles o confusas. Cuando Mullen asumió como jefe de operaciones navales, redactó tres páginas sobre sus creencias y valores principales: la integridad, la confiabilidad, la responsabilidad. Compartió lo escrito con las personas que le respondían directamente y les dijo "Este es un trabajo importante, y estos son los valores por los que me rijo. Me responsabilizo por el cumplimiento de esos valores".

Haz lo siguiente: piensa en tus valores. Es muy probable que ya vivas de acuerdo con ellos, aunque nunca los hayas identificado. Es normal que este ejercicio te lleve un tiempo. Quizás necesites días o semanas para tener en claro cuáles son tus valores verdaderos. Usa la herramienta que te resulte más práctica para dejar un registro escrito de tus valores: lápiz y papel, un diario íntimo, una aplicación para tomar notas. Lo importante es que quede testimonio de lo que descubras.

1. **PIENSA EN TUS ACCIONES.** ¿Por cuáles valores te riges? Quizás valores la honestidad, la lealtad o la familia, y eso ya se demuestre en tus elecciones.
2. **¿QUÉ EXPERIENCIAS INFLUYERON EN TUS VALORES?** ¿Cómo actuaste en los momentos más desafiantes de tu vida? ¿Qué dice eso de tus valores?
3. **PIENSA EN TRES PERSONAS QUE ADMIRES.** ¿Qué valores representan a través de sus acciones? ¿Te gustaría vivir de acuerdo con esos valores?
4. **¿QUÉ IMPLICA VIVIR UNA VIDA SIGNIFICATIVA?** ¿Qué valores se requieren para vivir una vida así?

Escribe una lista con todos los valores que se te ocurran. Al principio, tendrás entre diez y veinte valores. Luego, tómate un tiempo. Durante las horas, o los días, siguientes, tu mente volverá cada tanto a esa lista; por eso, cuando estés listo para revisarla, tendrás una idea más o menos precisa de cuáles de esos valores son los más importantes para ti.

Cuando revises la lista, elige valores saludables. El bloguero y autor de varios éxitos de ventas, Mark Manson, explica la diferencia entre los valores beneficiosos y los valores potencialmente nocivos. Los valores beneficiosos se centran en la experiencia, son constructivos y pueden controlarse. Por ejemplo, la integridad, la honestidad, la curiosidad y el respeto son valores que hacen bien. Los valores nocivos se centran en las emociones, son destructivos y no pueden controlarse. Esos valores incluyen ganar dinero para aparentar o ascender en el estatus social, divertirse en exceso u obtener una gran cantidad de "Me gusta" en las redes sociales. Mason escribe:

> La línea entre el crecimiento y el daño es difusa. Por lo general, se presentan como las dos caras de una misma moneda. Por eso, no es tan importante qué valoras, sino por qué lo valoras. Si valoras las artes marciales porque disfrutas lastimar al otro, se trata de un valor nocivo. Pero si las valoras porque

sigues la carrera militar y quieres protegerte y proteger a tus compañeros, se trata de un valor beneficioso. Las mismas artes marciales, con distintos valores[1].

Elige entre tres y cinco valores que representen lo que más te importa y escríbelos. Deja la nota donde puedas verla: el escritorio o la pantalla de inicio de tu teléfono celular. Esos valores son tu base, la guía en cualquier situación que enfrentes. Cuando la vida se vuelva sombría, repasa esos valores y recuerda qué persona quieres ser y qué personalidad quieres tener.

Define tus propósitos

Si los valores son la base, el propósito es lo que te inspira y te impulsa. A veces, creemos que el propósito es algo que hallamos o descubrimos. Otras, algo predeterminado: "¡Este es tu propósito! Ni una palabra más". Michael y yo lo pensamos de dos maneras distintas: el propósito con minúscula y el Propósito con mayúscula.

En el primer caso, el propósito puede surgir de nuestra vida cotidiana y se asemeja a una meta o un objetivo. Los propósitos con minúscula pueden cambiar y crecer, así como tú cambias y creces. En la escuela secundaria, el propósito puede ser hacer amigos u obtener buenas notas. De adulto, ese propósito puede cambiar y ser destacarse en el trabajo o vivir una vida de la que te sientas orgulloso. Los propósitos de un adolescente son diferentes de los de una persona de mediana edad, y más diferentes aún de los de otra de setenta años. Mi propósito ahora no se parece en nada al que tenía a los veinte.

En mi juventud, mi meta era convertirme en el mejor de los abogados y ganar la mayor cantidad de dinero posible. Quería que mis clientes estuvieran satisfechos y, mientras tanto, ganar dinero. En esa época de mi vida, poder acceder a ciertas cosas —ropa elegante, un auto deportivo, una casa propia, ir a restaurantes— era extremadamente importante para mí, porque, por un lado, quería tenerlas y, por el otro, creía que me hacían quedar bien ante los demás. El foco estaba puesto casi exclusivamente en mí. Al conocer a mi esposa y tener hijos, esos propósitos cambiaron. Cuando sostuve a mi primera hija en brazos, momentos después de que naciera, fue como si se hubiera accionado una palanca: cuidar de esa criatura, proveerla de todo lo que necesitara y darle enseñanzas de vida se convirtieron en mis prioridades. Durante los ocho años siguientes, a medida que fueron naciendo sus hermanos y hermanas, me vi obligado a ser menos egoísta y más paciente. De haber intentado mantener mi antiguo grado de concentración en mí mismo, habría implosionado. Ahora debía pensar a largo plazo; pensar sobre legados y mortalidad. El propósito con minúscula iba cambiando con cada etapa de mi vida.

Entre los veinte y los cuarenta, Michael trabajaba muchas horas al día, todo para demostrar lo que era capaz de hacer. Ese era su propósito en ese momento. Con el nacimiento de sus hijos, la muerte de su madre y el éxito en su carrera, su perspectiva cambió. Ahora, después de muchos años de haberse jubilado, el propósito es otro: dejar una marca en su comunidad y servir a los demás.

El Propósito con mayúsculas es ligeramente distinto. Es más profundo y puede guiarnos a lo largo de toda la vida. A diferencia de los propósitos con minúsculas, los Propósitos con mayúsculas son más amplios que las metas y los objetivos que perseguimos en las distintas etapas. Estos Propósitos pueden permanecer invariables (aunque también pueden cambiar con el tiempo). En los últimos veinte años, mi Propósito ha sido servir a los demás, motivarlos y sacar lo mejor de ellos; eso me guía en todo lo que hago como líder empresarial, padre, esposo, amigo, orador, escritor, etcétera. Ese Propósito continuará impulsando mi vida, más allá de que las situaciones puedan cambiar.

A veces, al principio de nuestras carreras, nos sentimos inseguros, y eso se refleja en la elección de los propósitos. En vez de perseguir nuestros sueños o de vivir de acuerdo con nuestros valores, elegimos una carrera que promete satisfacernos con dinero o con halagos que disipen nuestra inseguridad. A lo largo de los años y en perspectiva, entendí que perseguir los halagos era una pérdida de tiempo, aunque es normal que a uno le guste recibirlos. Con respecto al dinero... ¿quién no lo necesita? La pregunta es en qué cantidad, cómo pensamos usarlo y cuánto estamos dispuestos a sacrificar por él. Conozco a demasiadas personas que perdieron matrimonios, familia, amigos, salud, todo lo que da sentido a la vida, por ir detrás de lo material, el reconocimiento y una percepción de seguridad. Ahora, cuando pienso en mi Propósito, veo cuánto evolucionó, y cómo yo también evolucioné. No me malinterpretes. Me siguen gustando las cosas materiales, como a todo el mundo, pero servir a los demás tiene un significado mayor para mí.

Independientemente de la cultura de la que provengas, es probable que, en parte, asocies el Propósito con el trabajo, ya sea que el foco esté puesto en el éxito personal (carrera, educación) o en el bienestar de otras personas (trabajo voluntario, servicio a los demás, familia). Esto puede llevarnos a pensar que, si nuestro puesto no es importante o no ejerce ninguna clase de poder, no estamos cumpliendo con nuestro Propósito. Nada más alejado de la realidad. Para muchas personas, el trabajo es un medio para ganar dinero y subsistir. El desafío es sentirse dichoso y encontrarle significado, cualquiera sea el trabajo que hagas. Quizás tu trabajo no refleje tu Propósito, pero tu forma de encararlo sí.

Conocí en San Pablo, Brasil, a un camarero excepcional: Guilherme. Es, tal vez, el camarero más atento, solícito y profesional que haya conocido. Era amable y se mostraba de veras interesado por mí; estaba muy familiarizado con el menú y me transmitió lo importante que era para él que mi experiencia en el restaurante fuera inolvidable. Esto fue lo que le dije al terminar de comer (y también se lo dije a su encargado):

—Guilherme, creo que ningún otro camarero se interesó tanto porque tuviera una buena experiencia, y eso que comí en varios restaurantes excelentes. ¿A qué se debe? ¿Es por tu formación? ¿Tus valores? ¿A qué se debe tanta pasión?

Su respuesta me sorprendió:

—Mi madre me inculcó que la vida era servicio. Me gusta servir a los demás y hacer que sus días sean mejores. Quizás vea a una persona una sola vez, pero, de todos modos, puedo hacer que viva una experiencia inolvidable y significativa.

Este camarero no ocupaba un puesto alto con grandes responsabilidades, pero sentía que su trabajo tenía un Propósito, con mayúsculas.

Estoy convencido de que el trabajo debe enriquecernos, no solo en lo económico: la vida es demasiado corta para trabajar en algo que no tiene sentido. Trabajes en lo que trabajes, pregúntate qué hace que te sientas agradecido de tener ese empleo y cuáles de tus virtudes puedes aplicar en él.

¿Cuál crees que es tu Propósito? Al principio, no es sencillo de definir, aunque, seguramente, las pistas estén distribuidas en los mejores momentos de tu vida. ¿Cuándo tuviste la sensación de plenitud? ¿Hay momentos que recuerdes en particular de tu trabajo o de tu vida profesional? ¿Cuáles fueron los mejores? Piensa en las personas con las que trabajabas o a las que les brindabas un servicio en esos momentos. ¿Qué te gustaba de ellos? ¿Cómo influyeron en el significado que tuvo la experiencia? Cuando recuerdas esos momentos significativos, ¿sientes que hiciste algo por mejorar tu mundo o el de otra persona? ¿Cómo lo mejoraste? ¿Te gustaría hacer algo más?

En los cursos Dale Carnegie, los participantes definen sus Propósitos enunciando una misión. Estas enunciaciones sirven para recordarnos cuál es nuestro Propósito y la vida que deseamos construir. Debe ser breve; no más de tres oraciones. Este modelo puede ser útil si no sabes qué escribir: **"Voy a [hacer algo] para [alguien] [aplicando tal o cual destreza] con el objetivo de [lograr un resultado]"**. De todos modos, no es necesario respetar el modelo al pie de la letra. A continuación, algunos ejemplos:

- "Voy a usar mi don para la oratoria para motivar a las personas de mi comunidad".

- "Voy a usar mi capacidad para recaudar fondos con el objetivo de colaborar con las organizaciones sin fines de lucro del lugar donde vivo".
- "Mi misión es educar a niños con escasos recursos y brindarles destrezas que los ayuden a triunfar".
- "Erradicar la inseguridad alimentaria para mis vecinos".
- "Vivir una vida íntegra, amorosa y compasiva".
- "Mi propósito es aprender y capacitarme continuamente para convertirme en una fuente confiable de conocimiento para mi hija cuando crezca".
- "Mi propósito es llevar esperanza en tiempos de dolor e incertidumbre ofreciéndome como voluntario en organizaciones internacionales que operan en países arrasados por las guerras".
- "Poner a disposición mi corazón de servidor para hacer del mundo un lugar mejor".
- "Ser amable con cada persona con la que me cruce".

Al igual que en ejercicios anteriores, enuncia tu misión por escrito y coloca la nota en un lugar donde puedas verla a diario, junto a la otra nota con tus valores. Los propósitos implican responsabilidad. A menudo, una vida bien vivida incluye una cuota de servicio. Janett Liriano, fundadora de INARU Valley —proveedora de productos de cacao de alta calidad de República Dominicana, obtenidos a través de un sistema agrícola ético—, se crio en la cultura caribeña de la ciudad de New York, en la que ayudar al vecino era la norma, no la excepción. "Mis padres me repetían que todos somos responsables. Somos responsables de los demás, de lo malo que sucede, de nuestra felicidad o de nuestra infelicidad", explicó Janett.

Janett llegó a la conclusión de que, aun cuando no esté sirviendo activamente en su rincón del universo ni trabajando para contrarrestar daños, siempre se involucra. Cuando se entera de algún caso de injusticia social, piensa de qué forma contribuye a esa sociedad capaz de engendrar tal violencia. En sus primeras épocas, analizó las operaciones de la plantación de cacao de su padre y así se enteró de que el setenta por ciento de los alimentos en todo el mundo era producido por agricultores modestos que no ganaban lo suficiente para vivir. Janett nunca pudo olvidar ese dato y se propuso garantizar que los que produjeran alimentos también tuvieran acceso a ellos: INARU les ofrece a los agricultores un porcentaje de las ganancias por sus cultivos y asegura que los productores reciban un ingreso justo y confiable.

"Estoy convencida de que la responsabilidad no necesita currículums. No terminé la universidad; aun así, soy la única mujer de color que ganó más de un millón de dólares en una inversión de riesgo... y lo hice dos veces. Mi nombre forma parte de una lista de menos de cien mujeres de color con logros similares. Mis cuatro hermanas y yo fuimos criadas por padres inmigrantes que tenían más de un trabajo para poder darnos la mejor educación y más oportunidades. Verlos superar toda clase de obstáculos me impulsó a hacer lo mismo por otros".

Por su trabajo, Janett debe asumir, una y otra vez, su responsabilidad por la parte que le toca en la sociedad. "Todos somos capaces de provocar cambios significativos, pero desaprovechamos ese poder porque creemos que hay otras personas que pueden hacerlo mejor. Cualquier persona, cualquiera sea su origen, puede comprometerse a brindar un poco de amor al mundo; pero eso no significa que sea sencillo. Por eso decimos que es "una tarea de amor". Deberíamos aprender de los agricultores: trabajan arduamente la tierra pero con amor, para que alguien, en alguna parte, se alimente de su cosecha".

¡TOMA EL CONTROL!

De acuerdo con la cultura en que vivamos, podemos valorar la eficiencia, el servicio, la familia, la igualdad, el dinero, el tiempo, la paz, el éxito, la indulgencia o las limitaciones. ¿Qué tan a menudo revisamos nuestros valores? ¿Los elegimos nosotros, o nuestra familia o comunidad los eligieron por nosotros? ¿Vivimos de una determinada manera porque creemos que así debe ser o porque queremos ser mejores como personas? Tu vida es importante: no la malgastes adoptando los valores de otro. Descubramos qué es lo que nos importa, y aferrémonos a eso. De lo contrario, es probable que terminemos arrepintiéndonos por lo que no hicimos. Dale decía: "Su vida es hoy; la única vida de la que puede estar seguro. Aproveche al máximo el día de hoy". Para aprovechar al máximo el día de hoy, comienza por definir tus valores y tus Propósitos. Pregúntate qué es lo que verdaderamente esperas de la vida, a quiénes quieres ayudar y luego comprométete a hacerlo.

PRINCIPIO

Cultiva tu propósito.

PASOS PARA LA ACCIÓN

- **PIENSA QUÉ CLASE DE PERSONA QUIERES SER.** Exprésalo por escrito con la mayor claridad posible. ¿Qué esperas que digan de ti al final de tu vida? ¿Qué logros deseas obtener? ¿Qué clase de relaciones quieres tener? ¿Qué servicio quieres brindar al mundo?

- **DEFINE TUS VALORES.**
  - Piensa en tus acciones.
  - ¿Qué experiencias influyeron en tus valores?
  - Piensa en tres personas que admires.
  - ¿Qué implica vivir una vida significativa?
  - Expresa tus ideas por escrito y tómate un tiempo.
  - Elige entre tres y cinco valores, escríbelos en un papel y ubícalo donde puedas verlo.
- **DEFINE TUS PROPÓSITOS.**
  - ¿Cuándo tuviste la sensación de que tu vida era plena y significativa? ¿Hay momentos que recuerdes como los más gratificantes? ¿Cómo puedes lograr cotidianamente la sensación de que tu vida tiene valor y sentido?
  - Enuncia tu misión y léela todos los días.

15

Busca un norte para tu vida

¡Dese una oportunidad! La vida es siempre una oportunidad. Los que llegan más lejos son, generalmente, los que están dispuestos y se atreven a aceptar el desafío.

—Dale Carnegie

Una vez que tengas en claro tus valores y tus Propósitos, será el momento de buscar un norte. Los valores son el guardarraíl que nos mantiene en el camino correcto; los Propósitos, el motor que nos impulsa a seguir; y el norte, el destino de llegada.

Las experiencias que Xiaohoa Michelle Ching tuvo cuando niña hicieron que hoy valore la educación, la igualdad y la misericordia. Sus padres llegaron a Estados Unidos como inmigrantes después de haber vivido en campos de refugiados en Tailandia y en Laos, y Xiaohoa cambió muchas veces de estado y de escuela. Cuando cursaba la primaria, Xiaohoa notó que, en algunas escuelas, enseñaban en quinto grado, lo que en otras se veía en segundo. Así llegó a la conclusión de que la educación no era igual en todo el país.

Cuando se mudó a Milwaukee para vivir con su papá, nadie parecía prestarle atención a la escuela secundaria, y las expectativas sobre los estudiantes no eran muchas. El primer día de clase, el rector reunió a los estudiantes y les dijo: "Si no se toman el estudio en serio, ustedes, los ciento veinte estudiantes de primer año, repetirán y no podrán graduarse". Xiaohoa no podía creer que estuviera escuchando eso el primer día. "Los estudiantes que fracasaban eran muchos. Si no lograban aprobar ese primer año y pasar al segundo, tendrían que abandonar la escuela. No había ninguna oportunidad para ellos. Ni siquiera se mencionaba la posibilidad de ir a la universidad. El mensaje era: no tienen salida".

El norte de Xiaohoa de luchar por la igualdad comenzó a delinearse. "Para mí, no había duda de que la situación tenía que cambiar, y me volqué al activismo con energía. En ese entonces, la escuela no contaba con un centro de estudiantes; por eso, pedí incorporarme a la junta directiva para plantear estos temas de los que nadie hablaba". Ya en la universidad, Xiaohoa se unió a la organización Teach for America para ganar experiencia como docente y obtener su maestría.

"Quería resolver todos los problemas. Día tras día, me esforzaba por descubrir el origen de los problemas que identificaba como maestra. En Estados Unidos, no hay trabajo más difícil que el de ser docente". En el aula, Xiaohoa se encontró con muchísimos niños y niñas que necesitaban apoyo emocional, lidiaban con sus propios problemas de conducta o les costaba avanzar en sus estudios: y todo se resumía en sus dificultades para leer.

Xiaohoa dedicó el resto de sus noches a investigar el problema y concluyó que si un niño no aprende a leer bien antes de los ocho años, hay cuatro veces más probabilidades de que abandone los estudios. Y si, además, ese niño proviene de un contexto socioeconómico desventajoso, ese número asciende a trece. "Se me rompió el corazón: mis alumnos de siete años ya estaban en desventaja. Debía hacer algo". Ahí fue cuando vio claro su norte; intentaría resolver las desigualdades en la educación atacando la raíz del problema: la dificultad para la lectocomprensión. Eso hizo. Convocó a un grupo de expertos y creó Literator, un programa informático que permite a los maestros trabajar de manera individual con aquellos a los que les cuesta aprender a leer. El sesenta por ciento de los estudiantes cuyos docentes usaron Literator alcanzaron el nivel de lectura que su grado exigía antes de fin de año.

Miles de estudiantes en todo Estados Unidos van camino a graduarse porque Xiaohoa se dijo "Basta. Puedo hacer algo, y es asegurar que más personas aprendan a leer y tengan la vida que merecen".

Busca tu norte

Ahora te toca a ti buscar tu norte. El norte es el modo en que eliges usar tus valores y tus propósitos para dejar una huella en el mundo. Realiza el siguiente ejercicio con el mismo método (diario íntimo, aplicación) que utilizaste con los valores y los Propósitos. A medida que avances, visualiza las respuestas y escríbelas pensando que ya llegaste adonde quieres estar. Si tu norte es convertirte en un orador de primera línea, podrías escribir algo como "En estos momentos, hablo desde un escenario y motivo a personas de todas partes del mundo". El objetivo es experimentar esa vida que deseas.

1. **¿QUÉ ES LO QUE QUIERES?** Esta es una pregunta tan simple que, incluso, puede decepcionar. Al final de tu vida, ¿qué quieres que digan de ti? ¿Qué esperas haber logrado? ¿Qué esperas haber experimentado? En el capítulo anterior, reflexionaste sobre los valores necesarios para vivir "una vida que tuviera sentido" y sobre cómo esos valores forman la base de tu Propósito. ¿Cuál es el resultado tangible de eso?
2. **¿CUÁLES SON TUS DESTREZAS Y TUS INTERESES? ¿CÓMO PUEDEN AYUDARTE A LOGRAR LO QUE QUIERES?** ¿En qué te destacas? Si no sabes qué responder, consulta con aquellos que te conocen y te aprecian. ¿Qué te anima? ¿Te gusta escribir o realizar actividades artísticas? ¿Te apasiona el tema del bienestar de los animales? Para que el norte sea positivo, debe incluir lo que te haga sentir vivo.
3. **¿QUÉ MEDIDAS DEBERÁS TOMAR PARA CONSEGUIR LO QUE DESEAS?** Puedes comenzar con lo más ambicioso, como obtener una maestría o aprender a cultivar un jardín comunitario; pero luego deberás pensar qué es lo que se necesita para llegar a esos objetivos.

4. **¿CÓMO SERÍA TU VIDA COTIDIANA?** En tu mundo ideal, ¿cómo serían tus mañanas, tus tardes y tus noches? ¿Con quién compartirías esos momentos? ¿Dónde vivirías? ¿Qué clase de trabajo harías y cómo influiría en las personas y en el mundo que te rodea?
5. **¿QUÉ ES LO QUE EL MUNDO NECESITA? ¿POR QUÉ ERES PARTICULARMENTE APTO PARA AYUDAR?** ¡Hay tanto para hacer en el mundo! Tienes que atreverte y hacer lo que estés capacitado para hacer. Piensa en esas destrezas y en esas pasiones que solo tú tienes, y en cómo usarlas para ayudar a los que te rodean. ¿De qué manera tu propósito podría marcar una diferencia?

Sé honesto contigo cuando definas tu norte. A veces, tenemos en cuenta lo que es importante para los demás, en vez de preocuparnos por lo que nos interesa de verdad a nosotros. Quizás sentimos la obligación de hacer algo porque es lo que nuestra familia o la sociedad espera de nosotros, o porque es el camino que alguna vez elegimos. Pero si escribes "En verdad, yo debería...", es probable que te estés refiriendo al norte de otra persona y no al tuyo. Debemos determinar qué significa el éxito para nosotros; no podemos permitir que las ideas o las expectativas de triunfo de otros determinen lo que hacemos en la vida. Debes centrarte en aquello que tú crees que es importante. Repasa tus valores y tus propósitos una y otra vez. ¿Qué es *lo que te* importa? ¿Cómo *te gustaría* ayudar?

Permítete pensar y soñar en grande. Cuando Tamara Fletcher y su familia se mudaron de Jamaica a Estados Unidos, hace muchos años, no tenían demasiado dinero. Cada vez que ella y sus tres hermanos iban al supermercado con su mamá, se quedaban mirando extasiados el sector de golosinas; nunca habían visto nada parecido en Jamaica. Pero no se acercaban porque su madre siempre les advertía "No se atrevan a caminar hacia ese sector". Tamara entendía por qué lo decía: no quería que se entusiasmaran porque la respuesta sería "no". No tenían dinero para comprar nada ahí. Muchos años después, Tamara seguía observando ese sector desde lejos y repitiéndose que no tenía dinero para comprar algo de lo que ofrecían.

Tamara es piloto aficionada y, hace poco, asistió a una fiesta con temática hawaiana en un hangar. Los invitados bailaban al ritmo alegre de la música, y había decoraciones festivas. A Tamara le gustó tanto que le sugirió a su amigo Elijah, quien colaboraba con la organización de las fiestas en su grupo de aviación:

—Tenemos que hacer lo mismo para nuestra fiesta. Hagamos algo divertido, con bailarines de hula-hula y todo.

—No tenemos dinero para eso, Tamara —respondió Elijah.

—¿Cómo sabes que no tenemos dinero? Pregunta cuánto cobra la banda. Luego, cuánto cuesta la decoración. Y la máquina que lanza burbujas. Cuando sepamos el monto, decidiremos si el dinero nos alcanza o no, si necesitamos hacer una colecta o no.

Elijah insistía en que no podían afrontar ese gasto.

Entonces, Tamara le contó la anécdota del sector de golosinas. Aunque era adulta y tenía un salario fijo, seguía convencida de que no podía gastar dos dólares en golosinas.

—Dices que no podemos afrontar el gasto de la fiesta hawaiana simplemente porque lo decidiste así. No hagamos lo mismo que hago yo con las golosinas. —Elijah sonrió y fue a consultar.

"Para muchos aspectos de la vida, adoptamos la actitud 'del sector de golosinas'. Nos decimos que no podemos hacerlo, que eso jamás va a ocurrir. Decidimos que no podemos hacer algo antes de siquiera intentarlo", reflexionó Tamara. A menudo, son nuestros pensamientos sobre lo que es posible o no los que se interponen en el camino. La verdad es que no hay nada que te impida hacer prácticamente cualquier cosa.

Cuando busques tu norte, piensa todo lo grande y todo lo alto que desees. Nadie puede decirte que estás equivocado o te falta preparación. El único límite eres tú. Michael vivió esta experiencia en carne propia cuando tuvo a su cargo un grupo pequeño de personas a principios de su carrera. Michael creía que las negativas de su jefe a brindarle recursos básicos eran injustificadas. Preparó lo que iba a decirle: "Nadie puede negarse a este reclamo", pensó confiado. Por eso, cuando su jefe volvió a decirle que no, Michael se quedó sin palabras.

Volvió a la oficina y dio un portazo. Pero no se quedó rumiando sobre lo que había ocurrido. Tomó una hoja de papel del tamaño de un afiche publicitario y escribió en la parte superior "Si fuera rey, yo...". Durante una hora y media, escribió lo que anhelaba hacer para que a su equipo le fuera mejor, y su estado de ánimo cambió. Sus ideas lo habían entusiasmado. Es más, la mayoría no dependían de la aprobación de su jefe. A partir de ese día, comenzaron cinco años de crecimiento récord para el equipo de Michael.

Quizás no puedas definir perfectamente tu norte desde un principio. Como con el ejercicio anterior, puedes tardar horas, días o más. Con el tiempo, tal vez te des cuenta de que una parte de tu norte es más importante que otra. Al igual que hiciste con los valores y los propósitos, coloca el papel donde hayas escrito tu norte en algún sitio donde puedas verlo a diario.

Sé consciente de que tu norte, probablemente, mute. La primera vez que el doctor Stephen Klasko modificó su norte, ya había traído al mundo dos mil bebés como obstetra en Allentown, Pennsylvania. "En ese entonces, casi todos los ginecólogos y los obstetras eran hombres, y los procedimientos más comunes eran la histerectomía y la cesárea. En medicina, el consenso general era que, si una mujer no iba a dar más a luz, no necesitaba su útero".

Stephen aún era residente cuando comenzó a cuestionar esta idea. No hacía mucho que había asistido a una conferencia sobre la necesidad de realizar histerectomías que había dado un ginecólogo experimentado; y fue en ese momento, cuando, paradójicamente, en el estante de una librería, se topó con los diez libros de no ficción más vendidos. Títulos como *El engaño de la histerectomía* llamaron su atención; cuatro de esos diez éxitos de ventas hablaban sobre cómo la histerectomía había arruinado la vida de distintas mujeres. Entonces entendió que había una desconexión enorme entre sus colegas y las pacientes.

Cuando recibió el título de médico, el norte de Stephen había sido ser el mejor ginecólogo y obstetra de su camada. "Tempranamente sentí que ayudar a las mujeres a tener sus bebés es maravilloso". Sin embargo, estaba claro que una de las enseñanzas principales que había recibido implicaba lastimar a las personas que se suponía que debía cuidar. Hasta ese momento, lo que había anhelado era crecer en su profesión; pero, al advertir esa contradicción, supo que algo debía cambiar.

Stephen investigó sobre los efectos sexuales y psicológicos de las histerectomías y concluyó que los resultados de ese procedimiento eran terribles para las pacientes. "Sobre la base de esa investigación, elaboramos un cuestionario previo que nos permitiera detectar quiénes se perjudicarían con una histerectomía. Sentía que debía realizar un cambio más profundo que realmente influyera en la profesión. Cuanto más estudiaba el tema, más me daba cuenta de que nos habíamos equivocado, y mucho, en ese aspecto. Aquellos libros en el estante de una librería estaban en lo cierto", dijo. Buscó a otros médicos que estuvieran ofreciendo alternativas para evitar las histerectomías y comenzó a trabajar con personas que compartían su norte e intentaban marcar un cambio en la profesión. Entendió que una sola persona puede hacer la diferencia y que basta con un grupo pequeño de personas dedicadas para modificar un paradigma. Con esta idea, Stephen y su socio crearon un emprendimiento, Spirit of Women, centrado en la salud holística.

Aquella vez en la librería fue un punto de inflexión para Stephen. Hasta ese momento, su norte se circunscribía a lo que él creía posible. "Lo que hice a partir de ese momento es lo que llamo 'el enfoque sin límite': ir más allá de lo que uno cree posible y apuntar al arte de lo imposible", dijo.

Stephen varió su norte y su plan de vida muchas veces desde aquel día en la librería, y su lista de logros enorgullecería a cualquiera. Fue decano de dos facultades de medicina y dirigió tres centros de salud académicos hasta llegar a ser presidente y director ejecutivo del Hospital Universitario Thomas Jefferson. En ese tiempo, llevó a cabo una fusión con la Universidad de Philadelphia e impulsó el primer programa de estudios basado en el pensamiento de diseño en una facultad de medicina.

Tener un norte marca una dirección. Es la Cruz del Sur, tu guía; pero no tiene nada de malo modificarlo si algo en tu vida da un vuelco. Si tus valores ya no son los mismos, o si tuviste una epifanía sobre la vida que quieres vivir, es absolutamente natural que cambies tu norte para que se ajuste a eso que ahora ves con claridad. Tu norte debe ayudarte a vivir una vida con propósito, no ser un ancla que te ate a un compromiso que ya no significa nada para ti.

A veces, en la vida, ocurren cosas que, creemos, pueden alejarnos de nuestro norte; y eso lo sentimos como un fracaso. ¿Pero qué entendemos por "fracaso"? Muchos podrían responder que es la incapacidad para satisfacer una expectativa, o la falta de éxito o de decisión para tomar una medida necesaria. Sin embargo, esa es una mirada muy estrecha.

Supongamos que tu propósito es reformar la justicia penal. Tu norte es ingresar a la facultad de abogacía, pero no lo logras. Hay veces en que la clave está en seguir intentándolo; pero en otras es necesario admitir que debemos hacer a un lado algunos objetivos del plan general de nuestra vida. Podríamos sentir eso como un fracaso. Pero hay decenas de otras maneras de reformar la justicia penal sin ser abogado. Tu propósito sigue siendo viable, pero la manera de alcanzarlo debe cambiar.

Cuando tomas la decisión de alcanzar tu norte, debes estar preparado para girar sobre la marcha. No pierdas de vista tu propósito; no pienses solamente en el objetivo que quieres alcanzar en ese momento. De esa manera, si necesitas hacer un cambio o reconsiderar tu norte, no te sentirás atado a una sola forma de cumplir tu propósito. Y recuerda que tu felicidad también es un factor. No tiene nada de malo optar por otro camino, si el que estás siguiendo no te hace feliz; tampoco cambiar tu propósito tiene nada de malo.

Nuestro consejo es que diseñes un plan para tu vida lo más tempranamente posible; no obstante, hay personas que necesitan tomarse un tiempo para reflexionar antes de encontrar su norte. Miriam Duarte, a quien mencionamos en el capítulo 10, "Crea confianza", deambulaba por la vida sin un objetivo definido. Vivía de acuerdo con ciertos valores centrales y podría haberse fijado un propósito, pero su vida carecía de un norte. A los veinticinco años, tuvo una experiencia cercana a la muerte, y eso hizo que intentara buscar un propósito para su vida. En ese entonces, vivía en Portugal y trabajaba en una escuela de surf. Un día, salió a surfear cuando la marea estaba baja y las olas rompían rápido. Quería liberar tensiones después de un mal día; como quien sale a dar una vuelta con el auto a gran velocidad... pero en la playa. Surfeó dos buenas olas; las dos eran enormes. Pero, cuando esperaba la tercera, se cayó de la tabla y al instante se dio cuenta de que algo estaba mal. Cuando salió a la superficie, vio que había sangre en el agua, pero las olas seguían rompiendo, y ella debía sumergirse una y otra vez para evitar las embestidas.

Miriam se lesionó la columna vertebral y tuvo una contusión con derrame cerebral. Los dolores que sufría eran terribles. El panorama era una lesión tortuosa de por vida. Durante los siguientes seis meses, durmió dieciséis horas por día; además, tuvo que mudarse a Alemania para su recuperación.

Por un año, no pudo volver a trabajar. Era la primera vez en su vida que tenía mucho tiempo para reflexionar sobre las elecciones que había hecho. Se dio cuenta de que sus objetivos no estaban en sintonía con lo que quería. No podía entender por qué había elegido lo que eligió. "Era consciente de que tenía un propósito. Pero lo estaba evitando o no sabía exactamente cuál era. Había permitido que los factores externos determinaran mi vida, y los resultados de lo que me ocurría". Consiguió empleo en países como Suiza, porque quería vivir allí. Disfrutaba de su tiempo, pero no se sentía completamente satisfecha. No tenía un norte.

Tomó la decisión de descubrir su propósito. Tenía una sola vida y casi la había perdido. "Me puse a pensar en lo que me gustaba antes. Me encantaba trabajar con personas y ayudarlas a capacitarse durante el proceso de selección para un empleo; había hecho eso durante una pasantía", recordó. Miriam se fijó el norte de trabajar con personas y ayudarlas en su transformación. "Ahora soy instructora. Hace cinco años y medio que hago esto. Es el primer trabajo que realmente me entusiasma, y el único que mantuve por más de un año". El norte de Miriam le permite ayudar a otros y la satisface. Miriam se tomó un tiempo para reflexionar, decidió cuál era su propósito, se fijó un norte y lo llevó a la práctica.

Comparte tu norte con los demás

A fines de los años noventa, yo había pasado de ser un abogado en actividad a trabajar como director de desarrollo para una empresa de bienes raíces de primer nivel. Me había incorporado a la empresa como parte de un programa acelerado de capacitación para ejecutivos, me habían ascendido dos veces en dos años, y estaba de veras a gusto con el trabajo y con mis compañeros. Sin embargo, en el fondo de mi mente, sentía que mi norte era crear mi propia empresa de enseñanza en línea. Decidí hacer un bosquejo del plan comercial, con investigación sobre la competencia, pronósticos financieros y estrategias de lanzamiento en el mercado. Durante meses, me devané los sesos en soledad, sin contarle a nadie. Solo mi esposa, Katie, lo sabía. Creía que, si los demás se enteraban de lo que estaba pensando, me iban a decir "¿Estás loco? ¿Dejar un trabajo espectacular por un emprendimiento? ¿Sabes cuántos emprendimientos fracasan en los primeros cinco años? La mayoría. ¿Qué te pasa? No seas estúpido".

Cuando el plan estuvo listo, decidí asumir un riesgo calculado. Le conté la idea a uno de mis mejores amigos, Randall Kaplan. Randall siempre me apoyaba y me alentaba a dar lo mejor de mí. Cuando, aún en la universidad, recibí una oferta para trabajar en un buen estudio de abogados, Randall me dijo: "Puedes dar más" y me aconsejó que rechazara la propuesta y siguiera buscando. Cuando tomé la decisión de abandonar la abogacía, Randall fue mi ejemplo, porque él ya había optado por ese camino. Me compartió un enfoque innovador, que él había aplicado para crear redes de trabajo con los más importantes líderes comerciales, y me presentó ante varios, entre los que se encontraba el presidente de la empresa de bienes raíces en la que estaba trabajando. Randall era, además, un empresario extraordinariamente exitoso; era el cofundador de una compañía de internet con una de las ofertas públicas de venta más redituables en la historia cuando salió a cotizar en la Bolsa en 1999. A la vez, Randall podría ser brutalmente franco, y yo sabía que, si mi idea no le gustaba, me lo diría sin vueltas. Le expliqué todo el plan por teléfono con lujo de detalles y sentí un gran alivio cuando Randall me apoyó. Que quede claro: me cuestionó y me hizo sugerencias para mejorar, pero, cuando le pregunté si creía que debía jugarme por la idea o no, me respondió:

—Solo se vive una vez. ¿Por qué no arriesgarse? Si logras ajustar el plan comercial, yo mismo voy a invertir en él y ayudarte a expandirlo. Mi apoyo alentará a otros inversores. No te olvides de algo: creo en ti, Joe. Te apoyaría también si quisieras abrir una fábrica de cojinetes o de escarbadientes. —Yo no lo podía creer. Estaba fascinado—. Habla con David Foltyn —continuó Randall—. Es inteligente, tiene buenas conexiones y, si la idea le gusta, te puede ayudar.

¿David Foltyn? David era un abogado reconocido en Michigan, alguien que había conocido por medio de Randall y que respetaba muchísimo, pero no tenía trato con él en ese entonces.

—No puedo contarle esto a David, Randall. De ninguna manera. ¿Y si piensa que la idea es una estupidez? No quiero que David tenga una mala impresión de mí.

—Tranquilo. Llámalo. Además, si David opina que la idea es mala, será mejor para ti enterarte ahora, antes de renunciar a tu trabajo.

Estaba nervioso, pero invité a David a almorzar.

—David, en mi opinión, uno de los peores problemas de los programas de capacitación es que las personas los completan pero, luego, no les dan seguimiento: no aplican lo aprendido como deberían. Quiero crear un sistema informático para que las personas lo usen después de terminar las capacitaciones. Puede ser un programa de ventas o de liderazgo, por ejemplo, durante el cual recibirían recordatorios para aplicar lo aprendido de a poco a lo largo del tiempo. El objetivo es reforzar lo que las personas aprenden en clase y que lo incorporen como hábito. Aquellos que asistan a programas de liderazgo serán líderes más potentes; aquellos que asistan a programas de ventas serán vendedores más exitosos. Creo que, con mi propuesta, esto puede lograrse.

—Me gusta —dijo David—. Viví esa experiencia en carne propia. Me parece algo necesario. —Luego me hizo una serie de preguntas, y fui respondiéndolas de a una—. Es una idea fantástica. Creo que puedo ayudarte —me dijo. "Guau", pensé. "¿David Foltyn me va a ayudar a mí? Es increíble". Pero eso fue lo que ocurrió. David se convirtió en mi asesor. Se encargó de la parte legal para la formación de la empresa y la recaudación de capital. También nos hicimos amigos. Cuando recuerdo los inicios de esa primera compañía, me doy cuenta de que no hubiera podido hacerlo sin Randall ni David, y si mis temores me hubiesen impedido hablar con ellos.

Una vez que determinaste cuál es el norte para tu vida, el paso siguiente es compartirlo con otros. Nadie logra nada solo. Llegamos mucho más lejos si contamos con el apoyo de nuestros amigos y seres queridos.

Hablar de nuestro norte ayuda a verlo más claro. Las personas con las que lo compartamos quizás puedan hacer aportes, o incluso ayudar. Como mínimo, al compartir nuestros sueños, estamos estableciendo un cierto nivel de responsabilidad. Si otros saben de tu norte, podrán exigirte que lo cumplas.

Compartir los sueños puede resultar incómodo; es como exponerse al ridículo. No te voy a mentir: eso puede pasar, pero nada bueno surge del miedo y la inacción. Contarle tus ideas a alguien es un riesgo. Te abres y te vuelves vulnerable. Puede costarte, pero los grandes logros se alcanzan solamente con la ayuda de los demás. Comienza con las personas en las que confías: tu pareja o tu mejor amigo.

Nos sentimos vulnerables al compartir nuestros sueños porque, al hacerlo, estamos pidiendo ayuda. Creemos que debemos hacer todo solos, que buscar apoyo es señal de debilidad. Pero nada se logra solo.

Comparte tu norte con entusiasmo

La clave para alcanzar tu norte y contagiar a otros es el entusiasmo. Uno responde a la energía de quienes lo rodean. Cuando compartí la idea de crear una compañía con Randall Kaplan y David Foltyn, estaba muy entusiasmado; eso fue lo que les llamó la atención. Cuando Michael recuerda el día que compartió con su equipo la idea de "Si fuera rey, yo…", dice "No hay duda de que el entusiasmo fue lo que marcó la diferencia. No fue solo la idea; fue la manera de compartirla. Vi cómo el equipo se entusiasmaba tanto como yo. Esa lección me ayudó a motivar a otros a lo largo de mi carrera".

¿Qué es lo que quiero decir exactamente con "entusiasmo"?

La palabra "entusiasmo" proviene del griego *enthousiasmós*, que significa "inspiración o posesión divina". Los griegos usaban este término para referirse a personas que hablaban enfervorizadas, como si un dios se hubiera apoderado de ellas. Los griegos entendían que todos poseemos una energía interior capaz de exteriorizarse de una manera potente.

¿Cómo te comportarías si compartieras tu norte "como si un dios se hubiera apoderado de ti"? ¿Qué sonido tendría tu voz? ¿Cuál sería el tono? ¿Y tus expresiones faciales? ¿Tu postura? Imagina que estás de pie frente a una audiencia, contándoles con el corazón qué anhelas para el mundo. Miras a esas personas a los ojos, les sonríes, tu voz es fuerte y segura, abres los brazos hacia ellos, y todos te escuchan absortos. Nuestro compromiso emocional es ese ingrediente, esa chispa, que impulsa a los otros a la acción.

Trabaja con otros para alcanzar tu norte

Michia Rohrssen y su equipo crearon Prodigy, un programa informático pionero, que permitía que las personas compraran autos desde sus casas en minutos, en vez de perder horas en las concesionarias. Michia es el primero en reconocer que la pasión de su equipo no es colaborar para que las concesionarias vendan más autos y ganen más dinero. Sabe que, si ese fuera el norte, no tendría equipo, o bien tendría un equipo cuyo único interés sería cobrar a fin de mes. Michia no quería una compañía que solo se interesara en ganar dinero.

"Una vez, asistí a una conferencia muy exclusiva en Silicon Valley; el orador era el director ejecutivo de una empresa que ganaba veinte mil millones de dólares. Ese director ejecutivo dijo: 'Estamos ganando veinte mil millones, pero apuntamos a ganar cuarenta en dos años'. Me fui de la sala. '¿A quién le importa si pasan de veinte mil a cuarenta mil millones? En algún punto, esa empresa que crece debe brindar algún beneficio para la sociedad; su único fin no puede ser la rentabilidad de los accionistas', pensé".

En ese momento, Michia entendió que lo primordial era ejercer influencia positiva. El pasaje que más le gustaba de la Biblia era "Sin profecía, el pueblo se desenfrena"[1]. Era necesario que tanto él como su equipo forjaran un norte que los motivara todos los días; de lo contrario, fracasarían.

"Desde el principio, mis colegas y yo trabajamos para fijarnos una misión que fuera más allá de diseñar programas informáticos para vender autos", dijo Michia. El equipo llegó a algunas decisiones. Por ejemplo, que el eje no sería la concesionaria, sino el comprador. Todos habían vivido la experiencia de que le vendieran un auto que no cumplía con lo esperado —o conocían a alguien que había pasado por eso—; entonces, diseñaron un programa para permitir que cualquier persona pudiera comprar un auto sin sufrir abusos.

La camaradería surgió al ser un grupo variopinto cuyo objetivo era confrontar con el mercado multimillonario de la venta de autos.

Michia sabía que debía comunicar ese norte al resto de sus compañeros. Si quería que lo apoyaran, debía visibilizar en sus actos cotidianos la prueba de que el norte estaba vivo. Para eso, puso en práctica una iniciativa. Por cada auto que se vendiera a través de la plataforma, donarían diez almuerzos o cenas a familias con escasos recursos. Nunca hicieron publicidad ni hablaron sobre eso fuera de la compañía, pero, para el equipo, era importante. El norte de Michia entusiasmaba a todos; estaban dispuestos a trabajar para la causa. Sabían que podían marcar una diferencia en una época particularmente difícil, y terminaron donando la cantidad increíble de ciento ochenta y nueve mil almuerzos o cenas.

Más allá del objetivo concreto del programa informático, el equipo logró fijarse un norte significativo en común y llevarlo a la práctica brindando, a la vez, un servicio a los demás.

Al compartirlo, nuestro norte evolucionará y crecerá. Michia no se sentó y le contó a su equipo lo que iba a ocurrir. Trabajaron juntos para transformar la idea original en un norte que entusiasmara a todos. Si nos aferramos a nuestra primera idea o nos enamoramos de ella, es posible que, sin quererlo, nos cerremos a opiniones que podrían ser útiles. Dejemos que otros participen. Seamos abiertos a nuevas ideas y comentarios y así crearemos colectivamente un norte que entusiasme a todos.

¡TOMA EL CONTROL!

Nuestros valores y propósitos conforman el porqué de nuestra vida, nuestros sueños íntimos. Pero si no pasamos a la acción, esos valores y propósitos permanecerán dormidos. El norte es el "cómo": el plan para hacer esos sueños realidad. Si estamos entusiasmados y lo creemos posible, nos resultará más fácil hacer que otros vean el potencial de nuestro norte, ya sea pequeño o grande. Si nos ocupamos personalmente de fijar nuestro norte y alimentarlo, lograremos dejar la huella que deseamos.

PRINCIPIO

Comprométete a alimentar y compartir tu norte.

PASOS PARA LA ACCIÓN

- **ESCRIBE LO SIGUIENTE CON LA MAYOR CANTIDAD DE DETALLES POSIBLE:**
  - ¿Qué es lo que quieres?
  - ¿Cuáles son tus destrezas y tus intereses y cómo pueden ayudarte a lograr lo que deseas?
  - ¿Qué medidas deberás tomar para lograr lo que deseas?
  - ¿Cómo se hace presente tu norte en la vida cotidiana?
  - ¿Qué es lo que el mundo necesita y por qué eres particularmente apto para ayudar?
- **DEJA DE LADO ESE NORTE Y ESCRIBE UN SEGUNDO NORTE.** Debe ser más ambicioso que el primero. Modifica los detalles. Este norte puede

incluir otras ideas para tu vida que no estaban incluidas en el norte más general.

- **ESCRIBE UN TERCER NORTE.** Este norte debe ser incluso más ambicioso que los anteriores; no importa que parezca imposible o inalcanzable. Déjate llevar; escribe lo que te surja. No te limites a lo que tú o los demás consideran que es posible. Sueña en grande.
- **COMPARA LOS NORTES.** ¿Qué notas? Cuando leas el tercer norte, quizás sientas que te viste obligado a ser más creativo que con los otros dos. ¿Qué te gusta de cada norte? ¿Qué te sorprende? ¿Qué te entusiasma?
- **ELIGE LOS ASPECTOS MÁS INSPIRADORES DE LOS TRES NORTES** e intégralos en una sola idea que te permita ir detrás de tus valores, alcanzar tu propósito y dejar una huella positiva en el mundo.
- **COMPARTE TU NORTE CON LOS DEMÁS CON ENTUSIASMO, PARA QUE SEA CLARO Y PARA COMPROMETERLOS.** Expresa tu norte en voz alta al menos tres veces durante las próximas dos semanas. Presta atención a la reacción de los demás; no lo modifiques en función de lo que te digan, pero sí evalúa la manera en que lo compartes para lograr que esas personas puedan comprenderlo. A medida que avances, perfecciona tu norte.
- **TRABAJA CON OTROS PARA SATISFACER TU NORTE.** Encuentra a otras personas que tengan nortes idénticos o similares al tuyo y piensen juntos en maneras de concretar esos nortes.

16

Construye tu comunidad

Si hace algo por otro, no lo recuerde. Si alguien hace algo por usted, nunca lo olvide.

—Dale Carnegie

¿Qué piensas al oír la palabra *networking*? Cuando hicimos la investigación para este libro, la mayoría de las personas con las que hablamos no tenían una opinión positiva del término. La palabra evoca la imagen de un cuarto repleto de personas repartiendo tarjetas personales a troche y moche, buscando a quiénes puedan ayudarlas, sin tener en cuenta a nadie más que a ellos mismos y sin preocuparse demasiado por establecer conexiones verdaderas. A otros, les recuerda esos mensajes de desconocidos en LinkedIn, quienes nos piden "conectar" e inmediatamente tratan de vendernos algo. Esa clase de *networking* puede parecernos egoísta… y lo es. En su libro sobre *networking*, *Nunca comas solo*, que fue un éxito de ventas, Keith Ferrazzi asegura que la palabra nos produce rechazo porque la asociamos con "el imbécil del *networking*":

> Es el hombre o la mujer con un martini en una mano y tarjetas personales en la otra, y una presentación bien ensayada siempre bajo la manga. Es el o la artista de la lisonja, con la mirada atenta para detectar al pez más grande. Es la persona falsa, impiadosamente ambiciosa, en la que no te quieres convertir.

Todos conocemos a esta clase de personas, y nadie quiere parecerse a ellas. Y evitamos hacer *networking* porque suponemos que así podremos evitarlas.

Recuerda el capítulo 9, "Conéctate", sobre la importancia de entablar relaciones. Gran parte de la vida consiste en relacionarse con los demás de manera significativa. Cuando trabajamos con otros, los ayudamos a alcanzar sus objetivos, y ellos nos ayudan a alcanzar los nuestros. Si se combinan intereses, valores y nortes, las comunidades se construyen alrededor de un propósito central. En una comunidad que se apoya mutuamente, es más sencillo tomar impulso y alcanzar los nortes.

Construir una comunidad implica hallar personas que comparten un propósito. Para nosotros, significa entablar, voluntariamente, relaciones con personas que *promueven el crecimiento mutuo*. Entablar relaciones es un camino de ida y vuelta. No comenzamos una conversación solamente para averiguar qué es lo que esa persona puede hacer por nosotros. Al contrario, el objetivo debiera ser qué podemos hacer nosotros para apoyarla a ella.

Quizás estés pensando "¿Para qué necesito ser parte de una comunidad? No quiero conocer a otras personas. No me gusta ir a lugares nuevos. Me siento incómodo". Lo cierto es que podemos conversar todo el día sobre lo que significa crear una comunidad, pero si no entendemos *por qué* es importante, el *cómo* hacerlo pierde sentido. Dicho esto, ¿por qué es tan valioso formar parte de una comunidad?

Se cree que pedir ayuda está mal, que debemos hacer todo por nuestra cuenta. Cuando la hija de Michael, Nicole, tenía veintipico de años, no permitía que nadie la ayudara. Pero, al terminar su maestría en Administración, había entablado relaciones sólidas y tenía una comunidad de amigos que se cuidaban uno al otro. Después de graduarse, su amiga íntima, Beth, se postuló para un trabajo en una empresa importante de consultoría. Cuando finalmente la contactaron, Beth ya había aceptado otro empleo. De todos modos, quiso colaborar con ellos y les sugirió: "Tengo una amiga, Nicole, que está muy capacitada para ese trabajo. ¿Por qué no la entrevistan?". La hija de Michael sigue trabajando ahí —en el trabajo al que su amiga se había postulado— y le encanta. Lo primero que debemos tener en cuenta es que, si Nicole no hubiese estado capacitada para el trabajo, no la habrían contratado. No obstante, la oportunidad le llegó porque Beth la recomendó y porque a estas personas les agradaba Beth.

Sé generoso con tus esfuerzos

En mi entrevista para el *podcast*, Keith Ferrazzi compartió sus dos conclusiones centrales sobre la diferencia entre hacer *networking* y entablar relaciones genuinas. Formar una comunidad no es pensar qué puedo obtener del otro. "No. Se trata de pensar qué puedo dar yo, qué puedo hacer por esa otra persona. [...] Debemos ser auténticos, honestos. [...] Lo primero es desarrollar empatía y conexión. Cuanto más interpersonal sea la relación, cuanto más te abras, más se abrirá el otro contigo".

Adam Hammes es un ejemplo muy claro de alguien que brindó su tiempo y su esfuerzo desinteresadamente. Hace años, Adam tuvo el placer de compartir un día de playa en la isla Catalina, República Dominicana, con dos de sus héroes de toda la vida: Jean-Michel Cousteau, el legendario explorador oceánico, ambientalista y educador, y Richard Murphy, un ecólogo marino, a quien apodaban "Murph". Cousteau continuaba el legado de su padre, Jacques, en lo concerniente al buceo y las ciencias del mar, y también militaba por la protección de los océanos. Murph era la mano derecha de Cousteau hijo y compartía su lucha. Sus nortes en lo referente al medio ambiente se alineaban con los de Adam.

Adam escuchó sus historias sobre el programa práctico que habían creado con el fin de promover estilos de vida más conscientes y sustentables: los AOTE (Ambassadors of the Environment) o Embajadores del Medio Ambiente.

—Nos enfocamos en los niños porque son el futuro. También apuntamos a que ellos puedan tomar decisiones. Para esto, es importante educar a los padres, porque los niños no tienen la autonomía suficiente para hacer lo que desean en sus casas. Estamos logrando cambios de a poco, aunque no demasiado grandes.

Eso atrajo el interés de Adam.

—¿Quieren decir que necesitamos educación ambiental para adultos? Hace tiempo que tengo la idea de apuntar a los profesionales jóvenes que viven en ciudades, porque ellos se ajustan a esta cultura. ¿Creen que eso ayudaría?

—Claro; sería una forma espectacular de marcar un cambio —le contestaron.

La maquinaria de Adam se puso en funcionamiento. Su norte era crear una fundación sin fines de lucro, cuyo objetivo fueran personas que se mudaban a la ciudad por trabajo y que deseaban conocer a otras con sus mismos intereses. Estaba al tanto de lo que funcionaba —música, buena cerveza, diversión—; simplemente debía agregar educación ambiental. En ese entonces, él también era un veinteañero y sabía que a los profesionales jóvenes les gustaba relacionarse entre ellos.

Compartió esta idea con dos de sus héroes ecológicos, y ellos le dijeron que fuera para adelante. Adam estaba un poco sorprendido; su plan era trabajar con ellos en algún sitio fastuoso, tal vez las islas Caimán, y ahora ellos le decían que fuera y convirtiera su norte en realidad en otra parte. "Alguien a quien admiraba me había dicho que mi idea era buena. ¿Qué se suponía que debía hacer? ¿Fingir que no lo había escuchado y seguir con mi vida despreocupada? ¿O decidirme a actuar?"

Después de pensarlo durante algunas semanas, Adam decidió volver a su estado natal, Iowa, y crear una comunidad en la capital, Des Moines.

Tardó un tiempo en dar los primeros pasos. Para llegar a fin de mes, tenía tres empleos de tiempo parcial y, a la vez, trabajaba en la creación de la organización sin fines de lucro, los "Embajadores urbanos". Al comienzo de su carrera profesional, Adam investigó el proceso de cómo lanzar una organización sin fines de lucro. Asistió a reuniones, se capacitó y agregó personas con sus mismos intereses a sus contactos. Buscó otras organizaciones de la zona que trabajaran con el tema de la sustentabilidad y advirtió que había muchos grupos pequeños de personas apasionadas que intentaban hacer cambios. Pero estaban segmentadas. Algunos grupos se dedicaban a la energía limpia, y otros, a las construcciones ecológicas, el cuidado del agua, la reducción de los residuos o el transporte sustentable. Hacían un trabajo fantástico, pero cada una por su cuenta.

Adam reclutó una junta directiva reducida pero poderosa, y lanzó un sitio web, en el que, a través de mapas, se indicaba la ubicación de estas organizaciones en la ciudad. Así, todos esos esfuerzos, antes compartimentados, quedaban exhibidos, uno junto al otro, conformando un gran movimiento de personas que trabajan por un mismo objetivo en Des Moines. Adam y su equipo organizaban eventos, en los que los voluntarios de toda la ciudad venían y hablaban sobre lo que se hacía para fomentar la sustentabilidad. Esto originó debates sobre lo que deseaban que pudiera hacerse en la ciudad, produjo nuevos contactos e impulsó proyectos colaborativos. "Nosotros organizamos lo que ya estaba. Había interés en ayudar; nosotros solamente les mostramos dónde podían destinar su tiempo y energía", dijo Adam. "Logramos que se llevaran a cabo muchas buenas acciones con el menor duplicamiento posible; eso hizo que el impacto fuera mayor".

Adam no necesitó fundar un sinfín de comités, organizaciones o grupos para alcanzar su norte. Su objetivo fue visibilizar los grupos que ya trabajan en su zona y ayudarlos a cumplir su objetivo.

Adam fue muy generoso con su comunidad y estableció contactos para él y para los que lo rodeaban. Para eso, puso en práctica algunas ideas básicas que todos deberíamos recordar. Cuando te reúnes con alguien, sé amable; una sonrisa y llamarlo por su nombre favorecen la conexión. Después del encuentro, mantén el contacto: envíale un mensaje o un objeto simbólico para demostrar cuánto aprecias el intercambio que tuvieron. Tan simple como unas líneas por Facebook o un correo electrónico. No importa el formato que elijas; asegúrate de que les quede claro que conocerlos fue significativo para ti.

La razón por la cual la imagen estereotípica del *networking* está tan difundida es que, en una época, era la única forma de conocer gente.

Eso ya no es así. La internet cambió la manera de relacionarnos con las personas, los grupos y las organizaciones que comparten nuestros intereses. Ya no hace falta soportar reuniones tortuosas para, quizás, conocer a una sola persona con la que de veras conectamos.

Ponte en contacto con aquellos a los que nos ves ni llamas desde hace tiempo e invítalos a hacer una videollamada o a tomar un café para ponerse al día y enterarse en qué andan. A pesar de su vida ocupada, como escritora, oradora, madre y ejecutiva de una empresa incluida en la lista de Fortune 500, Portia Mount, a quien presentamos en el capítulo 4, "Desarrolla tu confianza", agenda un momento, todas las semanas, para eso. "Envío un artículo de su interés a una persona en mi comunidad o me comunico con alguien con quien hace rato que no hablo y le mando un '¡Hola!'. También me encanta escribir cartas a mano. Nunca como ahora, las personas han ansiado tanto una conexión auténtica". Por eso, no olvidemos el consejo de Dale: sonreír y llamar a las personas por su nombre; a todos nos gusta saber que le importamos a alguien.

A Michael, el trabajo voluntario en su ciudad le brindó más oportunidades que cualquier otra cosa en la vida. Si bien el trabajo voluntario nos compromete a dedicar parte de nuestro tiempo, es una manera fantástica de formar una comunidad y, a la vez, de ayudar a otros.

Halla un propósito en común

Gracias a su padre Eduardo Quintero Cruz aprendió la importancia de desarrollar relaciones mutuamente beneficiosas. Eduardo era un niño observador y estudiaba con mucha atención la forma en que su padre interactuaba con otras personas. Sus conversaciones lo atrapaban. Un día, le preguntó por qué se preocupaba por recordar los cumpleaños de sus clientes, sus amigos y los hijos de sus amigos. "Porque son personas, y las personas son importantes", le explicó su padre. La respuesta era obvia, pero, a medida que fue creciendo, Eduardo comprendió que no todos pensaban así.

En su vida como adulto, Eduardo sostuvo esa calidez para conectarse y fomentar relaciones. Con algunos de sus compañeros de trabajo en Google, Eduardo creó un grupo de recursos para empleados con el fin de contactarse con otros latinos en la empresa. Google cuenta con más de cien mil empleados, lo que hace difícil que se relacionen entre sí. El grupo de recursos fue útil para eso. "Al principio, el único objetivo era relacionarse. Pero el grupo se volvió multitudinario, y ahora no solo sirve para conocer a otras personas, sino como fuente de oportunidades para aquellos que quieren progresar", contó Eduardo.

El grupo se convirtió en una comunidad con miles de miembros en todo el mundo. Organizan reuniones con fines colaborativos y encuentros para intercambiar experiencias. Brindan oportunidades a empleados en los niveles más bajos o a los que deseen realizar una tarea diferente dentro de la compañía, especialmente a los latinos, tanto en Estados Unidos como en el resto del mundo. Cuando el huracán María destruyó gran parte de Puerto Rico, enviaron un grupo de voluntarios para colaborar con la reconstrucción. Para Eduardo, ver que el grupo original se transformó en una fuerza del bien es una satisfacción.

Para Portia Mount, las comunidades promueven las acciones solidarias y, en su opinión, no es complicado hacerlo. "Doy un ejemplo breve. Una vez, leí en Twitter un artículo sobre qué significa aliarse con alguien que me pareció interesante y lo retuiteé. Dio la casualidad de que uno de los autores vio el tuit y me preguntó si podíamos conversar". Portia respondió que les encantaría conversar con ellos. "Antes de la conversación, ingresé a su sitio web y vi que nuestros trabajos estaban profundamente conectados. Es algo increíble, ¡pero tan común! El diálogo que iniciamos a partir de ese momento fue fantástico. Y solo bastó con compartir un artículo", dijo Portia. "Esas cosas son las cosas para las que debemos hacernos tiempo en la vida: la conexión genuina con el otro, la curiosidad y las ganas de relacionarnos".

Por otro lado, no tiene nada de malo ser selectivo, particularmente si construyes una comunidad sobre la base de un norte en común. No todos tienen los mismos nortes. Negin Azimi, de quien hablamos en el capítulo 7, "Lidia con el estrés", comenzó a construir su comunidad cuando era joven. Aprendió muy pronto a apartarse de las cosas y de las actividades que no aportaban valor a su vida. Decidió no seguir a varias personas en las redes sociales y no se relaciona con aquellas que no comparten sus valores. "Cuando era más joven, quería tener muchos amigos. Pero aprendí los principios para desarrollar relaciones genuinas y no tengo tiempo para aplicarlos con tantas personas. Escojo a unas pocas que sí compartan mis valores y los aplico con ellas".

Crea oportunidades para los demás

Recuerda: una comunidad es una carretera de doble mano. Habrá momentos en la vida en los que alguien te preste un lugar donde vivir o te ofrezca un trabajo remunerado. Haz lo mismo con otros que no están tan bien relacionados como tú, con los miembros marginalizados de la sociedad.

Moses Mbeseha creció rodeado por familiares y miembros de su comunidad. Vivía en una misma casa con muchísimos otros primos y primas y sus familias, y con amigos que siempre iban y venían. "Cualquier cosa que tuviéramos, debíamos compartirla; no solo para asegurarse de que todos tuvieran algo, sino para estimular la amistad y la armonía". Durante la secundaria, Moses trabajó como voluntario en la Asociación Cristiana de Jóvenes, y, todos los domingos, su familia invitaba con un *brunch* a los miembros de su iglesia. Los padres de Moses viajaban mucho por trabajo; eso lo forzó a aprender a pedir ayuda a los demás. "Mi vida dependió de una comunidad que siempre estaba ahí. '¿Quieres jugar al fútbol? Juguemos. ¿Necesitas que te alcance con el auto? Te llevo. ¿No sabes cómo hacer algo? Te enseño'". Eran relaciones de beneficio mutuo, daba y recibía, y todos estaban dispuestos a ayudar.

Esta manera de pensar no cambió cuando Moses dejó la casa de sus padres. "Siempre conté con alguien que me guiara. Por eso, en la universidad, me preocupé por ver a quién podía ayudar, qué más podía brindar y cuáles eran mis recursos".

A los veintipico, Moses fundó Conscious Connect con un amigo que conoció en la universidad. Conscious Connect brinda oportunidades a niños con escasos recursos y lucha por lograr la igualdad en educación, cultura, salud y seguridad. Comenzaron transformando "los desiertos de libros" —áreas dentro de Estados Unidos donde hay un libro cada trescientos niños— en oasis literarios, mediante donaciones de libros apropiados para cada edad y culturalmente relevantes, escritos por distintos autores. Desde 2015 han repartido más de sesenta mil libros en la región del valle del Gran Miami, en Ohio.

Cuando Moses se enteró de la falta de parques en los que los niños pudieran jugar en Springfield, Ohio, quedó con la boca abierta. "Voy a hacer todo lo que haga falta para garantizar que haya más parques de acá a dos años", se dijo. Moses cree que, si sientes pasión por algo y realmente quieres que ocurra, debes apuntar a tu comunidad. Dejar una huella no implica, necesariamente, "cambiar el mundo". "Piensa en los problemas de tu vecindario, de tu comunidad y enfócate en eso. Reúnete con las personas adecuadas. Yo no hago nada solo. Para cualquier idea que tenga, pienso en dos o tres personas a las que podría convocar. Yo tomo la delantera, y sé que ellos me van a apoyar de ahí en más". Al convocar personas que él sabe que son buenas para determinados trabajos o que sienten pasión por ciertas causas, Moses crea oportunidades para que otros también puedan trabajar y servir a los demás.

Liderazgo de servicio

Hay un aspecto en la construcción de una comunidad que requiere de liderazgo, aunque tú no te consideres líder. Para Michael y para mí, líderes son aquellos que obtienen lo mejor de los demás y, en ese proceso, construyen una comunidad. Tu éxito como líder no tiene que ver contigo, sino con lo que seas capaz de hacer trabajando con los que te rodean en pos de un bien mayor.

Muchas veces me preguntan a quién admiro más como líder, y mi respuesta es siempre la misma: Alan Mulally, el antiguo director ejecutivo de Boeing y de Ford, quien generó culturas positivas, de trabajo en equipo, y logró que dos empresas desfallecientes se volvieran pujantes. El periódico *The Seattle Times* lo apodaba "El señor Simpatía"; y no se equivocaba. Con los años, pude conocer muy bien a Alan, y no hay duda de que es extremadamente simpático. También es tenaz cuando persigue un resultado, intransigente con sus valores e intolerante con actitudes que subestiman a otras personas y culturas.

Alan salvó a Boeing del colapso financiero posterior a los atentados del 11 de septiembre de 2001 y dedicó los cinco años siguientes a transformar esa compañía en un emblema de la cultura de la colaboración y de los ambientes laborales saludables. En 2006, recibió un llamado de la empresa Ford Motor: necesitaban su ayuda. En ese momento, Alan creía que ningún panorama podría ser peor que el de una empresa de aviación después del 11 de septiembre, pero estaba equivocado. Ford enfrentaba una bancarrota inminente y necesitaba un milagro.

El director ejecutivo, Bill Ford, le describió con honestidad la situación en la que la empresa se encontraba; no intentó suavizarla en beneficio propio. Bill priorizó el destino de la empresa a su ego y le pidió a Alan que tomara las riendas. Alan admiró la sinceridad de Bill y quiso promover esa actitud en el resto de la organización. Su objetivo era infundir la responsabilidad y la honestidad entre los empleados. No habría secretos: todos formarían parte del proceso, independientemente de su puesto. Iba a hacer falta la totalidad del personal para sacar a Ford de la fosa.

Alan analizó con cuidado el funcionamiento de la empresa, investigó a los fabricantes de la competencia, retomó los valores originales de Henry Ford y, lo más importante, hizo preguntas. Era el director ejecutivo, pero era consciente de que no tenía la totalidad de las respuestas; necesitaba los aportes de todos dentro de la empresa. "Lo opuesto a la humildad es la arrogancia. Es un veneno que te hace creer que eres el dueño de la verdad y que estás ahí para dar órdenes a los demás", afirmaba Alan. "Como líder, llega un momento en que se te escapan los detalles. Por eso, es importante hacer preguntas, mostrar interés y ser curioso, más que decirles a los demás lo que deberían hacer".

Con esta información, Alan desarrolló una estrategia y la compartió con la empresa. El equipo continuó contribuyendo con el plan a lo largo del tiempo, y Alan nunca interrumpió la comunicación ni con ellos ni con los clientes. Su función era enmendar la situación, pero también evitar que el desánimo se expandiera. Los empleados sabían que Alan los apoyaba: luchaba por el éxito de la empresa y hablaba positivamente de la transformación en público. Alan creía en Ford; esto hizo que los empleados también creyeran en la empresa, y luego, su entusiasmo se propagó al resto de Estados Unidos. Tres años después de la llegada de Alan, Ford pasó de una casi bancarrota a una ganancia anual de dos mil setecientos millones de dólares. Y, dos años más tarde, Ford era la empresa automotriz más rentable del mundo.

Alan entendió que ser un buen líder implica creer en los que te rodean y aprender a trabajar con ellos. "El líder es quien marca el ritmo de la cultura. Lo más importante es saber que lo que eres como persona es lo que más influirá en tu eficacia como líder". A Alan, eso le trae recuerdos de los desayunos en la mesa familiar y de su madre, que le decía "Solo si aprendes a trabajar con otros, podrás dejar una huella realmente profunda".

En Alan se observan los rasgos centrales de un líder de primera línea: es confiable, empático, ambicioso y tiene un deseo constante de aprender. No solo logra resultados notables, sino que lo hace incluyendo a todos, trabajando en equipo y sacando lo mejor de cada uno. Esta es la clase de liderazgo de servicio en el que Michael y yo creemos[1].

Qué eres como persona —y cómo trabajas con los que te rodean— es más valioso que tu título o tu puesto. Aprendimos que los líderes más motivadores —aquellos que marcan la diferencia— se manejan con autenticidad y priorizan a los demás. En más de ciento diez años brindando capacitación de liderazgo a través de sus cursos, el equipo de Dale Carnegie puede asegurar que las personas estamos más dispuestas a aceptar como líderes a aquellos que establecen una conexión con nosotros en el aspecto humano y que son fieles a su manera de ser, poseen valores morales y dan prioridad a los demás.

¡TOMA EL CONTROL!

Para hacer un norte realidad es necesario contar con una comunidad. Nadie trabaja solo: debemos rodearnos de personas que piensen como nosotros para que nos ayuden, y para ayudarlos. En Dale Carnegie, nos gusta decir que "sostenemos un mundo que ayudamos a crear". No hay nada que reemplace la fuerza y la influencia de una comunidad que se cuida mutuamente y que cuida su lugar en el mundo.

PRINCIPIO

Halla un propósito en común con otras personas.

PASOS PARA LA ACCIÓN

- **PIENSA EN LOS QUE TE RODEAN.** ¿Quiénes comparten tus nortes y valores? ¿En qué pueden ayudarse para lograr cada uno sus nortes?
- **ARMA UN PLAN QUE TE PERMITA TENER TIEMPO PARA LOS DEMÁS.** ¿Cuánto tiempo puedes dedicar a desarrollar tu norte y el de los demás?
- **CREA OPORTUNIDADES PARA LOS DEMÁS.** ¿De qué manera puedes abrir puertas para que los demás alcancen sus objetivos? ¿Qué cambios puedes introducir hoy para modificar la trayectoria de la vida de otra persona?
- **PROMUEVE UNA COMUNIDAD QUE ALIENTE EL CRECIMIENTO MUTUO.** Piensa en tu grupo de amigos. ¿Se solidarizan con tus objetivos? ¿Son de los que deambulan por la vida o de los que persiguen sus propios

nortes? Si pertenecen al primer grupo, busca comunidades, grupos sociales u organizaciones que se alineen con tus valores y objetivos. Vincúlate con personas que sirvan de sostén para tu crecimiento y evolución.

17

Deja una huella en el mundo

Los pocos que intenten servir desinteresadamente a los demás tienen una ventaja enorme en este mundo.

—Dale Carnegie

Mi padre decía: "Aprovecha la vida al máximo; nadie sale vivo de la experiencia". Tenía razón. Todos los días contienen posibles disfrutes, conexiones, aportes y significados. Y, con cada día que pasa, perdemos una posibilidad. No es una postura mórbida o negativa: es un hecho. Nos recuerda que, un día, ya no estaremos aquí. ¿Cómo queremos usar nuestro tiempo? ¿Deseamos que, al partir, el mundo sea mejor que el que recibimos? ¿Qué influencia buscamos tener en el mundo o en las personas que nos rodean?

Hasta el momento, nos hemos concentrado en fortalecer nuestra capacidad de decisión, en manejar nuestros pensamientos y emociones y en desarrollar mayor coraje y resiliencia. También aprendimos a entablar relaciones más duraderas y comenzamos a pensar en lo que significa vivir una vida con propósito. Todo lo que leyeron en este libro —cada capítulo, principio e idea— conduce a este punto: dejar una huella en la vida. La mayoría soñamos con eso, con marcar una diferencia que haga del mundo un lugar mejor. Pero, para eso, lo primero es hacernos cargo. "Responsabilidad" es una palabra pesada, pero, si no se tiene, es casi imposible dejar un legado.

Juan Pablo Romero Fuentes describe su infancia en Jocotenango, Guatemala, como "indirectamente dolorosa". Sus amigos crecieron en familias con problemas de adicciones, maltrato y violencia pandillera. Formar parte de una pandilla no era lo que los amigos de Juan soñaban para su vida adulta. Ellos querían ser jugadores de fútbol, ganar dinero para ayudar a sus familiares y amigos y tener una buena vida. Pero les faltaban recursos para cumplir ese sueño. No tenían a nadie que los protegiera, y la calle era su patio de juegos.

La familia de Juan también era pobre, pero de bases sólidas. Su padre era maestro, y su madre, predicadora. Les inculcaban valores a sus hijos, y Juan siempre tenía alguien que lo cuidara y un plato de comida, cosas de las que sus amigos no siempre gozaban. Juan ingresó en la universidad, pero el primer semestre le resultó muy difícil y abrumador. Un día, el profesor de Psicología le pidió a Juan que saliera de la clase porque estaba haciendo demasiadas preguntas. "En ese momento, entendí que mi vida no estaba en esa clase de escuelas. Antes de salir del salón, le agradecí por haberme enseñado la mejor lección que cualquier universidad podía ofrecer: 'Un día voy a fundar un lugar en el que todos los estudiantes puedan preguntar lo que quieran'".

Cuando regresó a su ciudad natal, Juan encontró un propósito. "La mayoría de mis amigos estaban presos o habían sido asesinados por pandillas. Otros, simplemente, habían desaparecido. Comprobar lo mal que estaba la situación me entristeció". Vio a los niños jugando en esas mismas calles, enfrentando los mismos problemas de adicciones y violencia. "Si nadie hacía nada para combatir la delincuencia, ocurriría lo mismo con la próxima generación, y la siguiente. Era necesario proteger la vida de esas criaturas y hacer algo por su futuro".

Juan no se dejó controlar por las emociones. Buscó motivación en el enojo y la tristeza. Lo pensó y concluyó que el problema tenía solución. Entendió que debía hacerse cargo de la situación —aunque él no la hubiera originado— si quería que mejorara.

Juan pretendía ayudar, pero no desde un sistema escolar rígido que restringiera a los estudiantes. Se le ocurrió una idea: el lugar más seguro que conocía era su casa. Era una casa sencilla, antigua, con flores y árboles frutales, repleta de amor filial. Así que reunió a su mamá y a su papá y les propuso abrir una escuela allí.

—¿Te volviste loco? —reaccionaron.

—Esta casa debe ser un lugar seguro para esos niños, como lo fue para mí. Hagámoslo por los que no tienen ninguna oportunidad. Si no hacemos algo por ellos, esos niños no tendrán futuro —les respondió Juan.

Estaba tan entusiasmado con la idea que sus padres accedieron a prestarle la casa. "Fue el acto de amor más maravilloso que alguien hizo por mí", dijo Juan.

Al principio, los niños no se mostraron interesados. "Les dije que iba a abrir una escuela nueva. Como odiaban la escuela, no quisieron saber nada".

Juan no perdía la confianza. Una noche, después de tres semanas infructuosas, se puso a pensar en qué cambios debía hacer y decidió hablar con ellos.

Al día siguiente, se acercó a conversar con un grupo de niños en su barrio.

—Hay espacio para jugar, comida. Los esperamos. ¿Qué les gustaría hacer? —Tenían hambre, así que ese punto cautivó su interés.

—¿Podemos mirar la televisión?

Ese día, tres niños fueron a la casa de Juan. A la semana, ya eran diez.

Juan se dio cuenta de que tenía que suplir ciertas necesidades básicas antes de pretender enseñarles algo. Estos niños no siempre lograban comer lo suficiente ni contaban con un familiar que les cocinara. Juan les brindó conocimientos prácticos: les enseñó a comprar alimentos, a cocinar y a lavar platos y utensilios. El eje era el arte; eso hizo que los niños se sintieran libres y crearan. Tocaban instrumentos, pintaban, leían poesías y bailaban *breakdance*. Y, una vez que disfrutaron y sintieron que podían lograr objetivos, comenzaron a estudiar.

Pasaron seis meses, y la escuela estaba tan repleta de estudiantes que ahora contaban con un equipo de voluntarios, hacían colectas y estaban en la búsqueda de un edificio más amplio. "No se trata solamente de expresar tu norte. Se trata de escuchar al otro y saber qué necesita", dijo Juan. Durante los ocho años siguientes, la escuela creció hasta convertirse en una organización, El Patojismo, que brinda destrezas interpersonales, técnicas y académicas a jóvenes abandonados a su suerte. Por esta tarea, en 2014, Juan fue nominado como uno de los diez héroes del año para el especial anual de la CNN.

Juan afirma que el crédito es de los niños, que ellos lo motivaron para actuar. "Decían que tenían hambre, miedo, que sus padres los golpeaban, que vivían en la calle, que no habían comido; eso me rompía el corazón, pero no de tristeza: de rabia. Sentir rabia y amor a la vez te inspira a hacer algo. Esos niños me dieron esperanza; compartían su dolor conmigo con la expectativa de que hiciera algo para sanarlos".

Hacer del mundo un lugar mejor puede empezar con una intención. Juan no pretendía convertirse en líder ni crear una organización que despertara interés en todo el mundo. Quería que su vida fuera importante para otros, marcar en ellos una influencia profunda y duradera. Juan pretendía mejorar la vida de los niños en su vecindario; para eso, abrió su casa, los alimentó y les ofreció un lugar seguro para pasar el día. Por medio de esta tarea, dio rienda suelta a muchos de sus talentos: su visión artística, musical y creativa, y el deseo de ayudar a los demás. Su trabajo le brinda una sensación profunda de placer y satisfacción y, al final de su vida, Juan tendrá la seguridad de que marcó una huella en su comunidad.

¿Qué podemos hacer para que nuestras vidas sean importantes? En su libro, *La segunda montaña*, David Brooks, periodista del *New York Times*, habla de las dos montañas que muchos de nosotros debemos superar en la vida. La primera es la que, generalmente, asociamos al éxito: estudiar, elegir una carrera, formar una familia, hacerse de un nombre y ganar dinero. "Los objetivos en esta montaña son los que nuestra cultura promueve; que los demás piensen bien de ti, que te inviten a formar parte de los círculos sociales adecuados y que seas feliz en lo personal".

Pero luego está la vida. Si no buscamos pensamientos inspiradores ni trabajamos con nuestras emociones, caeremos rodando de esa primera montaña cuando experimentemos un fracaso, suframos por un ser querido o terminemos con una relación importante. O podemos caer al percatarnos de que el éxito no lo es todo. Esta época puede resultar difícil, pero, si tenemos suerte, durante la batalla, podremos descubrir una segunda montaña; una mucho más significativa. "La segunda montaña no se opone a la primera. Al escalarla, no nos olvidamos de la otra", dijo Brooks. "No escalamos la segunda montaña de la misma manera que lo hicimos con la primera. Tú conquistas la primera montaña… la segunda te conquista a ti. Te rindes ante lo que te convoca, haces todo lo posible por responder a ese llamado y resolver el problema o la injusticia frente a tus ojos". La segunda montaña tiene que ver con dejarse llevar y servir a los que nos rodean.

Si tenemos suerte y vivimos nuestra vida con un propósito, perteneceremos a la segunda montaña. Podremos vivir vidas con sentido y hacer del mundo un lugar mejor. Al dedicar nuestra vida a hacer el bien, descubriremos un propósito escondido en nuestro interior. Quizás nos preocupe no estar a la altura de las circunstancias, pero marcar una huella y vivir una vida de servicio nos ayudará a crear un legado que trascienda nuestro tiempo en la Tierra, aunque avancemos de a poco todos los días. Nuestro deseo es que, cuando termines de leer este capítulo, sientas que eres capaz de dejar una huella y hayas reunido el valor y la determinación para hacerlo.

Las personas tienden a pensar, con demasiada frecuencia, que no son capaces de marcar una influencia positiva en el mundo en el que viven. Eso me recuerda a "El lanzador de estrellas", el cuento de Loren Eiseley. Trata de lo siguiente: un hombre caminaba por la playa después de una tormenta muy fuerte. Hasta donde alcanzaba la vista en ambas direcciones, la playa estaba cubierta de estrellas de mar desperdigadas sobre la arena.

A lo lejos, vio a un pequeño que caminaba por la orilla. Notó que levantaba algo y lo arrojaba al mar.

—¡Buen día! ¿Puedo preguntarte qué estás haciendo?

El niño levantó la mirada y respondió:

—Arrojando estrellas al mar. La marea las trajo a la playa y no pueden volver solas. Si no las devuelvo al agua, cuando salga el sol, morirán.

—Pero debe de haber decenas de miles de estrellas de mar en esta playa. No creo que puedas salvar muchas.

El pequeño tomó una estrella de mar con la mano y la arrojó lo más lejos que pudo al océano.

—¡Salvé esa!

¿Cómo podemos ser "lanzadores de estrellas" para la gente que nos rodea? Como amigos, compañeros de trabajo, líderes, padres, ciudadanos. Todos los días, nos cruzamos con personas que necesitan el talento, la compasión y la amabilidad que solo tú y yo podemos darles; y si no lo hacemos, la oportunidad se pierde. En *Cómo ganar amigos*, Dale cuenta que adhirió una cita en su espejo para leerla todos los días y lo incentivara a actuar: "Pasaré por este camino solo una vez. Por lo tanto, todo bien que pueda hacer o toda amabilidad que pueda demostrar a cualquier ser humano, déjamelo hacer ahora. No permitas que lo ignore o lo postergue, porque no volveré a pasar por aquí".

Frente a una oportunidad, tomemos el compromiso de dar lo mejor de nosotros para ayudar en lo que podamos, sin preocuparnos por el resultado, porque ya estaremos contribuyendo a que el mundo sea mejor.

Yulkendy Valdez sintió el impulso de estudiar abogacía y dedicarse a la justicia social después de enterarse de que Alton Sterling, un hombre negro, había sido asesinado por la policía en Baton Rouge, Louisiana. Escuchó la noticia mientras viajaba en tren hacia el lugar donde estaba haciendo una pasantía, y se largó a llorar. La noticia era especialmente movilizante para Yulkendy: ella había estudiado en una escuela en el distrito de Ferguson, estado de Missouri, donde otro hombre negro, Michael Brown, había sido asesinado a balazos por la policía hacía unos años. No quería vivir en un mundo que naturalizara la violencia racial.

Yulkendy ya había completado la mitad de su pasantía en una consultora. Se había presentado a entrevistas para un puesto de jornada completa y un salario estable, si era que la seleccionaban. Pero ese día, cuando llegó a la oficina después de haber escuchado la noticia sobre Alton Sterling, la indiferencia de sus compañeros la sorprendió. Lo único que les preocupaba eran sus tareas cotidianas: terminar las presentaciones para los clientes, causar una buena impresión, progresar en el trabajo. "Por dentro, sentía que mi mundo se había derrumbado; no me sentía cómoda", reconoció.

Primero, pensó cuál podría ser su aporte. El racismo es un problema tan extendido y sistémico que dudaba de que una sola persona pudiera influir en algo. Al mismo tiempo, Yulkendy sentía la presión de las expectativas puestas en ella. Pertenecía a una familia que había emigrado de República Dominicana a Estados Unidos y creía que debía encontrar un trabajo para ayudarlos y también para evitar que su hermano menor estuviera tan pendiente del dinero como estaba ella.

Yulkendy tenía programada la entrevista final con la consultora cuando le llegó la oportunidad de viajar a Los Ángeles y reunirse con educadores y activistas del área de la diversidad. La invitaban y, además, la auspiciaban; lo único que tenía que hacer era ir. ¿Cuál elegir? ¿La primera o la segunda montaña? Esa era la disyuntiva. Al final, se lanzó a la segunda montaña. "Algo se apoderó de mí. En vez de presentarme a la entrevista, a la que se suponía que 'debía' ir, tomé un vuelo a Los Ángeles para ampliar mi experiencia en emprendimientos sociales". El poder de su sueño sobrepasó el poder de sus dudas. Yulkendy era consciente de que quizás su familia estaría desilusionada por su decisión, pero, en ese viaje a Los Ángeles, halló su verdadera vocación. Su objetivo ahora era dedicarse tiempo completo a esta actividad; crearía una organización para ayudar a los jóvenes de color y para brindar destrezas de liderazgo inclusivas a líderes corporativos.

"No podía esperar; quería usar mis habilidades para hacer el bien". Rechazó entrevistas y no se presentó a ninguna solicitud de empleo durante su último año en la universidad. Utilizó ese tiempo para enriquecer su compañía, Forefront, y conoció a su socio comercial. En 2019, la eligieron para integrar la asociación Camelback Ventures y, en

2020; la incluyeron en la lista de emprendedores sociales menores de treinta años de Forbes 30. En la actualidad, Yulkendy trabajar para Visible Hands, una empresa que ofrece financiación en la fase de presemilla a proyectos que no siempre son tenidos en cuenta. Para Yulkendy, es una manera de agradecer lo que hicieron por ella y de allanar el camino a otros emprendedores.

Las maneras de ayudar son muchas: colaborar como voluntario o *ad honorem* en una organización sin fines de lucro, lanzar un emprendimiento con el objetivo de hacer el bien, elegir una carrera que se alinee con tus valores. O, tal vez, donar una parte de tus ingresos a una causa que te preocupe. Hacer un aporte no siempre implica actuar a gran escala.

Mi padre era un alcohólico en recuperación. Se mantuvo limpio y sobrio durante cincuenta y un años. Nunca me lo confesó pero, dos o tres veces por semana, decía que iba a una reunión en la municipalidad, cuando, en realidad, asistía a Alcohólicos Anónimos. Yo estaba convencido de que mi padre tenía una gran conciencia cívica. Años después, le dije a mi madre, en broma, que él había despertado mi interés en la política, ya que lo que yo buscaba era imitar su compromiso y participación. No me molestaba que me hubiera engañado; cuando crecí, me explicó todo y comprendí cuánto lo avergonzaba su pasado. En 2017, cuando mi padre falleció, me conmovió que, una tras otra, en su funeral, las personas se acercaran para decirme que él les había salvado la vida. Aparentemente era una leyenda en el grupo de Alcohólicos Anónimos de la zona, porque no había bebido ni un trago en más de cinco décadas. Alentaba a los que seguían lidiando con su problema a superar cada día. A pesar de sus muchas responsabilidades laborales, se hacía tiempo para los demás: los llamaba por teléfono para saber cómo estaban, los invitaba a tomar un café, les ofrecía palabras de aliento. Les daba esperanzas y creo que nunca tomó conciencia de la influencia que ejercía en otros. Pero mi padre buscaba que su vida tuviera un propósito y también ayudar a quienes enfrentaban una situación que él ya había padecido. Motivaba a los demás con solo estar y ser auténtico.

Cuando a Scott Stibitz le diagnosticaron Alzheimer, se desesperó y angustió. Pero no se dejó ganar por la impotencia. Muy poco tiempo después de que le informaran sobre su enfermedad, decidió que iba a vivir el tiempo que le quedaba lo más plenamente posible. Planificó algunos viajes con su familia a lugares donde ya había vivido, como Barcelona, en España, y a otros que quería conocer, como Memphis, en Tennessee. Esos viajes fueron muy importantes para él, pero lo más significativo era su trabajo como voluntario. Más que nunca, lo central para él era ayudar a la mayor cantidad posible de personas mientras le fuera posible. Como su tipo de sangre no era de lo más común, donó casi doscientos litros en unos pocos años. Adoptó animales en tránsito. Compraba libros que le interesaban, aun cuando ya no podía leerlos, y los donaba a la biblioteca. Colaboraba con otras personas en estadios más avanzados de la enfermedad; las acompañaba al médico y las ayudaba a ocuparse de su casa y de sus mascotas. Se preocupó por los demás todo el tiempo que pudo; hasta el último día de su vida, lo más importante para él fueron las relaciones con otras personas. Todo lo que hizo lo hizo dentro de su comunidad, en una escala pequeña, pero su influencia cambió para mejor la vida de decenas de personas. Este hombre, aun en la última etapa de su vida, aun con un obstáculo muy difícil por delante, tomó la determinación de vivir para los demás y ayudarlos todo lo posible.

Marcar una huella en los demás implica, por sobre todas las cosas, ser auténtico. Todos podemos ejercer una influencia significativa en el mundo si vivimos de acuerdo con quienes somos.

¡TOMA EL CONTROL!

Todos tenemos la responsabilidad de hacer lo que esté a nuestro alcance para que el mundo sea un lugar mejor. Nosotros estamos convencidos de que vivir consiste en usar nuestras habilidades para marcar una diferencia y de que "A quien mucho se le da, mucho se le exige"[1]. Más allá de cuáles sean nuestros valores, nuestros objetivos deberían ser lograr el crecimiento personal, desarrollar la empatía y contribuir significativamente con los que nos rodean. Una vez alcanzados estos objetivos, estaremos más cerca de tomar el control de nuestra vida: de hallar la fuerza interior, entablar relaciones duraderas y vivir la vida que queremos.

PRINCIPIO

Haz que tu vida sea importante.

PASOS PARA LA ACCIÓN

- **EN TU OPINIÓN, ¿QUÉ SIGNIFICA VIVIR UNA VIDA DE SERVICIO?** ¿Cómo la imaginas?
- **PIENSA EN LA PRIMERA Y LA SEGUNDA MONTAÑA DE LA VIDA.** ¿Qué significaría para ti pertenecer a la "segunda" montaña?
- **PIENSA DE QUÉ MANERA YA ESTÁS AYUDANDO A LOS DEMÁS.** ¿Qué más podrías hacer? ¿Cómo?

- **OBSERVA TU COMUNIDAD E IMAGINA FORMAS DE AYUDAR.** Planifica cómo llevarlas a cabo.
- **COMPROMÉTETE A DAR LO MEJOR DE TI Y A HACER LO QUE ESTÉ A TU ALCANCE.**

CONCLUSIÓN

Durante la escritura de este libro, Michael y yo hablamos con cientos de jóvenes. Sus historias nos dieron esperanza y nos dejaron más entusiasmados que al comienzo de la aventura. Las personas que entrevistamos eran talentosas, diestras en sus tareas y aceptaban el compromiso de hacer del mundo un lugar mejor. Nos interesaba saber cómo habían fortalecido su mentalidad, profundizado su valor y aumentado su resiliencia ante la adversidad. A esas personas de veras les importaba aplicar sus conocimientos y mejorar la vida de los que los rodeaban. Esperamos que sus historias, al igual que lo que ocurrió con nosotros, te hayan inspirado a tomar el control de tu vida.

Si vuelves a leer los fragmentos de este libro que más te impactaron y los pones en práctica, también podrás desarrollar tu mentalidad y tus destrezas y dejar una huella significativa en el mundo. Nuestro deseo es que determines un norte para tu vida, que compartas lo aprendido y estimules a los que te rodean a que hagan lo mismo. Puedes actuar como catalizador y hacer fluir tu grandeza y la de las personas que forman parte de tu vida.

Nuestra mayor aspiración es que *¡Toma el control!* se convierta en la guía de un movimiento que promueva la formación de comunidades y el camino hacia un mundo mejor. Este libro representa nuestra misión personal; es un regalo perpetuo para nuestros hijos y las generaciones siguientes.

Ansiamos que aproveches los beneficios de este libro y actúes en consecuencia, que se enriquezcan tus relaciones con otras personas, que veas con mayor claridad tus objetivos y que te deshagas de las limitaciones mentales y emocionales que no te dejan progresar. Yo lo experimenté mientras escribía este libro: puse las ideas en práctica y me fortalecí como persona.

A esta altura, quizás pienses "Quiero avanzar. ¿Qué más puedo hacer para seguir creciendo?". Nuestras sugerencias son tres:

- **CONSIDERA SUMARTE A UNO DE LOS CURSOS DALE CARNEGIE.** Michael y yo no habríamos escrito este libro, ni gozado de tanta riqueza en la vida, si no hubiéramos hecho un curso Dale Carnegie. Cuando, a los veintisiete años, terminé mi primer curso Dale Carnegie, lo que más lamenté fue no haberlo hecho antes y decidí que todos mis hijos los harían cuando tuvieran la edad suficiente. Los seis asistieron al programa Dale Carnegie, y la huella que dejó en ellos fue profunda. En los cursos Dale Carnegie, un instructor certificado y talentoso trabajará contigo individualmente o como parte de un grupo con el fin de implementar los principios expuestos en este libro. El instructor estará comprometido con tu crecimiento y te brindará apoyo personal. Los cursos Dale Carnegie se dictan presencialmente o en línea, en todo el mundo y en treinta y dos idiomas. Nuestro consejo es que te sumes a los cursos. No te arrepentirás, y hasta puede ser el mejor regalo que te hagas en la vida. Para más información, visita www.dalecarnegie.com.
- **LEE LOS LIBROS DE DALE.** Te aconsejamos fervientemente que leas los dos libros más vendidos y siempre vigentes de Dale, *Cómo ganar amigos e influir sobre las personas* y *Cómo suprimir las preocupaciones y disfrutar de la vida*. Son clásicos que leyeron decenas de millones de personas. Su lectura te permitirá profundizar en los conceptos de este libro, y podrás disfrutar de la voz y la experiencia de Dale sin intermediarios. Para más información, ingresa en www.amazon.com o en el sitio donde suelas comprar libros.
- **ÚNETE A LA COMUNIDAD DE *¡TOMA EL CONTROL!*** Durante los meses y años venideros, seguiremos ofreciendo contenidos, reflexiones, historias de éxito y recursos para ayudar a nuestros lectores a que tomen el control de su vida. Para saber más, visita www.takecommand.com.

No permitas que tu viaje termine aquí. ¡Sigue desarrollando, creciendo y tomando el control de tu vida!

AGRADECIMIENTOS

En primer lugar, agradecemos al equipo editorial de Simon & Schuster; entre ellos, a Priscilla Painton, Emily Simonson, Brittany Adames y Hana Park. Ellos nos propusieron una perspectiva diferente y nos señalaron aspectos que no podíamos ver. Les estaremos eternamente agradecidos por ayudarnos a escribir un libro mejor. Su ayuda nos llegó en el clásico estilo Dale Carnegie: fueron amables, colaborativos, receptivos y buenos compañeros guiándonos a lo largo del proyecto. Para nosotros, significa mucho que haya sido Simon & Schuster quien publicó el primer libro de Dale Carnegie, y estamos muy agradecidos de trabajar con ellos y continuar la tradición. Un mensaje especial de agradecimiento para Stuart Roberts, quien nos instó, desde el comienzo, a reflexionar sobre la manera de llegar a los lectores. Los consejos que Stuart nos dio modificaron radicalmente nuestro enfoque.

Agradecemos a Sara Stibitz y Faith Smith-Place, las colaboradoras terriblemente talentosas, comprometidas y sensibles que nos ayudaron a escribir el libro: ustedes hicieron un trabajo de veras fantástico para que, junto con Michael y conmigo, el deseo de *¡Toma el control!* se volviera realidad. Ustedes hicieron que disfrutemos la tarea ardua de tantos meses. Gracias por las conversaciones maravillosas, las historias que no salieron publicadas y los debates acalorados… y por enseñarnos la diferencia entre los que escriben por un impulso y los que sopesan cada oración. Les estamos agradecidos por todo.

Agradecemos a Donna Dale Carnegie; gracias por tu apoyo a este proyecto desde el comienzo. Siempre nos motivó tu compromiso inquebrantable y la pasión por transmitir el legado de tu padre. Tu entusiasmo inicial por la idea de llegar a lectores más jóvenes por medio de este libro fue crucial para nosotros; y que creyeras en nuestro norte y objetivos también.

Agradecemos a Alan Mulally, nuestro amigo y mentor, que nos motiva incesantemente con su autenticidad, integridad, generosidad, sencillez, amor y servicio. Gracias por apoyar a Dale y apoyarnos a nosotros.

Un agradecimiento especial para Brenda Leigh Johnson, quien corroboró los datos históricos relacionados con Dale; para Chris Caughell, quien dirigió con nosotros el consejo de asesores y coordinó de maravillas la enorme cantidad de contactos; y para Cliff Heckman, por su insistencia amable que hizo que no perdiéramos el rumbo del proyecto, aunque a veces fuera tan difícil como arrear a un grupo de gatos.

Agradecemos a Ercell Charles, Carnegie Master y vicepresidente del área de capacitación, el hombre al que llamamos "el protector de la llama"; gracias por mantener el espíritu de Carnegie con vida y por aportar energía e ideas renovadas todo el tiempo.

Agradecemos a Christine Buscarino, gracias por tu escucha, tus observaciones reflexivas y tu apoyo constante.

Agradecemos a todos los que nos acercaron historias: Adam Hammes, Alan Mulally, Alex Schwarzkopf, Ally Love, Andy Zinsmeister, Artis Stevens, Bryan Jablonski Johnson, Callen Schaub, Cameron Mann, Camille Chang Gilmore, Carlos Cubia, Daniela Fernandez, David Barrios, Deborah Ann Mack, Eduardo Quintero Cruz, Janett Liriano, Jenny Xu, Jéssika Santiago, John y Betty Mobbs, Juan Pablo Romero Fuentes, Kara Noonan, Katie Dill, Keith Ferrazzi, Kirsty Tagg, Lea Gabrielle, Luke Maguire Armstrong, Marshall Goldsmith, Michael Mullen, Michia Rohrssen, Miriam Duarte, Moses Mbeseha, Negin Azimi, Nicole Crom, Portia Mount, Ron Carter, Ryan Chen, Stephen Klasko, Tamara Fletcher, Tim Reilly, Wendy Wang, Xiaohoa Michelle Ching, Yesenia Aguirre, Yulkendy Valdez, Yuri Kruman, y también a aquellos que desean permanecer anónimos. Nos fue imposible incluir la totalidad de las historias recibidas, pero estamos muy agradecidos a cada una de las personas que compartió su éxito, su fracaso, su sabiduría y su corazón con nosotros. No se imaginan cuánto nos motivaron y el entusiasmo que nos generaron acerca del futuro. Michael y yo creemos que son las personas más interesantes que conocimos en nuestra vida, capaces de mover montañas y de dejar una huella en el mundo. Gracias por abrirse y compartir sus experiencias. Su autenticidad insufló vida en este libro.

Agradecemos a nuestro increíble consejo de asesores: Bryan Jablonski Johnson, Cameron Mann, Darrell Pickering, Diana Menendez, Gaweed El Nakeeb, Jéssika Santiago, Joe Gannon, Kara Noonan, Khadidja Guerrab, Kirsty Tagg, Miriam Duarte, Natalie Glaneman, Nicholas McMullen, Tsvetelina Kemalova y Wendy Wang. Han sido extraordinarios. Trabajaron horas y horas por encima de las acordadas. Aportaron opiniones que influyeron positivamente en los principios, la estructura y el eje de este libro. Su perspectiva y diversidad permitieron que este libro llegara a una audiencia más amplia. Ustedes encarnan los principios de Dale con dedicación y entusiasmo genuinos. Les estamos realmente agradecidos.

Agradecemos a los equipos de franquicias y al equipo de capacitación de Dale Carnegie. Gracias por todo lo que hacen. Ustedes son los que trabajan para difundir la sabiduría de Dale en todo el mundo y mantener vivo su sueño, todos los días. No podríamos agradecerles lo suficiente por haber acompañado nuestro norte.

Agradecemos a los accionistas y a la junta directiva, quienes nos apoyaron en nuestro esfuerzo para escribir este libro y que siguen defendiendo y creyendo en la marca. Gracias por invertir y por creer en nosotros.

Agradecemos a los que confían en nosotros para liberar su grandeza y la de las personas que los rodean. Ustedes son la razón de lo que hacemos. Estamos agradecidos y honrados por compartir su viaje y contribuir con su éxito.

Agradecimiento de Joe

Me gustaría agradecer a mi familia: a mi esposa, Katie; a mis hijos, Abby, Ellie, Maggie, Mary Kate, Thomas y Johnathan; a mi mamá, Rosalie; y a mi hermano, Brian. Los quiero muchísimo, y estoy orgulloso y agradecido de poder decir que son mi familia. Este libro exigió una cantidad increíble de tiempo y compromiso, y ustedes me apoyaron durante todo el proceso. Quiero reconocer su sacrificio; soy consciente de que, por mucho tiempo, no pudieron contar con su esposo, padre, hijo o hermano. Agradezco a mi papá; te extraño enormemente, pero sé que estás orgulloso de mí y de este libro. Agradezco a mi mamá; siempre estás dispuesta a ayudarme, y no podría tener una madre más cariñosa y desinteresada. Agradezco a Katie; como siempre, tu apoyo supera la realidad. Me acompañas en todo lo que hago: sin culpa, egoísmo ni resentimiento. Siempre estuviste "a disposición"; sin ti, no podría hacer lo que hago. Te amo con todo el corazón.

Agradecimiento de Michael

Agradezco a mi esposa, Nancy, quien desde el comienzo me apoyó y me impulsó a involucrarme en este proyecto. Gracias por tu generosidad; este libro consumió gran parte de mi tiempo, y tú fuiste paciente y siempre me alentaste. Agradezco a mi hija, Nicole; gracias por leer los primeros borradores y por compartir, página tras página, tus ideas y reflexiones para el libro. Tu apoyo fue increíble. Agradezco a mi hijo, Alex; gracias por tus opiniones sobre cómo los lectores reaccionarían a las ideas y los principios del libro. Ayudaste a ver todo con mayor claridad. Por último, agradezco a mis padres, Ollie y Rosemary Crom, por toda una vida de ejemplos e inspiración sobre cómo vivir una vida con propósito.

NOTAS

Capítulo 1: Elige tus pensamientos

1. Marcus Aurelius (Emperor of Rome), *The Meditations of Marcus Aurelius* (Boston: Shambhala, 1993).
2. Amrisha Vaish, Tobias Grossmann, and Amanda Woodward, "Not All Emotions Are Created Equal: The Negativity Bias in Social-Emotional Development", *Psychological Bulletin* 134, no. 3 (May 2008): 383–403. https://doi.org/10.1037/0033-2909.134.3.383.
3. Verywell Mind, "What Is the Negativity Bias?". https://www.verywellmind.com/negative-bias-4589618, accessed June 10, 2022.
4. The Strive Team, "What Are Affirmations & Why Should You Use Them?", *The STRIVE* (blog), August 18, 2021. https://thestrive.co/what-are-affirmations/.

Capítulo 2: Condiciona tu mente para el éxito

1. Benjamin Enrique and Blaine McCormick, *Ben Franklin: America's Original Entrepreneur* (Irvine, CA: Entrepreneur Press, 2005).
2. Haruki Murakami, "The Art of Fiction No. 182", interview by John Wray, *Paris Review*, no. 170 (Summer 2004). https://www.theparisreview.org/inter views/2/the-art-of-fiction-no-182-haruki-murakami.
3. "Study Shows a Pre-Game Routine Can Boost an Athlete's Performance", *Medical Xpress*, November 29, 2021. https://medicalxpress.com/news/2021-11-pre-game-routine-boost-athlete.html, accessed June 11, 2022.
4. Carol S. Dweck, *Mindset: The New Psychology of Success* (New York: Ballantine Books, 2008).
5. Guang Zeng, Hanchao Hou, and Kaiping Peng, "Effect of Growth

Mindset on School Engagement and Psychological Well-Being of Chinese Primary and Middle School Students: The Mediating Role of Resilience", *Frontiers in Psychology* 7 (2016). https://doi.org/10.3389/fpsyg.2016.01873.

6. James Clear, "How to Build a New Habit: This Is Your Strategy Guide", JamesClear.com, July 18, 2014. https://jamesclear.com/habit-guide.

Capítulo 3: Trabaja con tus emociones

1. Laith Al-Shawaf, Daniel Conroy-Beam, Kelly Asao, and David M. Buss, "Human Emotions: An Evolutionary Psychological Perspective", *Emotion Review* 8, no. 2 (April 2016): 173–86. https://doi.org/10.1177/1754073914565518.
2. Emiliya Zhivotovskaya, "The Many Gifts of Positive Emotions", The Flourishing Center, June 9, 2015.https://theflourishingcenter.com/the-many-gifts-of-positive-emotions/.
3. Nora Marie Raschle et al., "Emotions and the Brain—Or How to Master 'The Force'", *Frontiers for Young Minds*, September 12, 2016, https://kids.frontiersin.org/articles/10.3389/frym.2016.00016, accessed June 12, 2022.
4. Stamen Design, "The Ekmans' Atlas of Emotion", http://atlasofemotions.org/, accessed June 12, 2022.
5. *Psychology and Counseling News*, "The Science of Emotion: Exploring the Basics of Emotional Psychology", June 27, 2019. https://online.uwa.edu/news/emotional-psychology/.
6. Brené Brown, *Atlas of the Heart: Mapping Meaningful Connection and the Language of Human Experience* (New York: Random House, 2021).
7. Edith Eva Eger, *The Choice: Embrace the Possible*, with Esmé Schwall Weigand (New York: Scribner, 2018).
8. Susan A. David, *Emotional Agility: Get Unstuck, Embrace Change, and Thrive in Work and Life* (New York: Avery, 2016).
9. Bryan E. Robinson, "The 90-Second Rule That Builds Self-Control", *Psychology Today*, accessed June 12, 2022, https://www.psycho-

logytoday.com/ca/blog/the-right-mindset/202004/the-90-second-rule-builds-self-control.

Capítulo 4: Desarrolla tu confianza

1. Tara Westover, *Educated: A Memoir* (New York: Random House, 2018).
2. Mihika Agarwal, "Attacked with Acid at Two-Months-Old, Anmol Rodriguez's Story Is One of Thriving, Not Surviving", *Vogue India*, January 9, 2020. https:// www.vogue.in/culture-and-living/content/acid-attack-survivor-anmol-rodri guez-social-media-instagram-influencer-model.
3. Kristin Neff, "Why Self-Compassion Trumps Self-Esteem", *Greater Good Magazine*, May 27, 2011. https://greatergood.berkeley.edu/article/item/try_selfcompassion, accessed June 12, 2022.

Capítulo 5: Acepta el cambio

1. Viktor E. Frankl, *El hombre en busca de sentido* [*Man's Search for Meaning*], translated by Ilse Lasch, with a foreword by Harold S. Kushner and afterword by William J. Winslade (Boston: Beacon Press, 2006).
2. Angela Duckworth, "What Is the Difference between Resilience and Grit?", DukeEthics Virtues & Vocations Reimagining Education series, July 31, 2020, video, 2:17. https://www.youtube.com / watch?v=05XmoKKrj4M.
3. Susan A. David, *Emotional Agility: Get Unstuck, Embrace Change, and Thrive in Work and Life* (New York: Avery, 2016).

Capítulo 6: Avanza y deja atrás el arrepentimiento

1. Daniel H. Pink, *The Power of Regret: How Looking Backward Moves Us Forward* (New York: Riverhead, 2022).

Capítulo 7: Lidia con el estrés

1. Cleveland Clinic, "Stress: Signs, Symptoms, Management & Prevention", January 28, 2021. https://my.clevelandclinic.org/health/articles/11874-stress, accessed June 10, 2022.

2. Amanda Barrell, "Stress vs. Anxiety: Differences, Symptoms, and Relief", *MedicalNewsToday*, April 24, 2020. https://www.medicalnewstoday.com/articles/stress-vs-anxiety.
3. Barrell, "Stress vs. Anxiety".
4. Barrell, "Stress vs. Anxiety".
5. Kelly McGonigal, "How to Make Stress Your Friend", TEDGlobal, Edin- burgh, September 4, 2013, video. https://www.ted.com/talks/kelly_mcgonigal_how_to_make_stress_your_friend.
6. McGonigal, "How to Make Stress Your Friend".
7. McGonigal, "How to Make Stress Your Friend".
8. Jessica Sager, "You Can Feel Burnout in Your Body—Here Are the 15 Physical Symptoms to Pay Attention to, According to Doctors", *Parade*, March 1, 2022. https://parade.com/1341134/jessicasager/physical-symptoms-burnout/.
9. Alexandra Michel, "Burnout and the Brain", *APS Observer* 29, no. 2 (February 2016). https://www.psychologicalscience.org/observer/burnout-and-the-brain.
10. Stacey Lindsay, "Why You're Still Tired: Dr. Saundra Dalton-Smith on the 7 Types of Rest We All Need", MariaShriver.com, December 20, 2020. https:// mariashriver.com/why-youre-still-tired-dr-saundra-dalton-smith-on-the-7-types-of-rest-we-all-need/.
11. *Healthy Living*, "Get Enough Sleep", MyHealthfinder. https://health.gov/myhealthfinder/healthy-living/mental-health-and-relationships/get-enough-sleep, accessed June 14, 2022.

Capítulo 8: Desarrolla resiliencia y coraje

1. USC staff, "Bina Venkataraman: 'It Takes Courage to Ask: Is It Possible to Do What People Say Is Impossible?'", *USC News*, May 17, 2021. https://news.usc.edu/186442/usc-2021-commencement-speaker-bina-venkataraman/.
2. Dale Carnegie & Associates, Inc., "Developing Resilience in the Workplace", 2020. https://www.dalecarnegie.com/en/resources/

developing-a-resilient-workforce-how-organizations-thrive-in-the-face-of-adversity.

3. Lucy Hone,"3 Secrets of Resilient People",TEDxChristchurch, August 2019, video, 16:05. https://www.ted.com/talks/lucy_hone_3_secrets_of_resilient_people.

Capítulo 9: Conéctate

1. Dale Carnegie, *Cómo ganar amigos e influir sobre las personas* [*How to Win Friends and Influence People*] (New Delhi: Sristhi Publishers & Distributors, 2020).
2. Liz Mineo, "Good Genes Are Nice but Joy Is Better", *Harvard Gazette*, April 11, 2017. https://news.harvard.edu/gazette/story/2017/04/over-nearly-80-years-harvard-study-has-been-showing-how-to-live-a-healthy-and-happy-life/.
3. Robert Waldinger, "What Makes a Good Life? Lessons from the Longest Study on Happiness",TEDxBeaconStreet, November 2015, video, 12:38. https://www.ted.com/talks/robert_waldinger_what_makes_a_good_life_les sons_from_the_longest_study_on_happiness.
4. Taking Charge of Your Health & Wellbeing, "Why Personal Relationships Are Important", University of Minnesota. https://www.takingcharge.csh.umn.edu/why-personal-relationships-are-important, accessed June 10, 2022.
5. Taking Charge of Your Health & Wellbeing, "Stress Mastery", University of Minnesota. https://www.takingcharge.csh.umn.edu/stress-mastery, accessed June 10, 2022.
6. Taking Charge of Your Health & Wellbeing, "Why Personal Relationships Are Important".
7. Vanessa Van Edwards, "What Makes Someone Charismatic?", LinkedIn, March 9, 2022. https://www.linkedin.com/pulse/what-makes-someone-char ismatic-vanessa-van-edwards/?trk=pulse-article_more-articles_related-con tent-card, accessed June 16, 2022.
8. "How Much of Communication Is Nonverbal?", UT Permian Ba-

sin online, November 3, 2020. https://online.utpb.edu/about-us/articles/communication/how-much-of-communication-is-non-verbal.

9. Carnegie, *Cómo ganar amigos e influir sobre las personas* [*How to Win Friends and Influence People*]
10. Brené Brown, in "Brene Brown Quotes", BrainyQuote. https://www.brainy quote.com/quotes/brene_brown_553082, accessed June 16, 2022.
11. Catherine Hiley, "How Much of Your Time Is Screen Time?", Uswitch, June 15, 2021. https://www.uswitch.com/mobiles/screen-time-report/, ac-cessed June 16, 2022.
12. Jean Twenge, "Teens Have Less Face Time with Their Friends—and Are Lonelier than Ever", *The Conversation*, March 20, 2019. http://theconversation.com/teens-have-less-face-time-with-their-friends-and-are-lonelier-than-ever-113240, accessed June 16, 2022.

Capítulo 10: Crea confianza

1. Erik H. Erikson, *Childhood and Society* (New York: W. W. Norton & Company, 1993).
2. "Where Trust Is High, Crime and Corruption Are Low", Pew Research Center's Global Attitudes Project, April 15, 2008. https://www.pewresearch.org/global/2008/04/15/where-trust-is-high-crime-and-corruption-are-low/.
3. Arthur Ashe, "Quotes", CMG Worldwide. http://www.cmgww.com/sports/ashe/quotes/.

Capítulo 11: Haz las críticas a un lado

1. Carnegie, *Cómo ganar amigos e influir sobre las personas* [*How to Win Friends and Influence People*].
2. Ellie Lisitsa, "The Four Horsemen: Criticism, Contempt, Defensiveness, and Stonewalling", The Gottman Institute, April 24, 2013. https://www.gottman.com/blog/the-four-horsemen-recognizing-criticism-contempt-defensiveness-and-stonewalling/.

3. Callen Schaub (@callenschaub), "Shame sh*t different day! Haters as motivators 😈😂 Let's keep making the world more colorful no matter what they say 🌈🌈🌈🌈🌈🌈🌈🌈 #fakeart #fakeartmovement", Instagram post, March 29, 2022. https://www.instagram.com/p/CbtAkssL8cz/?hl=en, accessed June 17, 2022.
4. Callen Schaub (@callenschaub), "I don't have this fully worked out but here is a rough draft. Let's work on it together... What tier do you favor, how can we make this system better. May delete later", Instagram post, August 13, 2021. https://www.instagram.com/p/CSh4fj6FGnl, accessed June 17, 2022.

Capítulo 12: Aprende a lidiar con personas difíciles

1. Hedy Phillips, "How to More Effectively Set Boundaries, According to Therapists", *POPSUGAR Fitness*, December 22, 2020. https://www.popsugar.com/node/48026080.
2. Phillips, "How to More Effectively Set Boundaries".
3. Indra Nooyi, "The Best Advice I Ever Got". *Fortune*, April 30, 2008. https://archive.fortune.com/galleries/2008/fortune/0804/gallery.bestadvice.fortune/7.html.
4. Kelly Dawson, "How to Leave a Toxic Relationship, According to a Psychologist", *Brides*, updated May 23, 2022. https://www.brides.com/how-to-leave-a-toxic-relationship-5105346, accessed June 18, 2022.

Capítulo 13: Ponte en el lugar del otro

1. Daniel Goleman, *Inteligencia emocional: por qué es más importante que el coeficiente intelectual*, edición décimo aniversario [*Emotional Intelligence: Why It Can Matter More Than IQ*, 10th anniversary edition] (New York: Bantam Books, 2012).

Capítulo 14: Haz que tu vida tenga un propósito

1. Mark Manson, "Personal Values: How to Know Who You Really Are", *Mark Manson*, January 22, 2021. https://markmanson.net/personal-values.

Capítulo 15: Busca un norte para tu vida

1. Proverbs 29:18, King James Version. https://www.biblegateway.com/passage/?search=Proverbs%2029%3A18&version=KJV, accessed June 19, 2022.

Capítulo 16: Construye tu comunidad

1. Michael y yo recomendamos calurosamente el best seller *American Icon*, de Bryce Hoffman, que compila la experiencia de Alan durante la notable reconversión de Ford.

Capítulo 17: Deja una huella en el mundo

1. Luke 12:47–49 Revised Geneva Translation, accessed June 19, 2022. https://www.biblegateway.com/passage/?search=Luke%2012%3A47-49&version=RGT, accessed June 19, 2022.

Esta obra se terminó de imprimir
en el mes de noviembre de 2024,
en los talleres de Impresora Tauro, S.A. de C.V.
Ciudad de México.